제2판

영유아 수학교육

제2판

영유아 수학교육

김영실 김지영 안진경 임양금 최진숙

KNOWLEDGE COMMUNITY 공동체

머 리 말

수학은 정답을 찾는 것이 아니라, 인간이 답을 찾아가는 데 필요한 명료한 과정을 만드는 일이다.

김민형(2018). 「수학이 필요한 순간」, p. 265 中에서.

수학은 일상생활 속에서 부딪히는 문제를 수학적으로 해결하고, 인간의 논리적 사고가 발달하도록 도와주는 학문이다. 이러한 맥락에서 볼 때 영유아를 위한 수학교육의 목적은 수학적 소양과 수학적 문제해결 과정에 기반을 둔 수학적 힘을 기르는 것이다. 유아교사는 이러한 영유아 수학교육의 목적을 인식하고, 영유아에게 필요한 수학능력을 증진할 수 있는 활동 기회를 제공해야 한다. 또한 교사로서 수학의 필요성에 대한 올바른 인식과 수학교육에 대한 신념을 가지고 자신의 수학적 능력을 증진하고자 노력해야 한다.

이 책은 예비교사와 현직교사의 이러한 노력에 도움이 될 수학교육 내용을 총 12장으로 구성하여 기술하였다. 1장은 '영유아 수학교육의 목적 및 기본 방향'으로 영유아 수학교육의 필요성과 목적 및 영유아 수학교육의 방향에 대해 설명하였다. 2장에서는 '영유아 수학교육의 이론적 배경'으로, 행동주의, 인지적 구성주의, 발견학습, 사회 문화적 구성주의, 다중지능이론의 주요 개념과 영유아 수학교육에 주는 시사점 등을 소개하였다. 3장부터 7장까지는 수학내용 영역인 수와 연산, 기하, 측정, 규칙성, 자료 분석에 대한 주요 개념과 발달과정, 지도방법 등을 각 장별로 다루었다. 8장에는 '과정과 태도로서의 수학교육'으로서 수학교육 내용인 과정적 기술과 정의적 태도를 제시하였다. 9장에는 '국가수준 영유아 수학교육과정'으로, 표준보육과정과 누리과정에 제시된 수학교육의 내용을 소개하였다. 10장에서는 활동 중심으로 다른 교과와 통합하여 할 수 있는 영유아 수학교육의 방법을 다루었고, 11장에는 '영유아 수학교육을 위한 환경구성'으로 수학영역의 구성과 교수-학습 자료에 대해 제시하였다. 12장에는 '영유아 수학교육 평가'로 평가의 목적 및 방향, 평가내용, 평가방법, 수학과 관련된 가정환경 요인 평가에 대해 기술하였다.

영유아교육 현장에서 수학교육을 하고 있는 유아교사와 앞으로 교사가 될 예비교사에게 작지만 도움이 되기 바라는 생각으로 시작하였으나, 원고를 마무리하고 보니 아쉬운 점이 많다. 앞으로 예비교사와 현직교사, 그리고 유아교육 전문가들의 조언을 수렴하여 부족한 부분을 지속적으로 보완해 나가고자 한다. 마지막으로 오랫동안 책의 집필을 기다려 준 출판사 공동체에게 감사드린다.

2024년 7월

저자 일동

차 례

1부

영유아 수학교육의 이해

1장 영유아 수학교육의 목적 및 기본 방향

영유아를 위한 수학교육의 목적과 기본 방향은 내용적 측면, 과정적 측면, 정의적 측면에서 생각해 볼 수 있다. 영유아가 수학적 기본 개념과 원리를 이해하고, 수학적 문제해결하기, 추론하기와 증명하기, 의사소통하기, 연계하기와 표상하기 등의 수학적 절차를 수행하는 능력을 획득하며, 수학에 대한 긍정적인 태도를 가지고 수학의 가치를 깨닫고, 수학에 대한 자신감을 갖도록 하는 것이다. 이 장에서는 영유아 수학교육의 목적 및 기본 방향을 보다 구체적으로 살펴보고자 한다.

1. 영유아 수학교육의 필요성 및 목적

1) 영유아 수학교육의 필요성

일상생활과 수학

수학은 일상생활 속에 존재하고 삶을 살아가는 데 사용되는 하나의 도구이다. 우리는 아침에 일어나 시계를 보고 정해진 계획에 따라 일과를 준비하고 목적지에 시간에 맞게 도착해야 한다. 마트에서 필요한 물건을 구입하고, 순서대로 줄을 서서 계산하고, 사온 물건을 분류하여 정리한다. 여행에 필요한 준비물을 인원수대로 준비하고, 지도를 보고 목적지를 찾아가거나, 자료를 조사하여 분석한다. 이렇듯 모든 일상생활 속에 수학이 항상 존재하고 있으며, 우리는 일상생활의 문제를 능동적으로 해결하는 과정에 수학을 활용한다.

자연과학의 학문으로서의 수학

수학은 우리가 환경에서 접하는 사물이나 사건, 사람들 간의 관계를 숫자와 기호를 이용하여 계산하고, 이해하고, 나타내며, 조작하는 학문이며, 사물이나 사건을 통찰하고, 논리적으로 생각하며, 여러 가지 문제를 해결해 나가는 방법을 포함하고 있는 학문이기 때문이다. 쇼(Shaw)와 블레이크(Blake)는 수학을 수량, 구조, 공간, 변화 등의 개념을 다루는 자연과학의 학문으로 해석하며, 수를 이용한 계산을 다루는 산술, 숫자들이 표현하는 양과 숫자들 간의 관계를 다루는 대수학, 도형이나 공간을 측정하고 수학적 특징을 다루는 기하학, 여러 가지 현상의 원리를 수학적으로 정의하고 예견하는 해석학으로 정의한 바 있다(Shaw & Blake, 1998).

영유아의 삶 또한 수학과 관련이 있고, 수학은 일상의 모든 측면에서 일어난다(Trafton & Shulte, 1989). 영유아는 형식적인 수학교육을 받기 이전부터 생활 속에서 다양한 수학적 상황을 접하며 수학적 언어와 논리를 즐겨 사용한다. 예를 들면, 주변에서 볼 수 있는 물건의 모양, 크기와 색깔을 구별하고, 순서대로 줄을 서고, 장난감을 찾고 정리하기 위해 장난감이 있는 위치를 탐색하고, 하루 일과에 참여하며 활동을 예측하는 등 자발적인 탐색 및 사고와 문제해결 경험을 통해 비형식적인 수학적 지식을 형성하게 된다.

비형식적 수학 지식

이처럼 영유아기 동안 일상생활을 통해 경험하는 수학적 지식을 비형식적 수학 지식(informal mathematics knowledge)이라고 한다. 이러한 지식은 직관적이고, 불완전할지라도 일상생활의 문제해결에 유용하게 사용되고, 훗날 초등학교 교육을 통해 학습하게 되는 형식적 수학 지식의 토대가 된다. 형식적 수학은 일관성이 있으며, 명료하게 표현되고, 논리적이며 잘 조직화된 특징을 가지고 있다. 유아가 형식적 수학 지식에 접하게 될 때 생활 속에서 자발적으로 형성되어 온 초보적인 형태의 비형식적 수학 지식들과 연관 지으면서 수학적 학습을 하게 된다.

현대의 정보화와 지식기반 사회에서 유아에게 필요한 능력은 수학적 소양과 수학적 힘이다(NCTM, 2000). 영유아 수학교육의 목적은 바로 수학적 소양(mathematical literacy)과 수학적 힘(mathematical power)을 길러주는 것이다. 수학의 가치를 이해하고, 자신의 수학적 능력을 신뢰하며, 수학을 적절한 문제해결의 방법으로 사용할 수 있는 수학적 소양과 수학적 힘을 가진 사람은 더욱 효율적으로 세상을 살아갈 수 있다.

- 수학적 소양
- 수학적 힘

2) 영유아 수학교육의 목적

영유아 수학교육의 목적은 내용적 측면, 과정적 측면, 정의적 측면의 세 가지로 볼 수 있다. 첫째, 내용적 측면에서의 목적은 수학의 내용과 관련된 것으로 수학적 기본 개념과 원리를 이해하고 기술을 습득하는 것이다. 둘째, 과정적 측면에서의 목적은 수학적 문제해결, 의사소통, 추론하기와 증명하기, 연계하기와 표상하기 등의 수학적 절차를 수행하는 능력을 획득하는 것이다. 셋째, 정의적 측면에서의 목적은 수학에 대한 긍정적인 태도를 가지고 수학의 가치를 깨닫고, 수학에 대한 자신감을 갖도록 하는 것이다(안진경, 2005; NCTM, 2000).

내용적 측면
과정적 측면
정의적 측면

NCTM(2000)은 수학의 가치 인식하기, 자신의 수학 능력에 자신감 갖기, 수학적 문제해결자 되기, 수학적으로 의사소통하기, 수학적으로 추론하기 등을 영유아 수학교육의 목표로 보았다. 홍혜경(2004)은 영유아 수학교육의 목표를 다음과 같이 제시했다. 유아로 하여금 호기심과 관심을 갖고 주변 세계를 탐색하고 사고하며, 주변의 문제를 해결하기 위하여 수학을 사용하고, 이를 공유하며 즐기는 태도를 갖게 하는 것이다.

영유아기 동안의 수학적 경험에 기초하여 수학적인 토대가 형성되므로 영유아를 위한 수학교육의 목적을 정리하면 다음과 같다(배소연 · 강민정, 2016; 이경화 · 오연주 · 배지현 · 유재경 · 심향분, 2016).

수학적 지식과 과정기술 습득

첫째, 영유아가 일상생활 속에서 수학적 지식과 과정기술을 습득하게 한다. 수학은 영유아가 주변 환경과 사물을 이해하는 강력한 도구이다. 수학은 영유아의 생활과 관련되어 있고, 수학적 아이디어가 우리 삶 속에 스며들어 있어서 수학을 보이지 않는 문화라고 한다(배종수, 2002). 영유아는 주변 세계와 능동적으로 상호작용하면서 수학적으로 사고하게 되고, 이러한 경험을 통해 수학적 지식을 습득하고, 수학적 과정기술을 생활 속에서 활용한다. 일상생활에서 습득한 수학적 지식과 과정기술은 이후 모든 학문의 기초로 자연과학, 공학, 경제학, 의학, 예술 등의 중요한 도구로 사용된다.

문제해결 능력과 태도를 갖춘 수학적 소양 습득

둘째, 영유아의 수학적 소양을 길러 창의적이며 합리적인 문제해결 능력과 태도를 기른다. 수학적 소양은 수학이 세계를 움직이는 데 주요한 역할을 한다는 것을 인식하고 수학에 근거한 사고를 하며, 건설적이고 성찰적인 방식으로 수학을 관련짓기 위해 축적되는 수학적 태도이다(OECD/ PISA, 2004). 실제로 수학은 학교에서 학문 영역으로만 존재하는 것이 아니라 일상생활과 밀접한 관계가 있다. 고도의 기술과 정보화 사회에서는 모든 사람들에게 학교교육을 통해 수학적 능력을 기를 것이 요구된다. 영유아들이 일상생활 경험에 기초한 수학적 상황을 활동으로 연결하고 조직하여 수학적 문제를 적극적이고 창의적으로 해결하는 방법을 찾고 새로운 지식을 획득할 수 있는 수학적 소양을 형성할 수 있게 해야 한다. 이를 위해서는 실생활 속 경험에서 영유아들이 수학적 문제를 발견하고 스스로 해결해 나갈 수 있도록 도와주어야 하며, 스스로 문제를 해결했을 때 많은 격려를 해주어 성취감을 느끼도록 하고 또 다른 수학적 상황을 제시해 주어야 한다.

흥미와 자신감 같은 수학에 대한 긍정적 태도 형성

셋째, 영유아가 수학에 흥미와 자신감을 갖게 한다. 영유아는 수학자로 태어난다. 수학자처럼 수학적인 경험을 통해서 사물의 논리를 스스로 발견할 수 있는 힘을 지니고 있다. 일상생활 속에서 나무와 꽃, 자동차, 음식 등의 사물과 다양한 수학적 상황을 접하면서 자연스럽게 수학에 흥미를 갖고 수학을 인식하게 된다. 또한 수학적으로 발견하는 과정에 참여하면서 수학적 사고를 하며, 수학하기를 좋아하게 되고 점차 수학에 자신감을 갖게 된다. 영유아에게 반복적 수세기와 같은 기능적인 활동만을 제공하는 것이 아니라 영유아의 수학적 탐구 경험을 의미 있는 학습 기회로 확장시켜 주고 영유아의 발달 수준과 흥미를 고려하여 지원한다면 영유아의 수학에 대한 태도는 보다 긍정적으로 형성될 것이다.

2. 영유아 수학교육의 기본 방향

영유아 수학교육의 필요성과 기본 방향

유치원 이전 시기(prekindergarten)의 유아도 이미 비형식적인 수학 지식을 가지고 있으며, 이러한 비형식적 지식은 이후 수학적 사고 발달의 토대가 된다. 따라서 유아기부터 체계적인 수학교육을 실시해야 할 필요성이 있다(National Council of Teachers of Mathematics, 2000). 영유아 수학교육에서는 영유아가 일상생활의 경험을 통해 획득하는 비형식적 수학 지식의 가치를 인정하고, 이를 학교 수학교육과 연계하여야 할 중요한 과정으로 인식하여야 한다. 따라서 영유아 수학교육은 다양한 문제 상황에서 스스로 창의적인 문제해결

방법을 발견하고, 추론하고, 새로운 개념과 지식을 획득할 수 있는 능력을 키워주는 방향으로 전개되어야 한다.

유아 수학교육의 원리와 최근의 유아 수학교육 관련 연구를 기초로 영유아 수학교육의 기본 방향을 기술하면 다음과 같다(Ginsburg, Greens & Balfanz, 2003; Clements, 2004; NAEYC & NCTM, 2002).

비형식적 지식과 형식적 수학의 연결

첫째, 영유아들은 일상생활의 경험으로부터 놀라운 비형식적 지식을 획득하고 있다. 영유아의 비형식적 지식이 유의미한 수학적 상황 안에서 형식적 수학으로 연결되도록 도와야 한다.

영유아의 일상생활 속에는 수학이 존재한다. 영유아는 일상생활에서 경험하는 여러 문제들을 해결하기 위해 자신의 사고 수준에서 다양한 수학적 탐구를 하고 있다. 예를 들면, 영유아가 생활하는 집에는 다양한 도형과 형태가 있으며, 영유아의 장난감, 책, 옷, 문구류 등의 물건이 그 공간 안에 놓여 있다. 영유아는 필요한 물건을 찾으면서 공간의 관계 속에서 물건이 놓여 있는 위치를 파악하며, 다음에는 물건을 잘 찾을 수 있도록 적절한 공간에 물건을 정리하게 된다. 이렇듯 일상에서 유아가 습득한 비형식적인 수학 지식이 적절한 놀이나 구체적인 상호작용 경험을 통해 형식적인 수학 지식과 연결될 수 있게 해야 한다.

수학적 과정 강조

둘째, 수학적 과정에서 문제해결하기, 추론하기와 증명하기, 의사소통하기, 연계하기, 표상하기가 강조되어야 한다.

영유아에게 수학교육의 내용을 효과적으로 학습하도록 하기 위해서 수학적 과정을 잘 이해하고 수학적 상황 속에서 이를 잘 적용할 수 있어야 한다. 영유아는 수학교육의 내용을 탐구하는 과정에서 문제를 해결하고, 주어진 상황을 파악하여 이를 근거로 결과를 추론하고, 수학적 문제를 이해하고 해결하기 위해 서로 의사소통한다. 또한 수학적 아이디어를 또 다른 경험이나 아이디어와 연계하거나 다른 교과 영역들 간에 연계하고, 자신의 수학적 아이디어를 그림이나 기호로 표상하게 된다. 수학을 '하는 방법'에 해당되는 수학적 과정이 영유아의 논리적이고 창의적인 사고를 발달시키므로 수학개념을 학습하게 하기 위해 수학적 과정을 활용하는 것을 주요 목표로 삼아야 한다.

수학에 대한 긍정적 태도 형성

셋째, 수학에 대한 긍정적인 태도가 형성될 수 있도록 영유아가 흥미를 느끼는 수학적 경험이 다루어져야 한다.

영유아가 수학을 배우는 것이 즐겁고 일상생활의 문제를 해결하는 데 매우 가치가 있다는 것을 느끼며, 수학활동에 흥미와 자신감을 갖는 것은 매우 중요하다. 유아들이 자신의 경험과 분리된 추상적인 활동으로 수학을 경험하거나 어렵고 교사 중심의 방법으로 형식적인 수학 지식만을 접한다면 수학에 대한 긍정적인 태도가 형성되기 어렵다. 따라서 영유아가 관심을 갖는 상황 속에서 놀이를 통해 수학적 탐구과정에 참여할 때 영유아는 호기심을 갖고 적극적으로 즐겁게 참여할 수 있으며, 수학적 성취를 통해 자신감을 갖게 될 수 있다. 또한 유아들의 발달에 적합한 교수-학습 방법으로 유아들이 수학적 사고 과정에 참여하며 성공적으로 경험해 볼 수 있도록 계획된 교육과정을 제공해 주어 수학에 대한 긍정적 태도를 갖도록 해야 하겠다.

'신발가게놀이'와 같은 놀이를 통해 4000원 같은 '큰 수를 경험하기', 왼쪽과 오른쪽 신발을 모아 신발 한 켤레의 '전체를 만들어 보기', 신발의 용도에 따라 '분류하기', 신발을 적합한 공간의 선반에 '배치하기' 등 다양한 수학적 개념을 즐겁게 익히는 가운데 유아는 수학에 대한 긍정적 태도를 갖게 된다.

다양한 수학적 개념 제공

넷째, 수와 연산, 대수, 기하, 측정, 자료 분석과 확률 등의 다양한 개념이 수학교육의 내용으로 다루어져야 한다.

과거에는 분류하기와 순서 짓기, 수세기, 연산하기와 같은 유아 수학교육의 내용이 주를 이루었으며, 일회성의 활동으로 수학적 개념들이 제공되는 경향이 높았다. 수학교육이 수 활동에만 치우치거나 피상적인 수학 학습에 국한된 활동만 소개되면 영유아가 수학에 대한 흥미를 잃게 되기 쉽다. 최근 영유아 수학교육에서는 수, 기하, 측정, 규칙성, 자료 분석 등의 핵심적인 수학적 개념들이 상호 연관되어 지속적으로 다루어져야 할 것을 강조하고 있다. 따라서 수학적 개념들 간의 관계와 계열성을 고려하여 교육과정을 깊이 있고 일관성 있게 구성해야 한다. 예를 들어, 우리 반 친구들이 신은 신발의 종류를 조사하고 분류해 보는 활동을 한 후에 이를 기초로 '우리가 신은 신발 그래프' 활동을 하면서 다양한 방법으로 자료를 조직하고 수와 양 비교하고 분석하는 경험으로 연계하여 제공할 수 있다.

조사하기와 그래프 활동을 통해 수와 연산, 자료 분석, 확률 등의 수학적 개념이 다루어진다.

다섯째, 하루 일과의 모든 상황과 자유선택 영역의 각 영역에서 수학적 경험이 이루어지게 해야 한다.

하루 일과와 흥미영역에서 수학적 경험 제공

영유아는 줄 서기 및 등원, 자유선택활동, 간식, 정리정돈, 대집단활동, 바깥놀이 등 하루 일과의 모든 상황에서 자연스럽게 수학을 경험한다. 또한 자유선택 영역의 다양한 흥미영역에서 여러 가지 상황과 활동을 통해 의미 있는 수학적 경험을 한다. 미술영역에서 자동차를 만드는 데 적합한 모양과 크기의 재료를 찾아보고, 음률영역에 있는 곡식 마라카스를 연주하며 곡식의 종류와 양에 따라 어떤 소리가 나는지 탐색하고, 같은 소리와 다른 소리가 나는 악기끼리 분류하거나 소리를 이용해 청각적 패턴을 만들어 볼 수 있다.

영유아가 미술영역에서 자동차를 만들며 공간표상을 하고 있고, 음률영역에서 소리로 청각적 패턴을 만드는 수학적 경험을 하고 있다.

내용, 과정, 정의적 측면에 대한 평가를 통해 수학 학습 지원

여섯째, 영유아의 수학적 지식과 과정 기술 및 태도를 지속적이고 다양한 방법으로 평가하여 영유아의 수학 학습을 지원해야 한다.

영유아 교사는 영유아의 수학적 지식과 수학적 과정 기술 및 수학적 태도가 긍정적으로 향상되었는지를 계속해서 평가하고, 의미 있는 방향으로 지도해야 한다. 형식적 및 비형식적 평가를 통해 얻어진 개별 영유아에 관한 자료와 정보를 통해 영유아의 발달과정을 파악하고 학습을 지원해야 할 필요성이 크다. 따라서 교사는 먼저 영유아의 일상적 삶 속에서 주의 깊게 대화를 듣고 지속적으로 행동을 관찰해야 하고, 보다 형식적인 방법인 관찰, 면담, 활동 결과물, 포트폴리오 등을 활용해 종합적으로 평가해야 한다. 이를 근거로 영유아의 수학 학습을 지원할 때 영유아의 수학적 지식, 과정 기술 및 태도는 더욱 발달하게 될 것이다.

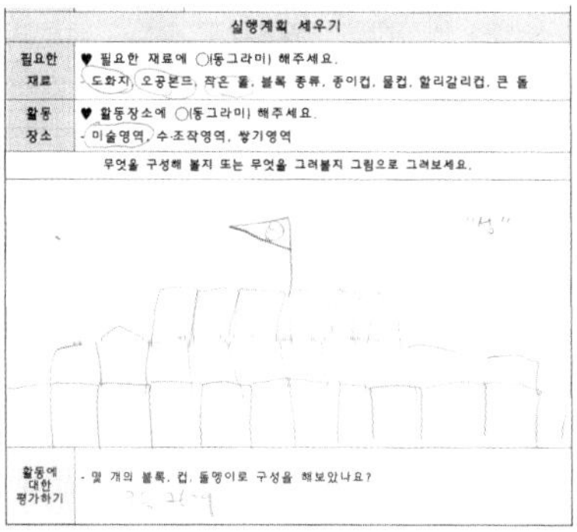

실행계획 세우기	
필요한 재료	♥ 필요한 재료에 ○(동그라미) 해주세요. - 도화지, 오공본드, 작은 돌, 블록 종류, 종이컵, 물컵, 할리갈리컵, 큰 돌
활동 장소	♥ 활동장소에 ○(동그라미) 해주세요. - 미술영역, 수·조작영역, 쌓기영역
무엇을 구성해 볼지 또는 무엇을 그려볼지 그림으로 그려보세요.	
활동에 대한 평가하기	- 몇 개의 블록, 컵, 돌멩이로 구성을 해보았나요?

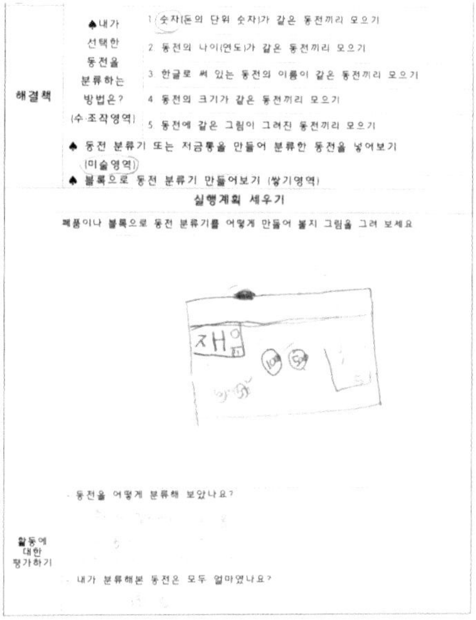

해결책	♠내가 선택한 동전을 분류하는 방법은? (수·조작영역)	1. 숫자(돈의 단위 숫자)가 같은 동전끼리 모으기 2. 동전의 나이(연도)가 같은 동전끼리 모으기 3. 한글로 써 있는 동전의 이름이 같은 동전끼리 모으기 4. 동전의 크기가 같은 동전끼리 모으기 5. 동전에 같은 그림이 그려진 동전끼리 모으기
	♠ 동전 분류기 또는 저금통을 만들어 분류한 동전을 넣어보기 (미술영역) ♠ 블록으로 동전 분류기 만들어보기 (쌓기영역)	
실행계획 세우기		
폐품이나 블록으로 동전 분류기를 어떻게 만들어 볼지 그림을 그려 보세요		
활동에 대한 평가하기	- 동전을 어떻게 분류해 보았나요? - 내가 분류해본 동전은 모두 얼마였나요?	

유아의 활동결과물을 수집하고 분석하여 수학적 지식, 수학적 과정 경험과 수학적 태도 발달을 지원할 수 있다.

2장 영유아 수학교육의 이론적 배경

영유아 수학교육의 이론적 관점은 영유아의 인지발달 과정을 설명하는 이론에 기초하고 있다. 수학은 인간의 사고능력과 관련된 교과이며, 사고는 인지발달과 밀접한 관계가 있다. 따라서 이 장에서는 영유아 수학교육의 이론적 기초를 제공하는 행동주의 이론, 피아제의 인지적 구성주의 이론, 브루너의 발견학습, 비고츠키의 사회 문화적 구성주의 이론, 가드너의 다중지능이론에 대해 살펴보고자 한다.

1. 행동주의 이론

스키너
(B. F. Skinner, 1904~1990)

행동주의 이론은 인간의 발달에 영향을 미치는 요인으로 환경을 강조한다. 인간을 외부 자극에 반응하는 수동적인 존재로 보며, 인간의 내면적 변화보다 외현적인 행동 습득에 관심을 둔다. 인간은 백지와 같은 상태로 태어나지만, 후천적인 학습을 통해 발달이 이루어진다. 행동주의 이론은 파블로프(I. P. Pavlov)의 고전적 조건화 이론을 시작으로, 손다이크(E. L. Thorndike), 왓슨(J. B. Watson), 스키너(B. F. Skinner), 반두라(A. Bandura)에 의해 발전되었다.

1) 주요 개념

(1) 강화와 벌

행동주의 이론에서는 인간의 행동을 자극에 대한 반응의 연합으로 설명한다. 인간의 발달은 학습의 결과로서, 이 학습의 과정에 반복, 연습, 암기의 방법이 사용된다. 학습자를 외부 자극에 수동적으로 반응하는 존재라 보며, 학습자의 행동은 외적 요인에 영향을 받는다. 자극과 반응의 연합

행동에 뒤따르는 자극 사건이 다시 그 행동을 일으킬 가능성 혹은 확률을 증가시키는 요인을 강화라 한다. 강화는 정적강화와 부적강화로 구분된다. 두 강화의 공통점은 행동의 발생 가능성을 증가시킨다는 것이다. 정적강화는 실행한 행동에 뒤따르는 자극 사건이 그 행동을 일으킬 가능성을 증가시키는 것이다. 예를 들면, 어른을 보고 인사를 한 아이에게 칭찬을 하거나 사탕을 주면 그 행동이 유지될 확률이 높아진다. 이때 칭찬이나 사탕은 행동을 지속시킬 수 있는 정적강화 요인이다. 반면 부적강화는 자극 철회를 통해서 행동이 다시 일어날 확률을 증가시키는 것이다. 유아가 싫어하는 자극을 제거하여 바람직한 행동이 증가될 수 있도록 한다. 예를 들면, 시험에서 100점 맞은 아이에게 아이가 싫어하는 숙제를 제외시켜 주는 것이다. 강화 정적강화 부적강화

유아가 바람직하지 않은 행동을 할 때 벌을 받는 경우가 있다. 벌은 유아의 행동을 통제하기 위해서 싫어하는 자극을 제시하는 것이다. 벌의 목적은 바람직하지 못한 행동을 감소시키는 것이다. 예를 들면, 이야기나누기 시간에 떠드는 아이에게 생각하는 의자에 앉게 하여 떠드는 행동을 감소시키는 것이다. 이와 같이 바람직한 행동의 발생 빈도를 높이기 위해서는 강화 요인을 제시하고, 부정적인 행동의 발생 빈도를 감소시키기 위해서는 벌을 사용한다. 벌

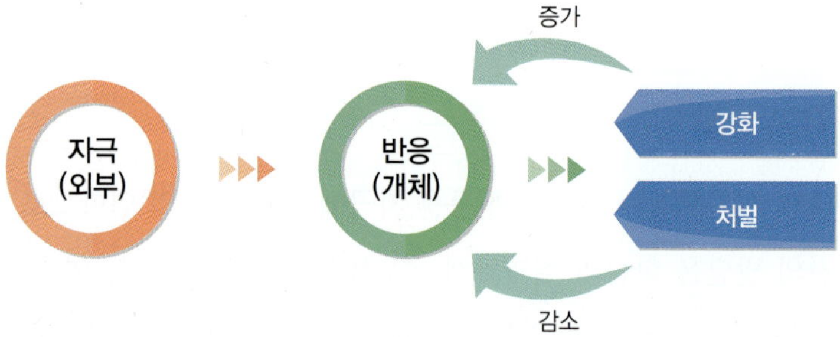

|그림 2-1| 자극-반응에 의한 조건화 학습원리

(2) 관찰학습

사회학습이론

반두라(Bandura)는 영유아가 사회적인 모델을 관찰함으로써 특정한 행동을 배울 수 있는 인지적 사회학습이론을 주장하였다. 반두라는 행동주의 이론을 지지하지만 인간의 인지능력을 어느 정도 인정하고, 간접적인 경험을 통해서 학습이 이루어질 수 있다고 주장한다. 학습자는 직접 경험하지 않고도

관찰학습

관찰이나 모방을 통해서 배울 수 있다. 관찰학습은 타인의 행동을 관찰함으로써 배운 학습에 초점을 두었는데, 이를 모방 또는 모델링이라고 한다(정옥분, 2018). 예를 들면, 엄마의 자녀양육 행동을 본 영유아가 인형놀이를 할 때 그 행동을 그대로 모방하는 경우이다. 또한 물건의 개수를 세는 어른의 행동을 보고 수를 세는 행동을 따라 하는 것이다. 따라서 관찰을 통해 타인의 행동을 인지적으로 재현하여 스스로 행동해 보는 것은 발달에서 중요한 부분이다.

2) 수학교육 적용

(1) 설명, 연습, 강화를 통한 교수-학습

행동주의 이론에서 지식은 유아의 외부에 객관적으로 존재한다. 지식은 고정불변하며, 절대적인 진리로서 형식적인 가르침을 통해 습득할 수 있다. 따라서 교사 주도의 설명식 수업으로 수학 학습이 이루어지며, 교과서나 학습지를 주로 이용한다. 영유아교육에서는 아동중심교육을 지향하고 있어서 교사중심의 설명식 교수법은 바람직하지 않다고 본다. 하지만 유아교육현장과 가정에서는 활동지 중심의 수학교육이 보편적으로 활용되고 있으며, 수학개념을 학습할 때까지 지속적인 반복학습이 이루어지고 있다(홍혜경, 2015).

설명식 수업

활동지 중심의 반복학습

영유아가 획득해야 할 수학개념을 난이도를 조절하여 낮은 단계에서 점차적으로 높은 단계로 제시한다. 또한 한 번의 학습으로 개념을 이해하는 것은 불가능하기 때문에 반복 학습, 연습의 기회를 제공한다. 교사는 학습의 효과를 높이기 위해서 학습 결과에 따라 적절한 보상과 강화를 제공한다. 유아가 수학문제를 성공적으로 해결하였을 때 교사가 스티커와 사탕을 주는 행동은 유아의 수학 성취를 강화하는 요인이 된다.

강화와 보상

(2) 수세기와 수연산 강조

행동주의 이론에서는 사회적인 전수에 의해 학습이 이루어진다고 본다. 따라서 유아는 수학 지식을 가르침을 통해 배울 수 있으며, 수와 관련된 지식을 습득하는 것이 중요하다. 산수에 국한된 수학내용을 중시하여 수개념의 기초로서 수를 세는 것(1, 2, 3, 4... 또는 하나, 둘, 셋, 넷....)과 수 이름의 관습적 표기를 아는 것을 중요시한다. 또한 덧셈, 뺄셈, 곱셈, 나눗셈의 수의

수세기와 수연산 중시

기본적인 연산 기술을 강조하고, 수학공식의 암기를 중시한다. 이렇듯 수세기와 수연산의 내용을 강조하여 주로 상업화된 학습지를 사용하여 수학 학습이 이루어지고 있다.

유아는 선생님과 함께 학습지를 풀며, 수개념을 배운다.

행동주의 이론에서 활용되는 학습지의 예이다.

3) 한계점

행동주의 이론에 근거한 수학 학습이 유아교육현장과 가정에서 여전히 활용됨에도 불구하고 몇 가지 한계점을 제시하면 다음과 같다.

학습자의 능동적 역할 간과

첫째, 행동주의 이론에서는 영유아의 능동적 역할을 간과하였다. 영유아는 수 이름의 순서와 숫자 쓰기 방법을 성인의 가르침과 관찰을 통해 배운다. 그러나 1부터 10까지의 수의 체계와 십진법을 이해한 유아는 수의 규칙성을 터득하여 10 이상의 큰 수세기도 가능하다. 또한 덧셈의 원리를 이해한 유아는 한 번도 풀어보지 않은 큰 수의 덧셈 문제도 해결할 수 있다. 따라서 유아가 경험과 연습을 통해서만 수학개념을 획득하는 것은 아니다.

둘째, 수학교육에서 주로 수학 지식만을 중시하고 수학적 사고과정과 수학 태도는 경시하였다. 모든 교육은 인지적 · 기능적 · 정의적인 측면이 균형 있게 이루어져야 한다. 수학능력도 수학개념 습득만 강조해서는 안 되며, 수학과정기술과 수학 태도도 포함되어야 한다. 특히 영유아가 수학에 대해 어떤 생각을 가지고 있는가에 따라 수학을 대하는 자세와 수학능력에 차이가 있을 것이다.

수학적 사고과정, 수학 태도 경시

셋째, 영유아의 흥미와 관심도를 고려하지 않았다. 영유아의 개별적인 관심과 흥미를 고려하여 교육을 실시하면 교육의 효과를 극대화할 수 있다. 그러나 행동주의 이론에서의 수학교육은 교육내용 간의 위계적 수준을 중시하여 단계별로 학습활동을 제공하는 데 초점을 둔다. 따라서 영유아의 자발적인 흥미와 관심과 관련 없는 교육내용이 다루어지는 경우가 많아 교육의 효과가 떨어질 수 있다.

학습자의 흥미 고려하지 않음

2. 피아제의 인지적 구성주의 이론

피아제
(J. Piaget, 1896~1980)

구성주의(constructivism)는 인간의 발달이 유기체와 환경 간의 상호작용을 통해 이루어진다고 본다. 피아제는 발생학적 인식론(genetic epistemology)을 제시하며, 인간의 지식(앎)의 구성 과정을 연구한 인식론자이다. 피아제는 영유아가 주변 환경을 탐색하면서 환경과의 상호작용을 통해 영유아 스스로 지식을 구성한다는 측면에서 인지적 구성주의자라고 불린다.

1) 주요 개념

(1) 인지발달 과정

피아제(Piaget)는 인간의 발달을 유기체와 환경 간의 상호작용의 산물로 보았다. 생물체가 환경에 적응하기 위해서 신체구조를 바꾸듯이, 인간도 환경과의 상호작용을 통해 인지구조가 재구성되고 발달되는 과정을 인지발달로 설명한다. 피아제는 인지발달의 과정으로 동화, 조절, 평형화의 세 가지 과정이 필요함을 주장하였다.

① 도식(schema)

도식

도식은 인지적인 지각 반응의 틀로서, 인간이 세상을 이해하고 사고하는 틀이다. 인간은 기본적인 도식을 바탕으로 외부 환경에 적응해 가는 과정을 통해 인지구조의 변화가 일어난다. 인간은 새로운 환경과 끊임없는 상호작용을 통해 새로운 도식을 만들고 변화시키고 조작해 가면서 인지발달이 이루어진다. 인간이 환경과의 적응과정에는 '동화'와 '조절'이라는 상호 보완적인 기능이 필요하며, 이 두 가지 과정을 통해 도식의 변화가 일어난다.

② 동화(assimilation)와 조절(accommodation)

동화

인간의 인지발달 적응과정은 동화와 조절이라는 두 가지 수단으로 진행된다. 동화는 유기체가 새로운 정보를 접할 때, 기존의 인지구조(도식)에 새로운 정보를 적응시키는 과정이다. 이미 자신이 가지고 있는 도식에 새로운 사물이나 현상을 수용하는 과정으로, 인지구조의 양적 변화가 일어난다. 예를 들면, 유아가 타원을 보고, "저건 조금 길쭉한 원이야"라고 했다면, 유아는 기존의 인지구조(원의 도식)에 새로운 정보인 '타원'을 이해하는 동화의 과정이 일어난 것이다.

조절은 새로운 정보를 기존의 인지구조에 맞추어 이해할 수 없을 때, 자신이 가지고 있는 도식을 수정 혹은 변형하는 것이다. 기존의 인지구조가 새로운 정보를 받아들이는 데 적합하지 않을 때 도식을 변화시키는 것이다. 조절은 자신이 가진 도식을 변형시키는 것으로, 인지구조의 질적 변화가 일어난다. 예를 들면, 타원의 수학적 속성을 이해한 유아는 원의 도식을 변형하여 타원의 도식을 구성한다. 이와 같이 인지구조의 양적 변화를 가져오는 동화와 질적 변화를 일으키는 조절이 반복해서 일어남으로써 인지구조는 발달한다.

조절

③ 평형화(equilibration)

영유아는 기존의 도식으로 새로운 정보를 받아들일 수 없을 때 인지적 갈등을 경험한다. 이때 영유아는 균형 상태를 추구하는 평형의 욕구를 지니고 있어서 조절의 과정을 통해 불균형의 상태를 극복한다. 즉, 평형화는 인지구조가 한 상태에서 다른 상태로 변화하는 과정이고, 그 과정의 결과가 바로 평형 상태인 것이다. 평형화는 유아의 자율조정 과정(self-regulatory process)을 말하며, 자율조절 과정의 결과로 각 발달단계에서 점차 고도화의 평형을 이루게 된다(최창우, 2015).

평형화 : 새로운 안정적 단계

(2) 인지발달 단계

피아제는 인지구조의 질적 변화과정으로 인지발달 단계를 설명하였다. 인간은 환경에 적응하는 과정에서 일어나는 인지적 균형과 불균형, 동화와 조절에 의한 새로운 평형화의 반복과정으로 인지발달이 이루어진다. 피아제는 인간의 인지적 사고의 본질을 조작(operation)으로 보고, 인지발달 단계를 4단계로 구분하였다.

① 감각운동기(sensorimoter stage)

감각운동기는 출생부터 약 2세경까지로 인지적 성장의 기초가 형성되는 시기이다. 이 시기의 영아는 연습과 경험을 통해 반사 행동을 인지적인 도식으로 점차 변화시켜 간다. 또한 순환반응으로 능동적이고 의미 있는 행위를 하게 된다. 이때 인지적인 도식을 형성하기 위한 중요 기제로서 감각과 운동적 행위가 중요한 역할을 한다. 이 시기에 가장 중요한 인지발달의 변화는 대상영속성의 개념 형성이다. 대상영속성은 자신을 포함한 모든 대상이 독립적인 실제로 존재하여 눈에 보이지 않아도 그 대상이 존재하고 있음을 아는 것이다. 만일 영아가 가지고 놀던 공을 영아가 보는 앞에서 수건 아래에 감추었을 때, 수건을 들추고 공을 찾는다면 대상영속성을 획득한 것으로 볼 수 있다. 영아가 대상영속성 개념을 갖는다는 것은 보이지 않는 대상에 대한 정신적 표상이 형성되었음을 의미한다. 감각운동기의 후반부에는 표상적 사고가 가능하게 되어 충동적인 행동 대신에 문제를 해결하기 위해서 사고할 수 있게 된다.

대상영속성

표상적 사고

② 전조작기(preoperational stage)

전조작기는 2세부터 7세경에 해당되며, 언어습득과 상징능력이 발달하는 시기이다. 이 시기를 전조작기라고 부르는 이유는 정신적인 표상에 의한 사고는 가능하지만 논리적인 조작이 아직 충분히 발달하지 못했기 때문이다. 즉, 논리적인 정신능력인 조작 이전의 단계인 것이다.

자기중심성, 중심화, 전환적 추론

이 시기의 유아는 자기중심성, 중심화, 전환적 추론 등 비논리적인 사고를 한다. 자기중심성은 타인의 입장을 고려하지 못하여 자신의 관점에서 사물과 현상을 이해하는 것으로서, 대표적인 예로서 피아제의 '세 산 실험'이 있다. 중심화 사고는 눈에 보이는 지각적인 속성에 기초하여 사물을 판단하는 것으로, 유아의 직관적인 사고의 특성이 나타난다. 예를 들면, 같은 양의 물이 들어 있는 두 개의 컵을 한 개는 그대로 두고 나머지 한 개는 길고 폭이 좁은 컵에 따른 후 물의 양을 물어본다. 이때 두 컵의 물의 양은 동일하지만 시각적으로 다르게 보여 물이 많아 보이는 컵을 가리키는 것이다. 전조작기 유아는 보존개념이 형성되지 않아서 중심화 현상이 나타난다. 전환적 추론은 상황을 이해할 때 자신이 경험한 특정한 현상만으로 국한시켜 추론하는 사고양식을 뜻한다.

|그림 2-2| 전조작기 유아의 중심화 사고

③ 구체적 조작기(concrete operational stage)

구체적 조작기는 7세부터 12세까지로, 논리적인 사고가 출현하는 시기이다. 구체적 조작기의 아동은 구체적인 사실이나 사물에 한정하여 논리적인 사고를 할 수 있다. 이 시기에는 보존개념 획득, 가역적 사고, 조망수용능력이 형성된다. 보존개념은 물체의 외형이 변해도 물체의 고유한 속성은 변하지 않음을 이해하는 것이다. 보존개념을 이해하기 위해서는 동일성, 보상성, 가역성에 대한 이해가 필요하다. 조망수용능력은 타인의 위치나 관점에서 사물의 현상이나 대상을 이해할 수 있는 능력을 뜻한다. 아동은 조망수용능

보존개념, 가역적 사고, 조망수용능력

력이 발달함에 따라 사물과 현상을 다양한 관점에서 볼 수 있으며, 상대방의 입장도 고려할 수 있게 된다.

④ 형식적 조작기(formal operational stage)

형식적 조작기는 12세경부터 시작되며, 인지구조의 가장 성숙한 단계이다. 이 시기의 아동은 구체적 사물에 국한하지 않고 추상적이고 논리적인 사고를 할 수 있다. 또한 가설 연역적 사고와 조합적 사고도 가능하다.

가설 연역적 사고

(3) 지식의 유형

피아제는 영유아가 형성하는 지식을 지식의 근원에 따라 세 가지로 구분하였다. 피아제는 지식의 유형에 따라 구성 방법이 다름을 강조한다.

① 물리적 지식(physical knowledge)

물리적 지식은 사물의 고유한 속성에 관한 지식을 말한다. 영유아는 사물을 직접 조작하고 관찰하는 경험을 통해 물리적 지식을 형성한다. 이때 사물을 조작하고 반응을 관찰하는 경험을 통해 지식을 형성하므로 경험적 추상(empirical abstraction)의 과정이 필요하다. 물리적 지식은 사물을 관찰하여 찾아낼 수 있기 때문에 발견의 과정이 수반된다. 물리적 지식은 사물 그 자체에 지식이 존재하므로 지식의 근원은 유아 외부에 있다. 예를 들면, 유아가 빨간색 종이 벽돌 블록을 보고 "이 블록은 빨간색이다"라고 말하거나 "이 블록은 상자 모양이다"로 말하여 구성된 지식이다. 결국 빨간색과 상자 모양은 블록 자체가 가지고 있는 속성이기 때문이다.

경험적 추상

② 논리 수학적 지식(logico-mathematical knowledge)

논리 수학적 지식은 사물과 사물 간의 관계를 맺으면서 구성한 지식을 말한다. 즉, 한 가지 사물로는 논리 수학적 지식을 규정할 수 없고, 사물과 사물을 어떻게 관계 맺는지에 따라 다르게 형성된다. 논리 수학적 지식은 유아의 사고 속에서 재고(再考)해 보는 과정을 통해 형성되므로 내성적 혹은 반영적 추상(reflective abstraction)의 과정이 필요하다. 논리 수학적 지식은 사물 간의 관계성에 의한 지식이므로 유아의 머릿속에서 발명의 과정이 수반된다. 지식의 근원은 유아 내부에 존재한다. 예를 들면, 유아가 빨간색 벽돌 블록과 파란색 벽돌 블록을 보고 "이 블록은 모양이 같다" 혹은 "이 블록은 색깔이 다르다"로 말하는 경우이다. 두 블록을 색깔로 관계 지으면, '색깔이 다른 블록'으로, 모양으로 관계 지으면 '모양이 같은 블록'으로 말할 수 있다.

내성적 추상

③ 사회적 지식(social knowledge)

사회적 지식은 사람들 간의 약속에 의해 규정된 지식을 말한다. 사람들 간의 임의적인 약속에 의해 정해진 지식으로서 지식의 근원은 유아의 외부에 존재한다. 따라서 성인들의 설명이나 형식적인 가르침을 통해 습득할 수 있다. 예를 들면, 빨간색 블록을 보고 '빨간색'으로 쓰거나 읽는 것을 말한다. 또한 1을 보고 1이라고 쓰고 '일' 혹은 '하나'라고 읽는 것이다.

사람들 간의 약속

〈표 2-1〉 지식의 유형

지식의 유형	물리적 지식	논리 수학적 지식	사회적 지식
정 의	물체의 속성에 대한 지식	사물과 사물 간의 관계성에 의한 지식	사람들 간의 약속에 의해 만들어진 지식
구성 방법	발견	발명	형식적인 가르침
	경험적 추상	내성적 추상	
지식의 근원	유아 외부 (물체 자체)	유아 내부	유아 외부
상 황	"공은 굴러간다." 	"두 공은 색깔이 다르다." 	"'공'이라고 부른다." 

2) 수학교육 적용

(1) 인지발달 단계에 적합한 수학교육

피아제는 발달과 학습은 분리된 것으로 보고, 인지발달 단계에 따른 학습을 중요시하였다. 피아제의 인지적 구성주의 이론에 따르면, 유아의 현재 발달수준이 학습능력을 결정하며 교육은 유아의 인지능력에 부합해야 한다는 것이다(Bodrova & Leong, 1996). 피아제에 의하면 수학은 논리적인 사고를 요구하는 학문으로, 영유아의 수학능력의 기초는 수에 대한 이해에서 출발한다. 그러나 전조작기 유아는 보존개념이 형성되지 않았고, 직관적 사고와 자기 중심성 등 비논리적인 사고를 한다. 따라서 전조작기 유아에게 논리적 사고를 요구하는 수개념은 적절하지 않다. 설사 이 시기에 영유아가 기계적으로 수를 셀 수 있을지라도 수개념을 진정으로 이해한 것은 아니다. 피아제는 수에 대한 진정한 이해는 논리적 구조 및 수 보존이 성취될 때 가능한 것으로 보았다. 따라서 영유아에게 수를 직접 다루는 대신 수 이전의 활동(pre-number activity)을 제공하여 사물 간의 관계를 이해할 수 있도록 하였다. 수 이전 활동으로는 조작적 사고의 발달을 돕는 일대일 대응, 분류하기, 순서짓기, 관계짓기가 있다.

수 이전 활동 강조

또한 피아제의 인지적 구성주의 이론은 관습적 표기를 강조하는 전통적인 수학교육에 대해 비판적인 입장이다. 수 자체는 임의적이고 관습적인 지식은 아니지만 숫자의 형태와 덧셈과 뺄셈, 부등호의 수학적 기호는 사회적인 지식이다. 따라서 사회적 지식은 형식적 가르침과 교육을 통해 가능하므로 유아기에는 적절하지 않다. 오히려 수학적 기호나 상징은 논리적 인지구조가 발달된 이후에 제시할 것을 주장하여 발달에 적합한 수학교육의 근거를 제시하였다(이지현, 1999).

전통적 수학교육 비판

(2) 조작활동을 통한 논리 사고력 형성

영유아기는 감각운동기와 전조작기에 해당되므로, 감각적이고 운동적인 경험과 직접적인 조작을 통해 인지발달이 이루어진다. 논리적 조작이 미성숙한 영유아는 사물에 대한 구체적인 경험을 통해 사고력이 발달한다. 그러므로 교사는 영유아의 흥미와 호기심을 끌 수 있는 발달에 적절한 교구와 환경을 제공해야 한다.

영유아에게 필요한 조작

조작에는 두 가지 형태가 있는데, 물체의 물리적인 조작(physical action)과 정신적인 조작(mental action)으로 구분할 수 있다. 물리적인 조작은 신체를 이용하여 사물에 행위를 하는 것이며, 정신적인 조작은 사고의 과정이다. 예

물리적 조작
정신적 조작

를 들면, 합해서 10 만들기 게임에서 두 개의 카드를 뒤집는 행위는 물리적인 조작이며, 나온 카드의 숫자를 더하는 행위는 정신적인 조작이다. 놀이나 게임에서 구체물을 수반하는 것은 영유아의 흥미를 이끌기 위해서 필요하다. 그러나 구체물이 있다고 해서 정신적인 조작이 반드시 수반되는 것은 아니다. 영유아는 발달 특성상 구체물의 조작 경험이 필요하지만, 중요한 것은 구체물을 통해 정신적인 조작 행위와 연결 짓는 것이 필요하다. 결국 수학은 논리적인 사고를 필요로 하는 분야이므로 물리적인 조작을 통해 정신적인 조작 활동이 연결되어 이루어져야 한다.

(3) 지식의 유형에 따른 수학 학습

수학개념 관련 지식 : 논리 수학적 지식, 사회적 지식

피아제는 지식의 구성 방법에 따라 지식의 유형을 구분하였다. 그렇다면 수학 개념은 어떤 지식에 해당하며, 어떻게 구성해야 하는 것일까? 수학개념은 논리 수학적 지식과 사회적 지식에 속한다. 대부분의 수학개념은 논리 수학적 지식이다. 수의 크기 비교하기(6과 8), 패턴 만들기, 분류하기, 수의 사용 맥락 파악하기 등은 관계에 따라 달라질 수 있는 논리 수학적 지식으로 볼 수 있다. 예를 들면, 사탕의 수량을 비교(3과 4)하여 "나는 정빈이보다 사탕이 더 많다"라고 말했다면, 아이는 사탕의 개수를 세고 3개와 4개를 비교하여 4는 3보다 1 큰 수이기 때문에 '내가 더 많다'라고 말한 것이다. 아이의 대답은 사탕에 있는 것이 아니라 사탕의 개수를 수량화하고 수의 크기를 비교한 유아의 머릿속에서 찾아낸 것이다. 결국 논리 수학적 지식은 유아가 사물을 관계 짓는 과정 속에서 구성할 수 있으므로 구체물을 조작할 수 있는 기회와 구체물의 조작을 통한 논리적인 사고와 연결 지을 수 있는 기회를 제공해야 한다.

반면 숫자 형태, 수의 순서, 수세기 이름, 수학 기호 등은 사회적 지식에 해당된다. 피아제는 논리적인 사고력이 미숙한 영유아에게 수의 기호나 상징을 가르치는 것은 적절하지 않다고 하였다. 그러나 사회적 지식은 형식적인 교육이나 가르침을 통해 획득할 수 있다. 진정한 수의 의미를 파악하기 위해서는 기본적으로 수세기의 순서를 파악해야 하는데 기계적 수세기는 암기에 의해서만 가능하다. 결국 수학개념과 관련된 사회적인 지식은 의도적인 학습, 형식적인 가르침을 통해 가능하다.

3) 한계점

피아제의 인지적 구성주의 이론은 지금까지도 영유아 수학교육의 이론과 실제에 많은 영향을 미치고 있다. 그럼에도 불구하고 다음과 같은 측면에서 몇 가지 한계점을 지니고 있다.

연구방법상의 문제점

첫째, 피아제 이론은 연구방법상의 문제가 있다. 피아제 이론은 그의 세 자녀를 관찰한 자료에 근거하고 있다. 또한 피아제의 연구대상이 된 아동들은 사회 경제적 배경이 상류층인 교육수준이 높은 전문직 가정의 자녀들이었다. 따라서 피아제의 이론을 모든 아동에게 일반화하기에는 다소 무리가 있다.

영유아의 수학능력 과소평가

둘째, 영유아의 수학능력을 과소평가 하였다. 피아제의 의하면 전조작기 유아는 보존개념을 형성하지 못하여 수개념을 이해할 수 없다고 보았다. 영유아의 인지능력에 대한 제한된 판단으로 수 이전의 활동을 수학내용으로 제시하였다. 그러나 영유아는 수학에 대한 감각과 수학적 사고능력을 가지고 태어났음이 밝혀졌다. 또한 영유아도 일상 경험을 통해 수세기의 원리를 이해하고, 수를 세는 능력이 있는 것으로 밝혀졌다(Gelman & Gallistel, 1978).

인지발달 수준에 따른 교육

셋째, 영유아의 인지발달 수준에 따른 교육을 제공하였다는 점이다. 피아제는 발달을 지배적인 과정으로 보고, 학습은 발달 수준에 따라가는 것으로 보았다. 영유아의 발달 수준을 고려하는 것은 교육이 이루어지기 위한 필요요건이지 충분한 조건은 아니다. 영유아의 인지발달 수준에 맞는 교육만을 제공하면 발달을 촉진시킬 수 없기 때문이다.

교사의 역할을 제한적으로 인식

넷째, 교사의 역할 및 영향력을 다소 제한적으로 보았다. 영유아는 환경과의 상호작용을 통해 스스로 지식을 구성해 가는 능동적인 학습자이다. 교사는 수학을 경험할 수 있는 풍부한 환경을 마련하고, 적절한 도움과 안내를 제공하지만 결국 수학지식을 구성하는 것은 바로 영유아 자신이다. 인지적 구성주의 이론에서의 교사의 역할을 사회적 구성주의 이론과 비교해 보면 교사의 역할과 영향력이 다소 제한적임을 알 수 있다. 사회적 구성주의 이론에 의하면 교사의 적절한 개입과 중재는 영유아의 잠재적 능력에 도달할 수 있으며, 성인과의 언어적 상호작용을 통해 수학적 사고가 촉진될 수 있다. 이러한 견해에 비추어 보면, 인지적 구성주의 이론에 기초한 교사의 역할은 제한적으로 보았다고 볼 수 있다.

사회 문화적 맥락 고려 못 함

다섯째, 영유아가 속한 사회 문화적 맥락을 고려하지 않았다. 피아제의 인지발달 이론에서는 발달의 보편성을 주장한다. 영유아의 경험에 의해 인지발달의 속도와 개인차는 존재하지만, 누구나 정해진 발달의 순서와 단계를 따른다는 것이다. 그러나 영유아가 어떤 환경과 상황에 놓여 있는지에 따라 인지적 능력과 수준은 차이가 있다. 한국은 화폐 단위가 다른 나라에 비하여 크다. 화폐 단위에 3~4자리 이상의 큰 수를 포함하고 있어서, 이런 이유로 우리나라 아이들이 큰 수 세기를 잘한다. 이 외에 수세기 능력도 높은데, 이는 '하나, 둘…', '열 하나, 열 둘…', '스물 하나, 스물 둘…'과 같이 수의 이름 체계가 규칙적이기 때문이다. 이와 같이 우리나라 아이들이 외국의 아이들보다 큰 수세기를 잘하고 수세기 능력이 높은 것은 인지적인 능력이 높은 것이기보다는 사회 문화적인 맥락의 차이 때문으로 볼 수 있다.

3. 브루너의 발견학습

브루너
(J. S. Bruner, 1915~2016)

브루너는 학문중심 교육과정을 주장한 미국의 교육 심리학자이다. 미국 교육계는 1957년 소련의 스푸트니크호 발사 이후 듀이의 진보주의 교육철학에 대한 비판과 문제점을 제기하면서 교육개혁을 시도하였다. 그 변화의 주역으로서 브루너는 지식의 구조, 발견학습을 강조하는 이론을 제시하였다. 브루너의 발견학습 이론은 새수학 운동(New Math Movement)의 이론적 기반이 되었다.

1) 주요 개념

(1) 지식의 구조

브루너(Bruner)는 그의 저서 『교육의 과정(The Process of Education, 1963)』에서 교과의 구조를 중심으로 교육내용을 선정해야 한다고 주장하였다. 각 교과는 학문에 기반 한다는 측면에서 '학문의 구조'로도 불리고, 지식으로서 교과의 구조를 가르쳐야 한다는 의미에서 '지식의 구조'라고도 말한다. 여기서 지식의 구조는 각 학문(교과)의 기저를 이루고 있는 핵심적인 개념이나 원리를 의미한다. 단편적인 지식은 쉽게 잊어버리지만 개념과 원리를 이해한 경우에는 오래 기억할 수 있으며 학습의 전이력이 높다.

지식의 구조 : 핵심적인 개념과 원리

브루너는 학습자의 학습과정에 대한 새로운 시각을 제시하였다. 각 학문에 정통한 학자와 학생의 학습과정에서 이루어지는 지적 활동을 근본적으로 동일하게 본 것이다. 브루너는 학습자에게 지식의 구조를 지도하기 위해서 학습자의 인지양식 수준에 적절한 표상방법을 적용할 것을 주장하였다. 브루너는 '지식의 구조'를 가르치는 방법상의 원리로서 발견학습을, '지식의 구조'를 반영하는 교육과정의 계획 원리로서 나선형 교육과정을 제안하였다(이홍우, 1988).

(2) 발견학습

발견학습

영유아는 주변 환경에 대해 호기심이 많고 탐색하기를 즐긴다. 브루너는 무엇이든지 탐색하고자 하는 영유아의 본성을 적용한 발견학습을 주장하였다. 발견학습은 영유아 스스로 어떤 사실로부터 원리를 발견하고 이해할 수 있도록 안내하는 교수-학습 방법이다. 브루너는 영유아가 탐구과정을 통해 지식의 구조를 발견했을 때에 진정한 의미의 학습이 이루어졌다고 본다. 발견학습은 영유아에게 의미 있는 학습으로서 내적 동기 유발에 효과적이며, 발견학습으로 얻어진 개념은 오래 기억할 수 있다. 하지만 현장에서 발견학습을 적용하는 데에는 현실적인 제한이 있으므로 '안내된 발견(guided discovery)'의 방법이 활용되기도 한다. 안내된 발견은 교사가 일정한 방향을 제시하는 질문을 제공하고, 학습자가 가설을 세워 답을 찾아갈 수 있도록 방향성이 맞추어진 학습 방법이다.

(3) 표상 양식

브루너는 피아제의 인지발달 이론의 영향을 받았지만 영유아의 표상 양식에 따라 학습이 이루어져야 한다고 주장하였다. 영유아의 지적 발달은 세 가지 표상양식을 통해 이루어진다. 따라서 영유아의 표상양식 수준에 맞춘다면 아무리 어려운 개념도 습득할 수 있으며, 수학개념을 조기에 도입할 수 있음을 시사한다. 브루너의 관심은 영유아에게 적합한 교육내용이 무엇인가에 있는 것이 아니라, 영유아에게 적합하도록 어떻게 교육내용을 조직할 것인가에 있다. 브루너는 지식의 구조를 지도하기 위해 영유아의 발달단계에 맞는 이해방식으로 표상양식을 제안하였다. 브루너가 제시한 표상양식의 첫 글자를 따서 EIS 이론이라 부른다.

첫째, 동작적 표상 양식(Enactive representation mode)은 영유아가 자신의 신체 또는 구체적인 사물을 직접 조작해 보는 기회를 통해 개념과 원리를 이해하는 표상 방법이다. 수학개념과 원리를 탐구하기 위해서 물체를 조작·탐색해 보거나, 신체를 활용해 보는 것이다. 예를 들면, 유아는 자신의 몸무게와 비슷한 친구와 시소를 타보는 경험을 통해 수평의 개념을 이해하게 된다. 동작적 표상 양식

둘째, 영상적 표상 양식(Iconic representation mode)은 도식을 이용하여 표현하는 것으로, 주로 사진, 도표, 그림 등의 시각적인 자료를 활용하여 개념을 이해하는 표상 방법이다. 자연수를 나타내기 위해서 수도(數圖)를 이용하거나, 집합을 벤다이어그램으로 나타내는 것이다. 예를 들면, 동일한 크기의 사과 2개를 그림으로 표현하여 평형의 개념을 소개하는 것이다. 영상적 표상 양식

셋째, 상징적 표상 양식(Symbolic representation mode)은 숫자, 기호, 공식, 언어 등의 상징적인 표현을 활용하여 개념을 이해하는 것이다. 논리적인 사고가 가능한 학습자는 상징적인 기호를 사용해도 개념을 이해할 수 있다. 예를 들면, 160g 사과 한 개와 80g 귤 2개의 무게가 동일함을 설명하기 위해서 160g=80g+80g으로 숫자와 수학적 기호를 사용하는 것이다. 상징적 표상 양식

(4) 나선형 교육과정(spiral curriculum)

나선형 교육과정 : 심화, 반복

영유아들은 학습을 진행하는 과정에서 진보된 표상양식으로 지식의 구조를 이해할 수 있다. 따라서 학습주제는 이전의 내용을 반영하면서도 그 이상으로 발전할 수 있다. 나선형 교육과정은 영유아의 발달단계가 높아짐에 따라 한 교과의 개념이나 원리를 점차 심화되고 세련된 형태로 가르칠 수 있도록 계획된 교육과정을 의미한다. 나선형 교육과정에서는 개념이나 학습 주제를 다룰 때에 동일한 내용의 반복이 이루어지기도 하지만, 이전의 학습내용을 포함하여 점차 폭넓고 심화된 형태의 반복이 이루어진다. 이 교육과정은 핵심적인 개념을 반복, 심화의 형태로 접하게 되므로 학습자가 기본적인 아이디어를 완전히 숙달하고 이해할 수 있다.

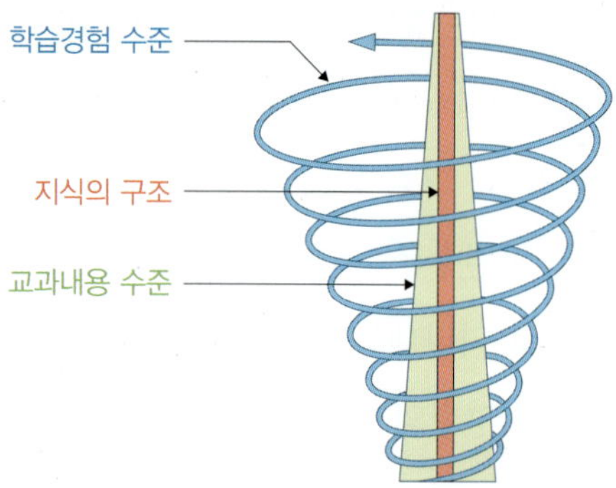

|그림 2-3| 지식의 구조와 나선형 교육과정

2) 수학교육 적용

(1) 표상양식을 활용한 교수-학습 방법

영유아는 자신의 인지발달 수준에 따라 사물을 지각하고 이해한다. 브루너는 영유아의 사고 수준에 적절한 표상양식을 활용하면 어떠한 수학개념도 가르칠 수 있다고 하였다. 따라서 교사는 영유아의 지적 발달 수준을 고려한 표상양식을 활용하여 지식의 구조를 가르칠 수 있어야 한다. 브루너의 표상양식은 영유아의 사고 수준에 적절한 교수-학습 방법이며, 교수 매체 사용에 근거를 제시하였다.

브루너의 세 가지 표상양식을 활용한 교수 매체를 제시하면 다음과 같다.

- **동작적 표상 양식** : 자신의 신체나 조작 교구를 활용하기
- **영상적 표상 양식** : 시각, 청각 단서를 활용하기
- **상징적 표상 양식** : 언어, 숫자, 기호를 활용하기

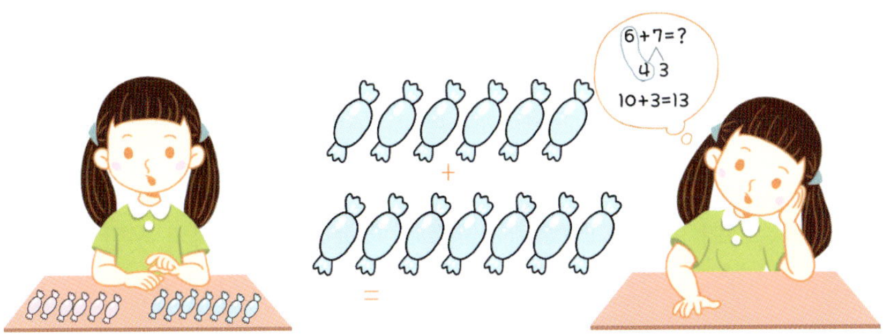

동작적 표상 양식 영상적 표상 양식 상징적 표상 양식

|그림 2-4| 세 가지 표상양식

(2) 수학교육 내용 범위 확대

영유아를 위한 수학교육 내용으로 행동주의 이론에서는 수세기와 수연산 활동이 주로 다루어졌고, 인지적 구성주의 이론에서는 수 이전 활동이 다루어졌다. 그러나 브루너는 영유아의 사고 수준에 맞게 표상양식을 달리하면 어떠한 수학개념도 가르칠 수 있다고 하였다. 브루너는 표상양식을 조절하면 수학개념을 조기에 도입할 수 있으며, 다양한 수학개념을 소개할 수 있다고 보았다. 이에 따라 새 수학 운동에서는 수, 측정, 확률, 통계 등 다양한 수학개념들이 교육내용에 포함되었다.

다양한 수학내용

3) 한계점

브루너의 이론은 영유아의 인지수준을 고려한 교수 방법의 근거를 제시하여 유아교육현장에서 활용도가 높다는 점에 공헌점이 있다. 그럼에도 불구하고 몇 가지 한계점을 제시하면 다음과 같다.

조기교육의 위험

첫째, 너무 이른 시기부터 조기교육에 노출될 위험이 있다. 브루너는 표상양식만 달리하면 모든 지식의 구조를 가르칠 수 있다고 보았다. 따라서 브루너의 이론을 잘못 이해한 교사의 경우 어린 시기의 영유아에게 무리하게 조기 수학교육을 접근할 가능성이 높다.

학습자의 능력에 따라 발견학습의 어려움

둘째, 학습자의 역량에 따라 발견학습이 제대로 이루어지지 못할 수도 있다. 발견학습은 학습자의 주도적인 역할이 수반되어야 가능하다. 그러나 학습자의 능력과 자세에 따라 지식의 구조를 발견학습을 통해 찾아내지 못할 수도 있다. 또한 이미 지식의 구조에 능통한 교사는 설명식 수업과 주입식 교육을 실시할 가능성을 배제하기 어렵다.

4. 비고츠키의 사회 문화적 구성주의 이론

비고츠키
(L. S. Vygotsky, 1896~1934)

비고츠키는 지식이 유아 내부에서 구성된다는 점에서 피아제와 기본적인 관점은 동일하지만, 인간의 발달은 사회 · 문화적인 영향을 받는다고 주장한다. 그는 인지발달과 지식을 구성하는 데 사회적 상호관계를 중시함으로써 사회 · 문화적 구성주의자로 불린다. 비고츠키는 인간의 자연적인 발달과정보다 문화적인 발달의 측면을 강조하고, 발달을 설명하는 데 있어 사회 · 문화와의 관련성을 밝히는 데 관심을 두었다.

1) 주요 개념

(1) 인지발달의 사회 문화적 기원

사회 문화적 요인

비고츠키(Vygotsky)는 인간의 인지발달과 지식은 사회적 상호작용이 내면화되어 이루어지는 것으로 보고, 사회 문화적 요인을 중시하였다. 인간이 형성한 지식은 개인이 스스로 구성한 것이 아니라, 그들이 참여하는 사회활동의 패턴에 따른 구조에 기인한다고 본다. 따라서 영유아가 속한 문화의 사회적 맥락에서 서로 공유하는 경험이 영유아의 인지발달에 영향을 준다는 것이다.

수학능력에 영향을 미치는 사회 문화적 요인

비고츠키가 강조한 사회 문화적 맥락은 영유아의 수학개념과 능력에도 중요한 영향을 미친다. 각 문화권마다 수 단어 이름 체계와 화폐의 단위가 다르므로 영유아의 수학능력은 영향을 받는다. 예를 들면, 우리나라의 수세기는 수 단어의 규칙성으로 인하여 수세기가 용이하다. 유아가 한자어로 수세기를 할 경우에 홑자리(일의 자리 수)와 십의 자리 이름만 알면 수 이름이 규칙적이기 때문에 수세기를 쉽게 할 수 있다. 또한 십의 자리 이름도 규칙성을 띠어 수 이름을 쉽게 기억할 수 있다. 반면 영어의 수세기 이름은 두 자리 수의 이름(eleven, twelve....)과 십의 자리 이름(ten, twenty...)이 상이하다. 이러한 수 체계의 차이가 영유아의 수개념 발달에 영향을 준다. 또한 우리나라의 화폐 단위는 주로 큰 수를 사용하기 때문에 유아들은 큰 수개념이 빨리 나타난다. 반면 미국의 경우에는 일상생활에서 사용하는 화폐 단위가 소수를 포함하기 때문에 소수 학습이 일찍 시작된다. 이러한 유아의 수학능력의 차이는 사회 문화적 맥락에 따른 사고 패턴의 차이와 연결되므로, 인지발달은 사회 문화적 요인의 영향을 받는다고 볼 수 있다.

(2) 학습과 발달과의 관계

학습이 발달을 주도

비고츠키는 학습이 발달을 주도하며, 발달은 학습을 통해 향상될 수 있다고 보았다. 그는 발달의 과정에서 '자연적 발달'보다는 '문화적 발달'을 강조하였다. 인간이 구성한 지식은 문화 속에 내재된 지식을 사회 구성원 간에 공유된 형태로 학습을 통해 재구성의 과정으로 이루어진다. 즉, 개인의 사고 과정 변화는 문화를 매개로 한 사회적 상호작용으로서, 교육이 내면화되어 일어난 결과로서 '발달에 선행한 학습'이 중요하다. 좋은 교육은 발달에 앞서 나아가서 그 발달을 유도하는 교육이며, 교육을 통해 영유아의 지속적인 발달이 이루어지도록 한다. 따라서 영유아의 발달을 주도하는 학습이 일어날 수 있도록 사회 · 문화적인 환경을 조성하는 것이 중요하다.

(3) 근접발달영역(zone of proximal development)

비고츠키는 영유아의 잠재적인 능력을 강조하였다. 영유아가 지식을 독립적으로 구성할 수도 있으나, 지식의 구성과정에서 사회적 상호작용이 중요하며 타인의 적절한 도움을 통해 자신의 실제 능력 이상도 도달할 수 있다. 비고츠키는 이를 근접발달영역이라는 개념으로 설명하였다.

근접발달영역

근접발달영역은 영유아가 다른 사람의 도움 없이 독립적으로 문제를 해결할 수 있는 수준인 실제적 발달 수준(actual development level)과 성인이나 교사 혹은 유능한 또래의 도움을 받아 문제를 해결할 수 있는 잠재적인 발달 수준(potential development level) 간의 간격을 의미한다. 영유아가 혼자서 할 수 있는 것은 실제적인 능력, 즉 이미 발달된 측면이다. 비록 혼자서는 할 수 없지만 다른 사람의 도움을 통해 발달할 수 있는 가능성의 영역이 잠재적 발달 영역인 것이다. 비록 처음에는 영유아 혼자서는 할 수 없으나 성인이나 또래의 도움을 받아서 수행하게 되고, 점차 내면화되어 영유아 스스로 할 수 있게 된다. 즉, 영유아의 발달 수준은 능력 있는 타인의 적절한 조력으로 향상된다. 근접발달영역은 고정된 것이 아니라 영유아가 좀 더 높은 수준에 도달함에 따라 역동적으로 변화한다. 따라서 교사는 개별 영유아의 근접발달영역을 찾아내고, 그 간격 내에서 적절한 도움과 지원을 제공해야 한다.

근접발달영역의 역동성

〈표 2-2〉 근접발달영역의 4단계

단 계	특 징
1단계 : 타인조절	유능한 타인의 도움을 받아 과제를 수행하는 단계(순종과 모방으로 문제 해결)
2단계 : 자기조절	자기 안내나 자기조절과 같은 자기 자신에 의해 도움을 받아 과제를 수행하는 단계
3단계 : 자동화	과제 수행이 완전히 발달되어 거의 무의식적으로 과제를 해결할 수 있는 단계 (내면화 상태로서, 자기 주도적 학습이 가능한 상태)
4단계 : 탈자동화	새로운 능력의 발달을 위해 전 단계로의 회귀 상태

출처 : 황혜정 · 나귀수 · 최승현 · 박경미 · 임재훈 · 서동엽(2012). 수학교육학신론. 서울 : 문음사, pp. 265-266 발췌 재구성.

(4) 비계(scaffolding)

비고츠키는 영유아의 인지발달은 사회 문화권 안에서 보다 성숙한 구성원과의 상호작용을 통해 이루어진다고 보았다. 영유아의 인지발달을 위한 단

유능한 타인

서를 제공하는 사람이 바로 성인이나 능력 있는 또래인 비계설정자(scaffolder)이며, 유능한 타인은 영유아가 더 높은 수준으로 발달할 수 있도록 적절한 비계설정을 제공한다. 비계설정은 영유아 혼자서 하기 어려운 인지적 활동이나 과제를 성인이나 좀 더 능력 있는 또래가 도움을 주어 그것을 내면화하도록 지지하는 것을 의미한다(Berk & Winsler, 1995).

비계설정

비계설정은 과제를 좀 더 쉽게 만드는 것이 아니라 도움의 양을 변화시키는 것이다. 활동 초기에는 성인이 적극적으로 개입하고 많은 양의 비계설정을 하다가 활동이 진행되면서 학습의 주도권과 책임은 영유아에게 양도된다. 따라서 바람직한 비계설정은 영유아의 과제수행 능력에 따라 적절한 도움의 양과 질을 조절하여 궁극적으로는 영유아 스스로 과제에 대한 책임을 갖고 문제를 해결할 수 있도록 하는 데 있다. 영유아는 적절한 비계설정을 통해 문제해결 수준이 향상되어 궁극적으로 사고 수준이 높아지게 된다. 비계설정은 과제를 수행할 때 서로 다르게 이해하고 있던 두 참여자가 공유된 이해에 도달하는 상호주관성을 포함한다. 따라서 교사는 수용적이고 개방적인 분위기에서 상호작용이 이루어지도록 한다.

상호주관성

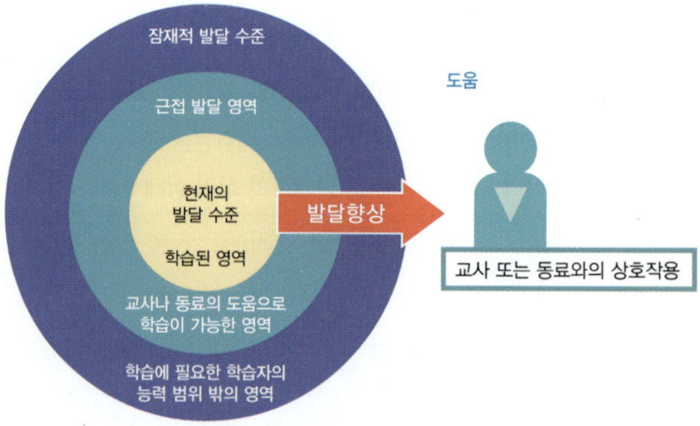

|그림 2-5| 교사의 비계설정

(5) 언어와 사고와의 관계

비고츠키는 인간의 고등정신기능으로서 언어의 중요성을 강조하였다. 그에 의하면 언어는 타인과 효율적인 상호작용을 하기 위한 수단이며, 인간은 언어를 통해 사고와 인지발달이 이루어진다는 것이다. 비고츠키는 언어를 통해 사회적으로 공유된 지식이 개인의 사고로 내면화되기 때문에 사고발달에 필수적인 도구라 하였다. 사회 문화적으로 존재하던 지식이 처음에는 개인 간의 수준에서, 그 후에는 개인적 또는 심리적인 수준에서 존재할 때 언어는 중요한 기능을 한다. 개인 간의 수준에서 사용하는 언어는 외적 언어이고, 개인적인 수준에서 사용하는 언어는 내적 언어라 한다. 비고츠키가 언급한 외적 언어와 내적 언어 모두 사고의 발달에 영향을 주는 중요한 기제이다.

고차원적 도구로서 언어

언어는 사고발달에 영향을 줌

영유아들은 자신이 해결한 수학 문제를 타인에게 설명하거나 혹은 문제를 풀기 위해 사고를 조절하는 과정에서도 언어를 사용한다. 자신의 사고를 언어화하는 과정을 통해 사고는 명확해지며, 문제를 해결하면서 사고가 발달되는 것이다. 영유아는 자신의 사고를 조절하거나, 문제 풀이 전략에 대해 언어화하는 '혼잣말'을 한다. 에머슨과 미야케(Emerson & Miyake, 2003)의 연구에 의하면 혼잣말을 사용한 유아가 사용하지 않는 유아보다 복잡한 수준의 과제를 잘 수행하고 효과적으로 학습한 것으로 나타났다. 따라서 언어는 단순한 의사소통 수단만이 아닌 인간의 사고와 인지발달을 촉진하는 매개체의 역할을 하는 중요한 기제임을 알 수 있다.

혼잣말

다음 〈표 2-3〉은 유아가 자신의 문제해결전략을 언어로 설명한 사례를 제시한 것이다.

〈표 2-3〉 문제해결과정의 언어화

30번째 구슬은 무슨 색일까?

아래의 일화는 생일 목걸이를 만드는 상황에서 발생되었다. 친구가 만드는 패턴 목걸이를 보고, 패턴 규칙을 찾아낸 유아가 자신의 생각을 언어로 설명하고 있다.

다은이가 친구에게 줄 생일 목걸이(빨간색과 노란색 구슬 패턴)를 만들고 있다. 윤현이는 다은이가 만든 생일 목걸이를 보고 있다.

윤현 : 다은아! 너 왜 목걸이 만들고 있어?

다은 : 소윤이 생일이여서 주려고... 생일 목걸이 만드는 거야. 목걸이 색깔 예쁘지?

윤현 : 어! 예쁘다. 그런데 목걸이 구슬을 몇 개나 끼울 거야?

다은 : 소윤이 목에 걸어야 하니까, 한 30개쯤은 끼워야 할 것 같은데...

윤현 : 30개??? 그럼... (잠시 생각하더니) 30번째 구슬은 노란색이겠네.

다은 : 정말!!!! 그걸 어떻게 알아? 빨간색일 수도 있잖아.

윤현 : 봐. 첫 번째는 빨간색 두 번째는 노란색 세 번째는 빨간색 네 번째는 노란색이잖아. 빨간색과 노란색을 번갈아 가면서 끼우잖아. 그럼 1, 3, 5, 7, 9는 빨간색, 2, 4, 6, 8, 10은 노란색이잖아. 그러니까 30은 노란색이지.

다은 : 어??? 잘 모르겠는데... 다 끼워서 볼래.

생일 목걸이를 만드는 장면에서 유아가 찾은 패턴 활동이다. 구체물을 가지고 만든 AB유형의 반복패턴이다. 윤현이는 패턴의 요소와 규칙을 찾아 순서상에 어떤 패턴 요소가 올지를 예측하여 다은이에게 설명하였다. 친구의 우연한 개입으로 단순한 미술활동으로 끝나지 않고 수학 상황과 연결되었다. 윤현이는 패턴의 구성요소를 순서상의 위치와 연계하여 추론하고, 자신의 사고를 언어로 설명하였다. 자신의 문제해결 방법을 언어화하면서 수학적 지식은 견고하게 형성된다.

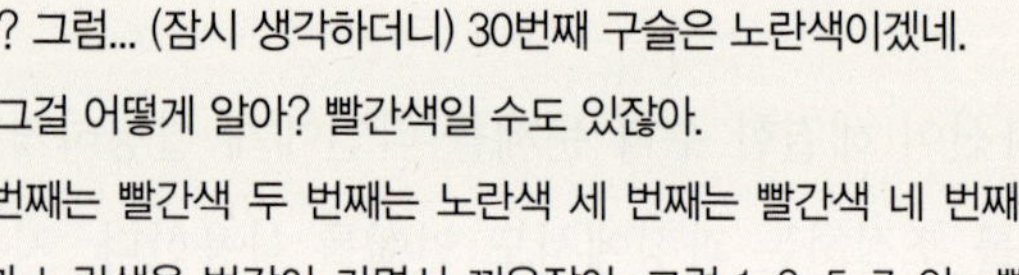

2) 수학교육 적용

(1) 근접발달영역의 활용

비고츠키는 교육을 통해 발달을 향상시킬 수 있다고 보았다. 학습이 이루어질 수 있는 최적의 영역이며, 역동적인 구간으로 근접발달영역을 중시한 것이다. 따라서 영유아의 실제적 발달 수준보다는 조금 높은 수준의 수학교육 내용과 수학문제를 제시하도록 한다. 처음에는 유아가 혼자서 해결할 수 없는 수학 상황에 직면했을 때 당황해 하거나 혹은 문제해결을 포기할 수도 있다. 그러나 점차적으로 부모나 교사 혹은 능력 있는 또래의 지원과 도움을 통해 발달 수준이 높아질 수 있다. 그러므로 교사와 부모는 영유아의 근접발달영역이 어디인지를 파악해야 하며, 근접발달영역 내에 있는 문제를 제시하고 적질한 지원을 제시할 수 있어야 한다. 예를 들면, 10까지 합리적인 수 세기가 가능한 유아에게는 십의 자리 이름을 알려주고 10 이상의 큰 수 세기를 할 수 있는 수학활동의 기회를 제공하도록 한다.

근접발달영역 내에서 수학 문제 제공

(2) 또래교수와 협력학습

비고츠키는 인지발달과정에서 인지적 갈등의 원인에 관심을 기울이고, 인지적 갈등은 사회적 상호작용에 기인한다고 보았다. 사회적 상호작용의 중요한 인적 요인으로 교사와 부모, 능력 있는 또래 간의 교류를 중시한 것이다. 특히 또래는 수평적인 관계이며 또래 학습자이기 때문에 또래와의 협동학습을 중요시 여겼다.

또래교수(peer tutoring)는 좀 더 유능한 또래가 다른 영유아의 학습에 참여하여 학습을 촉진하게 하는 전략이다. 또래교수는 도움을 주는 영유아나 도움을 받는 영유아 모두에게 긍정적인 영향을 줄 수 있다. 오늘날 교실에서 흔

또래교수

히 볼 수 있는 협력학습, 모둠학습은 또래교수를 적용한 방법이다.

협력학습

협력학습은 학습목표를 달성하기 위해서 학습자와 학습자의 인지적인 협력에 초점을 두는 방법이다. 학습자들이 개인 혼자서는 해결할 수 없는 과업을 서로에게 의존하여 공동의 학습목표에 도달할 수 있다. 공동의 학습목표를 달성하기 위해서는 학습자의 적극적인 참여, 대화를 통한 정보의 공유, 상호작용이 반드시 필요하다. 영유아들은 협력학습을 통해 공동의 학습목표를 달성하면서 자신이 가진 인지적인 틀에서 벗어나 풍부하고 다양한 지식을 형성할 수 있다.

(3) 적극적인 교사 역할

교사는 영유아의 수학능력을 향상하기 위해서 근접발달영역 내에 있는 수학문제를 제시하고, 적절한 지원과 조력을 통해 비계설정자의 역할을 해야 한다. 이때 교사가 주의해야 할 점은 영유아의 수학능력은 개인차가 있으며, 각 영유아에게 적절한 지원과 도움은 차이가 있을 수 있다는 것이다. 효율적인 비계 전략은 영유아의 수학능력 발달에 영향을 줄 수 있다.

교사가 효율적인 비계 역할을 하기 위한 원리를 제시하면 다음과 같다.

① 유아의 근접발달영역 안에서 수학문제해결에 도움을 줄 수 있는 협력 활동을 통하여 유아의 자기조절을 촉진하도록 한다.

② 유아가 도움을 요청할 때 도와주며, 수학적 능력이 향상되면 도움을 중단하여 영유아의 자율성을 지지한다.

③ 유아가 도움이 필요할 때 유아 자신이 의미 있게 사용할 수 있는 상징적 표상을 사용하도록 도움을 주며, 능력에 따라 도움의 종류를 조절한다.

④ 교사와 유능한 또래와의 대화를 통한 활동은 효율적인 학습활동이 된다. 교사는 수학어휘를 구체적이고 정확하게 제시하여 수학과 관련된 언어를 제공하도록 한다.

⑤ 과제의 첫 도입 부분에서 유아가 어려움을 많이 느낀다면 과제 자체를 교사와 함께 충분히 공유하는 시간을 갖도록 한다.

⑥ 때로는 구체적인 시범을 유아 앞에 보여주어 문제해결력을 높여준다.

⑦ 유아 스스로가 해결한 수학과제에 대해 문제해결과정을 언어로 설명해 보게 하여 다음 계획과 활동을 검토해 보게 한다.

3) 한계점

비고츠키 이론은 영유아가 속한 사회 문화적인 요인을 규명하고, 수학적 사고 발달을 위한 언어의 기능과 교사의 적극적인 역할을 강조하여 영유아 수학교육에 공헌한 점이 크다. 그럼에도 불구하고 몇 가지 제한점을 제시하면 다음과 같다.

생물학적 요인 경시

첫째, 비고츠키 이론은 영유아의 발달에 영향을 미치는 생물학적 요인을 중시하지 않았다. 영유아의 발달은 사회 문화적 요인에 의해 차이가 나타나지만, 일반적으로 보편적인 발달의 과정을 따른다. 보편적인 발달은 생물학적인 요인에 의해 나타난다. 영유아의 발달에는 유전적인 요인이 영향을 주지만, 이에 대한 언급은 하지 않았다. 즉, 발달에 영향을 주는 사회 문화적 맥락을 강조하면서 유전적 · 생물학적인 요인은 강조하지 않았다는 점이다.

모호한 비계설정 방법

둘째, 근접발달지대의 영역이 모호하며, 비계 설정을 각 교수-학습 상황에서 구체적으로 제시하지 않아 교육현장에서 실천하는 데 어려움이 있다. 비고츠키는 실제적 발달 수준과 잠재적 발달 수준 간의 차이를 근접발달영역으로 정의하였다. 하지만 잠재적인 발달 수준을 평가하는 구체적인 방법과 근접발달영역의 범위에 대한 설명이 불충분하다는 견해가 있다. 유아교육현장에서 영유아의 잠재적인 수학능력을 평가하는 것은 교사의 판단에 의해 좌우되기 때문에 여러 가지 문제가 발생된다. 또한 교사가 제시하는 비계설정도 정의와 일반적인 교수 원리 및 전략만 있어서 각 교수-학습 상황에 적용하기에는 어려움이 따른다.

교사의 역량에 따른 스캐폴딩의 차이

셋째, 교사의 역량에 따라 유아의 잠재적 능력의 발달 정도와 교수법에 대한 효과가 달라질 수 있다. 비고츠키 이론에 따르면, 교사는 유아의 근접발달영역을 찾고, 적절한 스캐폴딩의 역할을 해야 한다. 그러나 역량을 지닌 교사는 적절한 스캐폴딩 전략을 사용할 수 있으나, 전문성이 부족하거나 초임교사는 교사의 역할에서 어려움을 겪을 수도 있다.

5. 다중지능이론

가드너
(H. Gardner, 1943~)

다중지능이론은 하워드 가드너가 제시한 지능이론이다. 가드너에 의하면 인간의 지능은 서로 독립적이며 다른 유형의 8가지 지능으로 구성되었다고 본다. 다중지능이론에 의해 인간의 지능은 종전의 제한된 관점에서 벗어나 다양하고 포괄적인 관점으로 이해되고 있다.

1) 주요 개념

가드너(Gardner)는 『정신의 구조 : 다중지능이론(1983)』에서 지능에 대한 새로운 견해를 제시하였다. 그는 지능을 단일능력이며 고정 불변 능력으로 규정한 전통적 개념에서 벗어나 지능의 다면성과 역동성을 주장하였다. 가드너는 인간의 지능을 문화 속에서 가치가 부여된 문제를 해결하는 능력, 문화권에서 가치를 두고 있는 산물을 창조하는 능력으로 정의하고 있다. 이러한 정의는 표준화된 IQ로 평가한 지능의 개념에서 벗어나 지능은 역동적이며 다양한 영역으로 구성되었음을 전제한 것이다.

가드너가 본 지능

가드너는 전통적인 관점에서 보던 지능이 단일 요인으로 가정된 점, 지능의 유전적 요인을 지나치게 강조한 점, 객관화된 검사인 지필검사에 의해서 지능을 측정한 점을 문제점으로 지적하였다. 가드너에 의하면 인간이 문제를 해결할 때에는 언어와 논리 수학의 분야로만 처리하기보다는 다양한 분야의 정보를 처리하는 독립된 정보처리 체계를 활용한다고 보았다. 가드너는 지능을 언어적 지능(linguistic intelligence), 논리–수학적 지능(logical–mathematical intelligence), 공간적 지능(spatial intelligence), 신체–운동적 지능(bodily–kinesthetic intelligence), 음악적 지능(musical intelligence), 대인관계 지능(interpersonal intelligence), 자기이해 지능(intrapersonal intelligence), 자연탐구 지능(naturalist intelligence)의 8가지로 구분하였다. 각 지능의 특성은 〈표 2–4〉에 제시되어 있다.

전통적인 관점에서 보던 지능

〈표 2-4〉 가드너의 다중지능이론

영 역	의 미	관련 직업
언어적 지능	언어의 소리, 구조, 기능, 의미를 민감하게 파악하는 능력	문학가, 언론인
논리-수학적 지능	숫자를 효과적으로 사용하고 추론할 수 있는 능력으로서 추상적이고 논리적인 관계를 이해하는 능력	수학자, 과학자, 경제학자
공간적 지능	시각적 · 공간적 세계를 정확하게 지각하는 능력과 지각을 통해 새로운 형태로 바꾸는 능력	미술가, 건축가, 조각가
신체-운동적 지능	자신의 신체 동작을 잘 통제하고, 신체를 이용하여 생각이나 감정을 표현하는 능력	무용가, 운동선수
음악적 지능	소리로 만들어진 것의 의미를 이해하고 창작해 내는 능력	작곡가, 성악가, 연주가
대인관계 지능	다른 사람의 기분, 성격, 동기, 의도 등을 파악하여 적절하게 대처하며 타인과 효율적으로 상호작용하는 능력	지도자, 성직자
자기이해 지능	자신의 감정, 의도, 동기 등을 객관적으로 파악하여 자신을 이해하고 통찰할 수 있는 능력	종교인, 철학자, 심리학자
자연탐구 지능	자연을 이해하고 자연적 현상이나 상황을 효과적으로 이용하는 능력	식물학자

다중지능이론에 따르면 모든 영유아는 최소한 하나 이상의 뛰어난 지능을 가지고 있으며, 개인마다 우수한 지능영역이 다르다는 것이다. 가드너는 개인이 지닌 우수한 지능영역을 강점영역이라고 하였다. 따라서 영유아가 가지고 있는 지능을 발휘할 수 있도록 다양하고 적절한 교육이 이루어진다면 더 높은 성취를 할 수 있다.

강점영역

2) 수학교육 적용

(1) 다중지능이론에 근거한 수학활동

다중지능이론에서 영유아의 수학능력과 직접적으로 관련된 지능은 논리

논리 수학적 지능
공간적 지능

수학적 지능과 공간적 지능이다. 논리 수학적 지능은 논리적 분석력을 바탕으로 정신적인 조작활동을 통해 수학문제를 해결하는 능력이다. 또한 공간적 지능은 시공간적인 아이디어를 주로 그림이나 도표, 지도를 통해 문제를 해결하는 능력이다. 그러나 다중지능이론에 의하면 모든 사람의 지능은 개인차가 있으며, 개인마다 우수한 지능이 다르다고 하였다. 개인마다 강점지능이 다르므로 동일한 방식으로 학습이 이루어지지 않는다는 것이다. 따라서 학습자의 개별 특성에 적합한 학습방법을 활용한 수학활동을 제공하도록 한다.

개인이 가지고 있는 강점지능을 수학활동에 활용하여 상대적으로 부족한 지능영역을 자극하여 다양한 형태의 수학개념으로 표현하고 이해할 수 있도록 한다. 즉, 강점지능을 수학능력을 향상시키기 위한 학습의 도구나 학습적 메커니즘으로 활용하여 강점지능을 더욱 강화시키면서 약점지능을 보완하도록 한다. 예를 들어, 언어지능이 높은 경우 스토리텔링이 담긴 수학활동을 제공하여 문제해결과정이나 개념을 주로 말과 글을 통해 의사소통하는 기회를 제공하도록 한다. 또한 음악적 지능이 높은 경우 노래를 부르거나 악기를 연주하면서 리듬과 가사의 반복에서 규칙성을 경험해 보도록 한다. 개인이해 지능이 높은 유아의 경우에는 자신이 학습한 것을 반성적으로 사고해 보고 표상해 보도록 한다.

이러한 관점을 반영하여 영유아의 개별적인 강점지능과 연계한 통합 수학활동(이야기를 활용한 수학활동, 자연물을 활용한 수학활동)이 시도되고 있다. 가드너의 다중지능이론은 유아교육자들이 통합교육과정을 적용하기 위한 합리적인 근거를 제시해 주었다.

다음의 〈표 2-5〉는 이야기를 활용한 수학활동의 사례를 제시한 것이다.

〈표 2-5〉 이야기를 활용한 수학활동의 예

스토리 : 12가지 동물 띠

윤현 : 엄마!!! 나랑 친구들은 모두 7살인데 왜 띠가 달라? 나는 호랑이띠!!! 친구들은 토끼띠래.

윤현이는 같은 나이인데 띠가 다른 것을 궁금해하고 있어요.

엄마 : 너와 친구들은 모두 7살이지만, 윤현이는 음력 생일이 12월이어서 호랑이 띠이고, 친구들은 토끼띠란다.

윤현이는 음력 생일이 무엇인지 몰라서 엄마를 쳐다보았어요.

윤현 : 음력 생일이 뭔데요?

엄마가 달력을 가져와서 보여주며 말했어요.

엄마 : 윤현이 생일은 1월 20일이잖아. 달력에 써 있는 큰 글자는 양력이고, 작은 글자는 음력이라고 해. 윤현이가 태어난 날은 1월 20일인데, 1월 20일은 양력이고, 음력 생일은 12월 17일이야. 친구들과 같은 해에 태어났지만, 띠를 말할 때에는 음력 생일을 이야기해서 …〈중략〉… 호랑이 띠란다.

엄마의 설명을 듣고도 아직 이해하지 못한 윤현이는 어리둥절한 표정이에요.

윤현 : 같은 나이이지만 띠가 다를 수 있구나. 엄마는 무슨 띠에요? 아빠는? 누나는?
엄마 : 윤현이가 우리 가족의 띠가 궁금하구나. 그럼 우리 가족의 띠를 알아보기로 하자.

윤현이네 가족의 띠에는 어떤 동물이 등장할까요? 여러분도 가족의 띠를 한번 알아보세요.

* 교사는 이야기 속의 '윤현'이가 되어서 자신에게 있었던 일을 이야기하는 1인극으로 이야기를 들려준다. 유아들은 이야기를 듣고 이야기 속의 수학문제를 인식하고, 탐구활동(가족의 띠 이야기나누기, 가족의 띠 그래프 만들기, 그래프 해석하기 등)을 경험하게 된다.

이야기를 활용한 수학교육은 영유아가 일상생활 속에서 경험할 수 있는 다양한 이야기를 들려주고, 이야기와 연관된 수학활동을 실시하는 것이다. 이야기를 활용한 수학활동은 최근 스토리텔링 수학교육의 강조로 현장에서 많이 활용되고 있다. 스토리텔링 유아수학교육의 교수-학습 단계는 스토리텔링을 하고, 이야기 속의 수학문제를 인식한 후, 다양한 교과 및 활동(미술, 음악, 과학, 수학, 요리…)을 중심으로 탐구활동을 진행하도록 한다. 이후 관련된 연관활동을 진행한다(조형숙 · 남기원 · 유효인, 2016).

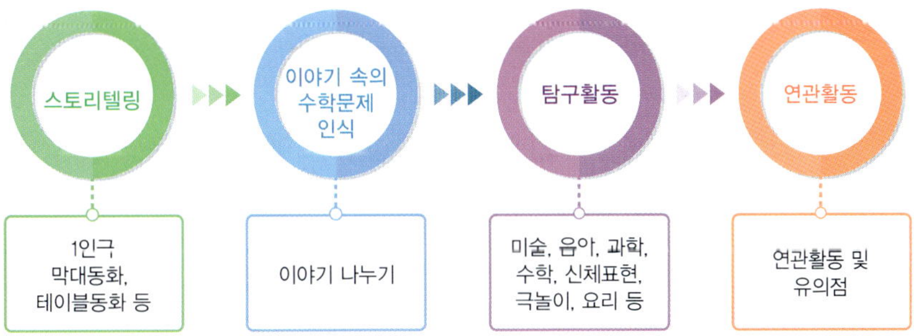

|그림 2-6| 스토리텔링 유아수학교육의 교수-학습 단계

가드너의 다중지능영역과 연계한 수학활동을 제시하면 〈표 2-6〉과 같다.

〈표 2-6〉 가드너의 다중지능영역과 연계한 수학활동

영 역	수학활동의 적용
언어적 지능	• 수학적으로 유의미한 이야기 읽기 • 자신이 해결한 문제해결방법이나 과정을 말로 설명하기 혹은 저널쓰기
논리-수학적 지능	• 논리적(추론, 증명) 문제 해결하기 • 숫자나 기호를 통해 수학 상황을 표현하기
공간적 지능	• 벤다이어그램 혹은 그림으로 나타내기 • 시각화 자료에서 패턴 탐구하기

영 역	수학활동의 적용
신체-운동적 지능	• 신체의 임의 단위를 활용하여 측정하기
음악적 지능	• 노래를 통하여 빠르고 느림의 속도 개념을 소개하기 • 리듬 패턴 만들기
대인관계 지능	• 수학활동에 함께 참여하여 문제해결하기 • 문제해결전략에 대해 견해 나누기
자기이해 지능	• 수학문제를 혼자 스스로 해결하기 • 반성적 사고(메타인지)를 활용하기
자연탐구 지능	• 자연물을 활용하여 측정, 분류해 보기

3) 한계점

구체적인 교수 방법 제안하지 않음

가드너의 다중지능이론은 인간의 지능을 다양한 영역으로 규명하고, 강점지능에 근거한 통합 교수-학습 방법을 제시하여 유아교육현장에서 많이 활용되고 있다. 그럼에도 불구하고 제한점을 제시하면 다음과 같다. 다중지능이론은 영유아의 강점지능을 활용하여 교수-학습의 방향성은 제안하고 있다. 그러나 교육내용을 영유아의 강점지능과 어떻게 연결하여 교육할 수 있는지 구체적인 방안은 제시하고 있지 않다. 또한 영유아의 강점지능을 고려하여 개인에게 적절한 교수-학습을 적용하기에는 교사에 따라 다소 어려움이 있다.

MEMO

2부

영유아 수학교육의 내용

3장 수와 연산

유아는 자신을 둘러싼 환경에서 자연스럽게 수를 경험하면서 수 이름을 말하거나 수를 세는 행위를 한다. 이러한 비형식적 경험은 수 지식을 발달시키는 데 도움을 주며 수와 수 사이의 관계를 인식하고 실생활에서 수를 사용하고 활용할 수 있는 능력을 향상시킨다. 수는 비연속적인 세계를 수량화하여 수학적으로 의사소통할 수 있는 개념으로서 수학에서 중요하게 다루어진다. 또한 연산은 수의 부분과 전체, 수의 보완적 관계를 통해 유아의 논리적 사고력 형성에 도움을 준다. 이러한 수와 연산은 영유아기부터 초등학교 2학년까지의 기간에 획득되어야 할 중요한 수학개념으로, 이 기간 중 특히 유아기의 비중이 높은 수학개념이다(NCTM, 2000). 따라서 수와 연산은 유아수학교육의 내용으로 중요하게 다루어야 할 것이다. 이 장에서는 유아의 수와 연산 개념 형성과 관련된 수감각과 수 인식, 수세기, 수의 관계, 더하기와 빼기, 숫자인식 및 숫자쓰기에 대해 살펴보고자 한다.

1. 수감각과 수 인식

1) 개 념

(1) 수감각(number sense)

수감각의 정의

수감각이란 수 및 수(들) 간의 관계성에 대한 직관(intuition)을 의미한다. 수감각은 수, 수의 크기 그리고 그 수에 해당하는 실제 양과의 관계에 대한 직관으로, 이러한 직관을 하는 과정에서 수행되는 일종의 조작(operation)까지 포함된다. 예를 들면, 7이 5보다 많다는 것과 같은 수의 상대적인 크기나 '더 많은'과 같은 수의 관계성에 대해 대략 막연하게 아는 것이다. 수감각은 유아수학교육의 핵심적인 개념으로, 눈대중으로 어림하는 능력이나 일대일 대응능력이 초기 수감각에 해당된다(Epstein, 2014). 수감각에는 일상생활에서 수와 연산을 효율적으로 사용하는 능력, 수와 관련하여 융통성 있고 창조적인 방법을 개발하는 능력, 그리고 오류를 감지하여 결과를 합리적으로 인식하는 능력 등이 포함된다. NCTM(1989)에서는 수감각에 대해 수의 의미 이해, 수들 간의 다양한 관계 인식, 수의 상대적인 크기 인식, 수에 대한 유연한 사고능력이라고 정의하고 있다.

수감각은 유아가 단기간에 획득할 수 있는 개념이 아니다. 유아가 수감각을 가졌다고 해서 항상 옳고 확신을 가지고 반응할 수 있는 것은 아니다. 수감각은 복잡하고 장기간에 걸쳐 서서히 발달되는 것이나 교수(teaching)를 통해 증진될 수 있다.

(2) 수 인식

수는 우리 생활 주변에서 자주 사용되는데, 사용 맥락에 따라 다양한 의미

수 인식의 정의

를 지니고 있다. 수 인식은 여러 상황에서 사용된 수를 사용 맥락에 따라 의미를 적절하게 파악하는 것이다. 즉, 다양한 맥락에서 사용된 수의 의미를 적합하게 선별하여 이해하는 것이다. 유아는 처음에 수가 다양한 의미로 사용되는 것을 알지 못한다. 그러나 다양한 경험을 통해 같은 수일지라도 사용 맥락에 따라 의미가 다르다는 것을 점차적으로 알게 된다. 따라서 유아에게 생활 속에서 수를 경험할 다양한 기회를 제공할 필요가 있다.

2~3세경에는 수가 다양한 맥락에서 사용된다는 사실을 인식하지 못한다. 그러나 점차 수가 사용되는 맥락에 대한 지식을 구성하게 되며, 같은 수라도 다른 의미를 가지고 있음을 이해하게 된다(정정희 · 백경미 · 최효정 · 정민영 · 홍희주 · 정효진, 2016).

수의 다양한 맥락

수는 다음과 같이 다양한 맥락을 나타낸다(이정욱 · 유연화, 2015).

① 수세기 맥락

수 이름과 실제 사물을 대응시키면서 수를 사용하는 것으로, 물체를 수로 전환하는 맥락이다. 즉, 사물과 수 이름을 관계 짓는 것으로, 수를 사용하는 기본적인 목적으로 수를 사용하는 것이다. 예를 들면, 유아가 사탕의 개수를 알아보기 위해 “하나, 둘, 셋, 넷” 하면서 수를 세는 것이다.

② 기수적 맥락

주어진 물체가 모두 몇 개인지를 알아내기 위해서 수를 사용하는 맥락이다. 이때 사용된 수는 기수라고 말하며, 마지막에 센 숫자의 이름이 사물의 전체 수량을 의미하는 것을 아는 것이다. 이러한 목적으로 수를 사용하였다면, 유아는 한 집합의 마지막 사물에 적용된 수의 이름이 전체 수량을 나타낸 것을 이미 알고 있는 것이다. 예를 들면, 사탕이 다섯 개 있을 때 유아가 차례대로 숫자를 세고, 사탕의 개수가 ‘다섯 개’ 있음을 아는 것을 의미한다.

사탕의 전체 개수를 알기 위해 사탕을 세어보는 것은 기수적 맥락에 해당한다.

③ 서수적 맥락

한 집합 안에서 사물의 상대적인 위치나 순서를 알기 위해 수를 사용하는 맥락이다. 이름의 순서, 키의 순서, 번호표의 순서가 이에 해당된다. 예를 들면, 줄의 세 번째에 서 있는 유아가 맨 앞부터 자기 위치까지 "하나, 둘, 셋" 하고 세는 것이다.

손 씻는 순서표의 숫자는 일의 순서를 나타내는 대표적인 서수적 맥락에 해당된다.

④ 임의적 맥락

수가 특정 사물이나 대상을 명명하려는 목적으로 사용되는 맥락이다. 예를 들면, 운동선수의 번호, 전화번호, 자동화 번호, 아파트 동 · 호수가 이에 해당된다. 예를 들면, 유아가 자기가 타고 온 등원버스를 가리키며 “2호차예요”라고 말하는 것이다.

자동차 등록번호는 수를 사용하여 각 자동차에 고유한 이름을 붙여준 것으로, 수가 임의적 맥락에서 사용된 예이다.

⑤ 측정 맥락

연속적인 양을 재기 위해서 단위로서 수가 사용된 맥락이다. 이때 사용된 수는 측정수로서, 길이, 넓이, 부피, 무게, 시간 등을 측정한 값이다. 예를 들면, 유아가 자신의 몸무게를 재고 “내 몸무게는 14kg이야”라고 말하는 것이다.

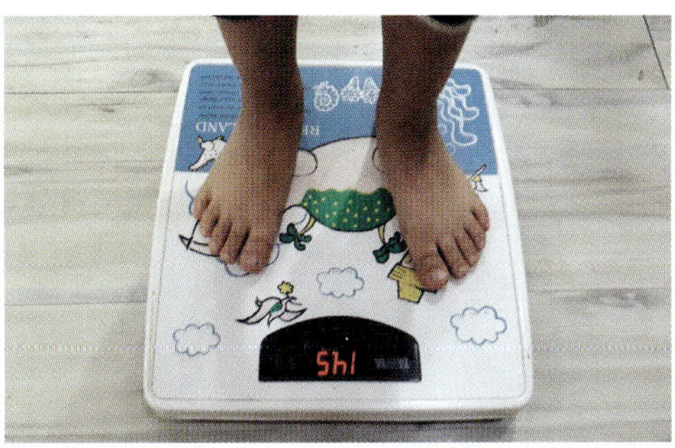

체중계에 나타난 수는 연속적인 양의 측정값으로, 측정 맥락에 해당한다.

2) 발달과정

영유아는 여러 상황에서 수가 어떤 의미로 사용되었는지 알아보고 구체적인 상황에서 수를 더하거나 빼는 등 형식적 · 비형식적인 모든 경험을 통해 수 관계에 대한 이해, 즉 수감각이 발달된다. 초기 수감각 발달에는 관찰능력이 중요하다. 왜냐하면 오직 시각으로만 양을 지각적으로 인식하여 이해하기 때문이다.

집합의 개수가 같거나 양이 동일하다는 것을 이해하는 것이 수에 대한 이해의 가장 기본적인 요소이다. 예를 들어, 영아도 두 개의 하트와 두 개의 사각형을 세지 않아도 개수가 같다는 것을 인지할 수 있다. 대부분 3세 유아는 4개 정도까지는 두 집합의 사물의 수가 같음을 이해할 수 있다. 또한 4개까지는 사물의 배열을 달리해도 양의 비교가 가능하다. 예를 들어, 세 개의 사각형을 맨 위에 놓고 두 개의 사각형을 밑에 놓거나, 맨 위에 하나의 사각형을 놓고 밑에 4개의 사각형을 놓아도 수량이 같음을 이해할 수 있다.

4세 유아들은 수를 시청각으로 인지하는 능력이 있다. 예를 들어, 세 번의 종소리를 듣거나 세 개의 점(dot)을 모두 '3'으로 인지하는 것이다. 이전에 특별한 교육을 받지 않았어도 선천적으로 이러한 능력을 가지고 있다. 시청각 인지능력은 보거나 들은 바에 해당되는 수를 정신적으로 인지하는 능력과는 다르다. 이는 유아가 정신적으로 숫자를 세는 능력을 가지기 전에도 이미 지각적 수준에서 수를 표현하고 비교할 수 있다는 것을 의미한다(Baroody, 2004a; Copley, 2010).

쉬어가기

즉지하기(subitizing)

즉지하기란 수를 이해하기 위해 필요한 기본적인 기술로, 물체를 보자마자 몇 개인지 인지하여 알아채는 것이다. 아주 어린 영아도 2, 3개 정도의 사물은 세지 않고 눈으로 보고서 그 수량을 인지할 수 있다. 즉지하기는 수개념과 연산능력의 발달에 도움이 되며(안진경, 2013; Ahn & Kim, 2007), 기하 및 공간능력의 발달과도 밀접한 관련이 있다(Clements, 1999).

즉지하기에는 지각적 즉지하기(perceptual subitizing)와 개념적 즉지하기(conceptual subitizing)가 있다. 지각적 즉지하기는 수세기와 같은 수학적 과정 없이 지각적으로 물체의 수를 인식하는 것이다. 이와는 달리 개념적 즉지하기는 시각적으로 패턴을 만들고 묶어세기와 같은 책략을 사용하여 수량을 인식하는 것이다.

사물을 보고 재빨리 개념적으로 즉지하여 정신적 이미지를 만들어 보는 경험은 수개념뿐 아니라 기하개념의 발달에도 도움이 된다. 개념적 즉지하기는 공간적 배열이나 나열된 항목의 수에 따라 그 난이도가 결정된다. 직사각형보다는 직선, 직선보다는 원형, 원형보다는 혼합형으로 배열되었을 때, 개념적 즉지하기가 더 어렵다. 여러 개의 물체를 제시할 때 공간적 배열을 다양한 형태로 제공한다면 유아가 개념적 즉지하기를 할 때 자신만의 즉지하기 책략을 활용할 수 있을 것이다.

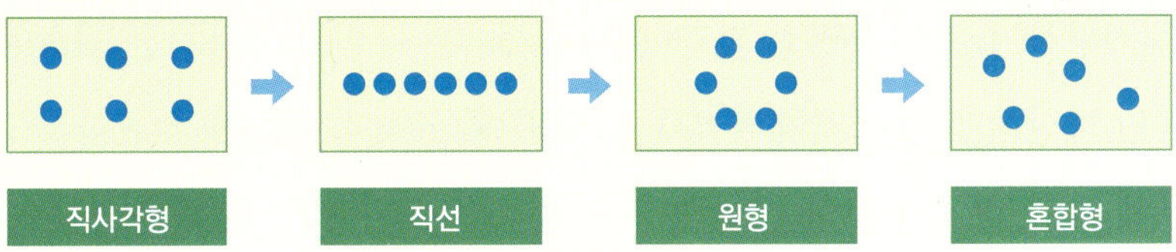

|그림 3-1| 개념적 즉지하기에 영향을 미치는 공간적 배열

3) 지도방안

유아가 일상생활 속에서 구체적인 목적을 통해 수를 인식하고 사용하는 경험을 제공한다.

① 수와 양을 연결할 수 있는 활동을 제공하여 숫자가 양을 나타내는 것을 이해하도록 돕는다.
- 나이만큼 콩 주머니 넣기
- 주어진 숫자만큼 간식 접시 채우기

② 도미노나 주사위와 같이 수량을 연결하는 교육 자료를 사용하여 순서대로 찾고 분류하고 정리해 볼 수 있도록 한다.
- 주사위 돌려 게임 순서 정하기
- 순서대로 도미노 쌓기

2. 수세기

1) 개 념

수세기는 수의 순서를 차례대로 말하는 것으로서, 비연속적인 물체의 수량을 파악하기 위한 수량화 과정이다. 수세기는 유아가 획득하는 최초의 형식적인 계산체계로서, 물체의 양을 측정할 때 지각적 판단에 의존하지 않고 전체에 대한 양적 판단을 가능케 하는 기초적인 역할을 담당한다(김영실 · 김지영, 2002).

수세기의 유형

(1) 행위에 따른 수세기의 유형

수세기는 수의 순서와 비교에 필수적인 개념으로서, 유아의 초기 수개념 발달에 매우 중요한 구성요소이다. 수세기는 사용되는 행위에 따라 말로세기(oral counting)과 물체세기(object counting)로 구분된다.

- **말로세기**(oral counting) : 관습적으로 정해진 수의 순서를 차례대로 무조건 암기하여 수를 세는 것을 의미한다. 말로세기는 기계적 수세기(rote counting)라고도 하며, 물체 없이 입으로만 수를 세는 것이다. 말로세기는 의미 없는 수세기가 아니라, 수 이름의 순서를 연습하는 과정으로 물체세기의 기초가 된다.
- **물체세기**(object counting) : 수 이름과 물체를 정확하게 일대일 대응시켜 가며 수를 세는 것을 의미한다. 물체세기는 합리적 수세기(rational counting)라고도 하며, 물체와 수 단어를 연결 지어 수를 세는 것이다. 따라서 말로세기보다 훨씬 복잡한 과제라서 유아는 물체세기를 할 때 다양한 유형의 오류를 범한다. 흔히 이미 센 물체에 다른 수 이름 부여하기, 물체 건너뛰며 세기, 한 물체에 두 개의 수 이름을 동시에 부여하기 등이 있다. 물체세기 시 오류를 줄이기 위해서 물체를 한 줄로 배열해 놓고 세기, 센 것과 세지 않은 것을 구별하기 위해 물체를 옮겨가며 세기, 손으로 집어가며 세기 등을 활용할 수 있다.

센 것과 세지 않은 것을 구별하기 위해 물체를 옮겨가며 세고 있다.

(2) 한국어의 수단어

한국어의 수단어는 한자수단어와 고유수단어의 이중 명명 체계로 되어 있다.

- **한자수단어** : 중국이나 일본의 수 체계처럼 완벽하게 규칙적인 홀자리 수와 십의 자리 수의 결합에 의해 수 이름을 명명하는 것이다(예 일, 이, 삼, 사, 오… 십일, 십이, 십삼…).
- **고유수단어** : 기수와 서수로 나누어지며 불규칙적인 십의 자리수의 이름으로 이루어져 있다(예 하나, 둘, 셋, 넷… 열, 스물…).

한자수단어에서는 '십, 이십, 삼십…'과 같이 십의 자리 수단어의 생성 규칙을 찾아내기 쉽다. 반면 고유수단어에서는 십의 자리에 해당되는 '열, 스물, 서른, 마흔…' 등의 수단어에 규칙성이 없어 기계적으로 암기해야 하는 어려움이 있다. 수단어는 2세 전후에 획득되기 시작하여 초등학교 저학년 시기까지 장기간에 걸쳐 이루어진다. 그러나 유아에게 있어 수단어의 획득이 쉽지 않은데, 이는 수단어의 특성상 끊임없이 반복하여 정확한 순서로 말해야 하기 때문이다.

이와 같이 한국어의 수단어가 이중 명명 체계이기 때문에 유아의 수에 대한 사고에 미치는 영향에 대해서는 두 가지 견해가 있다.

이중 명명 체계에 대한 두 가지 견해

첫 번째는 유아의 사고에 부정적인 영향을 준다는 입장이다. 비록 구조적으로는 유사하지만 이름이 전혀 상이한 두 가지의 명명 체계를 동시에 학습하는 것은 유아에게 인지적으로 부담을 주거나 혼란을 야기할 수 있기 때문이다. 한자수단어로 셀 때 홀자리 수에서 오류를 저지르는 것(송명자, 1990)이 대표적인 예이다.

두 번째는 긍정적인 측면으로서 긍정적 전이의 효과가 있다는 입장이다. 수의 이중 체계는 유아의 수학적 사고 발달에 효과적이다. 한국 유아의 수사고 발달 수준이 4, 5세경에는 다른 나라 유아보다 뒤떨어지지만, 6, 7세경이 되면 다른 나라 아동의 수준을 앞지르는데, 이는 이중 명명 체계의 촉진효과(Song & Ginsburg, 1987)라고 볼 수 있다.

따라서 수단어는 실제 수세기에 사용하기에 앞서 단어에 익숙해질 수 있는 기회를 주는 것이 중요한데, 동요와 같이 자연스러운 맥락을 통해 경험하도록 하는 것이 적절하다. 이때 두 가지 수단어 체계를 분리해서 가르치기보다는 함께 알려주는 것이 효과적이다(홍혜경, 1993).

(3) 수세기의 원리

수세기의 원리
- 일대일 대응의 원리
- 안정된 순서의 원리
- 기수의 원리
- 추상화의 원리
- 순서 무관의 원리

유아들이 수세기를 하기 위해서는 다음과 같은 수세기의 원리를 이해하여야 한다.

① 일대일 대응의 원리

일대일 대응의 원리란 물체의 개수를 셀 때 하나의 물체에는 하나의 수 단어가 부여되어야 한다는 원리이다. 즉, 세는 행동과 수 단어를 말하는 행동은 일대일로 대응되어 진행되어야 한다.

이러한 협응 과정을 돕는 책략으로 손가락으로 가리키며 세는 방법인 지적하기(pointing)가 있다. 이는 각 항목에 수 단어 부여를 명확히 하도록 도우며, 동시에 헤아린 부분과 헤아릴 부분을 구분하는 데 도움을 준다. 유아는 물체의 배열이 직선이며 직접 만져서 움직여 볼 수 있을 때 보다 정확히 셀 수 있다(Gelman & Meck, 1983; Labinowicz, 1985).

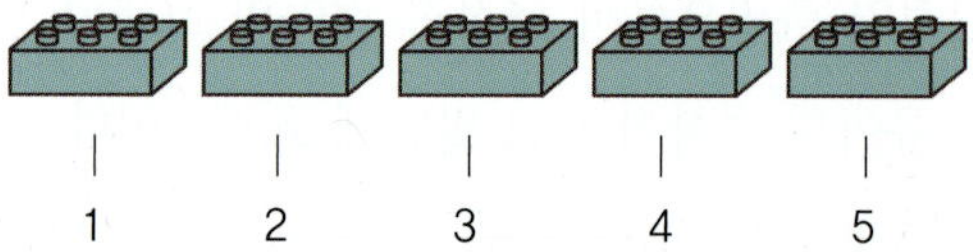

물체의 개수를 셀 때 한 개의 물체에는 하나의 수단어가 부여된다.

② 안정된 순서의 원리

안정된 순서의 원리란 수를 셀 때에는 관습적으로 사용되는 수단어의 배열 순서로 세어야 한다는 원리이다. 즉, 수단어는 정해진 순서대로 나열하여 세어야 함을 의미한다. 수단어는 사회적인 지식으로 습득할 수 있는 개념으로서, 안정된 순서로 수를 세기 위해서는 연습이 필요하다. 예를 들면, 수 단어를 획득했다 할지라도 하나, 셋, 둘, 다섯, 넷이 아니라 관습적인 방식인 하나, 둘, 셋, 넷, 다섯 등의 정확한 순서로 나열할 수 있어야 한다.

③ 기수의 원리

기수의 원리란 물체의 집합을 셀 때 마지막 사물에 적용된 수 단어가 그 집합에 있는 물체의 개수를 의미한다는 원리이다. 마지막 수 단어는 그 항목에 대응되는 수단어일 뿐 아니라, 전체 수량을 표상하는 특정 수의 이름을 의미한다는 것도 이해해야 한다.

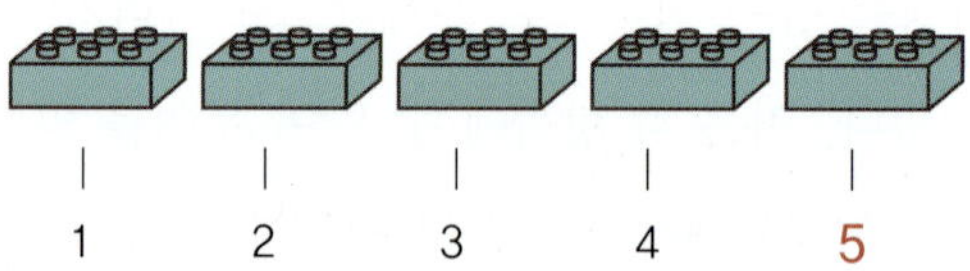

물체의 집합을 셀 때 마지막 사물의 수 단어가 전체 수량을 의미한다.

④ 추상화의 원리

추상화의 원리란 수세기의 대상과 관계된 원리로서 어떤 사물이라도 수세기가 가능하다는 원리이다. 수를 셀 때 구체적인 사물뿐만 아니라 추상적인 대상이나 경험, 혹은 서로 다른 종류로 구성된 집합의 사물도 수세기를 할 수 있다는 것이다. 예를 들면, 유아가 날씨판을 보고 "이번 주는 비가 한 번 왔어"라고 말하는 것은 경험한 것을 수세기한 것이다.

구체적인 사물뿐만 아니라 추상적인 대상이나 경험도 수세기할 수 있다.

⑤ 순서 무관의 원리

순서 무관의 원리란 한 집합의 사물을 셀 때 사물을 세는 순서와 방향은 수량과는 무관하다는 원리이다. 즉, 어떤 사물에 어느 수 단어를 대응시켜야 한다든지, 어디서부터 수세기를 시작하여야 한다든지 하는 순서와는 상관이 없다는 의미이다. 따라서 왼쪽부터 오른쪽으로 세어 나가든지, 위에서부터 아래로 세어 나가든지 그 순서는 전혀 무관하며, 순서와 관계없이 똑같은 기수를 나타낸다는 것을 이해하는 것이다. 3세 유아들도 이 수세기 원리를 설명하지는 못하지만 이에 대한 원리를 상당 부분 이해하고 있다(Gelman, 1980).

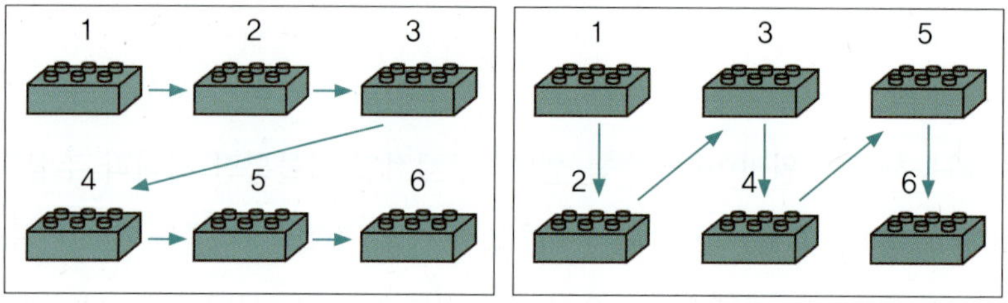

한 집합의 사물을 셀 때, 사물을 세는 순서나 방향에 상관없이 집합의 수량은 항상 같다.

2) 발달과정

유아의 수세기는 수단어 획득과 함께 시작된다. 처음에는 관습적인 순서대로 숫자를 무조건 암기해서 말하는 말로세기로부터 점차적으로 수 이름과 물체를 정확하게 일대일 대응시켜 가며 세는 물체세기로 발달한다. 수세기에서 말로세기는 수 체계에 대한 학습의 첫 번째 단계로 중요하다. 말로세기와 함께, 말과 물체 간의 일대일 대응이 이루어지면 물체세기가 된다. 때문에 운이 있는 동시나 노래, 손유희 및 율동으로, 유아에게 말로 차례대로 세기 및 거꾸로 세기를 익히게 할 수 있다.

말로세기

(1) 말로세기

말로세기는 매우 어린 시기부터 시작되기 때문에 2세경의 영아에게서도 찾아볼 수 있다. 처음에는 수단어의 순서를 외우는 것으로 시작되는데, 초기에는 수단어의 순서는 여러 개의 단어가 모여서 이루어진 것임을 알지 못한다. 예를 들면, "하나둘셋"을 하나의 단어로 생각한다. 다음 단계로 수단어 순서는 각기 다른 소리를 가지는 일련의 단어들이 모인 것임을 인식하게 된다. 마지막 단계가 되면, 10까지의 수단어를 빠지지 않고 셀 수 있다.

유아가 100까지 셀 수 있기 위해서는 다음과 같은 지식이 필요하다.

첫째, 한 자리 수인 1~9까지의 순서를 안다.

둘째, 9 다음에는 변한다는 것을 안다. 예를 들면, 19는 10단위의 끝이고 새로운 연속의 시작을 나타낸다는 것을 이해한다.

셋째, 각 십의 자리 수단어를 안다. 예를 들면, 19의 다음에는 20, 29의 다음에는 30임을 안다.

넷째, 일의 자리 수에 십 자리 수단어를 조합하여 새로운 연속을 만들어 가는 규칙을 안다. 그런데 우리말로 세는 고유수단어로 세기에는 이러한 규칙이 적용되지 않는다. 즉, 이십, 삼십과 같이 연속되는 규칙이 없이, 스물, 서른, 마흔의 임의적인 용어가 사용되어, 유아들의 수단어 획득이 어렵다.

(2) 물체세기

물체세기

보통 3, 4세 유아들은 물체를 손가락으로 한 개 한 개 짚어가면서 세는 것을 어려워한다. 유아가 수단어 순서를 차례대로 외울 수 있고 한 번에 하나의 물체만을 지적할 수는 있어도 두 가지 기술을 통합하는 것은 어려워한다. 왜냐하면 아직 세지 않은 물체를 지적하면서 동시에 수단어의 순서를 기억해 내야 하기 때문이다.

유아가 물체세기를 하기 위해서는 다음과 같은 지식이 필요하다.

첫째, 수단어의 순서를 안다.

둘째, 한 집합의 물체 한 개 한 개에 수세기 단어 하나하나를 대응한다.

셋째, 물체세기를 할 때, 세면서 계속해서 센 것과 세지 않은 것을 구별한다.

쉬어가기

수세기에서 나타나는 실수의 유형

수세기는 수개념 이해의 주요한 요소이다(Gelman & Gallistel, 1978). 유아가 물체를 셀 때 보이는 실수를 통해 유아의 현재 수개념 수준을 평가할 수 있다. 다음은 유아가 수세기를 할 때 관찰할 수 있는 실수의 예이다(Benigno & Ellis, 2004).

- 중복세기(multiple counting) – 한 개의 물체를 한 번 이상 센다.
- 빠뜨리고 세기(skip counting) – 수 이름을 빠뜨리면서 수세기를 한다(예 1, 2, 3, 5).
- 틀린 순서로 세기(misorder) – 순서가 틀리게 수를 센다(예 1, 2, 5, 3).
- 끝없이 세기(failure to stop) – 제시된 항목의 수를 넘어 이미 센 것을 또 센다.
- 세다 멈추기(stop early) – 아직 세지 않은 물체가 있는 상태에서 세기를 중간에 멈춘다.

3) 지도방법

유아들이 정확하게 수를 세기 위해서는 이미 센 물체를 다시 세지 않도록 아직 세지 않은 물체와 이미 센 물체를 구분하여 기억하고 있어야 한다. 교사는 유아의 수세기 능력 발달에 도움을 주기 위해서 다양한 경험과 활동을 제공해 주어야 한다.

① 수량을 셀 때 이미 센 것과 세지 않은 것을 구분하기 쉽도록 책략을 사용하도록 한다.

- 얼음틀을 이용하여 한 칸에 물체를 한 개씩 놓으며 세어보기
- 종이의 한가운데 세로줄을 긋고 한쪽에는 세어야 할 물체들을 모아 놓고, 센 물체는 세로줄의 반대편으로 옮겨놓기

일상생활에서 사용되는 여러 가지 물건을 10칸판으로 활용할 수 있다.

② 교사는 일상생활에서 자연스럽게 수를 셀 수 있는 상황과 환경을 만들어 주고, 이때 적절한 발문을 하도록 한다.

- 유치원 입구에서 우리 교실까지 몇 걸음에 올 수 있는지 세어보기
- 이번 달 날씨를 체크하여 맑은 날, 흐린 날, 비 온 날 세어보기
- 쌓기놀이 영역에 있는 친구들의 수 세어보기

③ 다양한 상황에서 수단어와 적합한 수단어 어휘를 사용하여 수세기를 해보도록 한다.

- 1부터 10까지를 순서대로 세기에 적합한 동요를 선정하여, 전체 유아가 함께 불러보기
- "몇 개, 몇 명, 몇 줄" 등 각 상황에 적합한 수단어 어휘를 사용하여 물체 세어보기

3. 수의 관계

1) 개 념

(1) 집합의 크기

영유아들은 수를 세기 전부터 수의 크기에 관심을 갖는다. 수의 집합을 비교하면서 어느 것이 더 많은지, 더 적은지, 혹은 같은지에 관심을 갖는다. 영유아가 수를 세기 이전에는 사물의 개수를 어림하여 많아 보이는 것을 선택하기도 하고, 일대일 대응 책략을 사용하여 집합을 비교한다. 점차적으로 유아는 수세기를 하면서 두 집합의 크기를 비교할 수 있게 된다. 앞에 오는 숫자가 뒤에 오는 숫자보다 작고, 숫자가 뒤로 갈수록 커진다는 것을 알게 된다. 따라서 수를 세어보면서 어느 것이 더 많고 적은지를 수의 크기로 비교하게 된다.

부분과 전체

(2) 수의 부분과 전체

부분과 전체는 부분이 모여 하나의 전체를 이루고, 하나의 전체는 여러 개의 부분으로 나누어질 수 있다는 것을 의미한다. 유아는 사과가 여러 개의 조각으로 나누어져 있어도 모두 합하면 사과 한 개가 된다는 것을 이해한다. 또한 7이라는 숫자는 3과 4, 2와 5 또는 1과 6의 조합으로 구성되어 있음을 아는 것이다. 수의 부분과 전체는 특정수와 그 수를 구성하고 있는 일정한 하위 수의 조합 간의 관계에 대한 개념이다. 유아는 10 이하의 수를 여러 개의 하위 부분으로 나누어 보는 경험을 통해 수의 부분과 전체에 대한 개념을 이해하게 된다. 수세기는 1씩 커지거나 1씩 작아지는 규칙적인 관계의 개념이고, 수의 부분과 전체는 수의 위계적 관계인 논리적인 사고와 관련되어 있다.

수를 부분으로 나눌 때 두 가지를 고려하여 다양한 활동을 제공하는 것이 좋다. 첫째, 수의 부분을 두 가지 항목 외에 더 다양한 하위 항목으로 구성해 볼 기회를 제공한다. 예를 들면, 6은 1과 5, 4와 2의 조합이라는 것 외에도 1+1+1+3, 2+2+2의 조합으로 만들어 보도록 한다. 유아는 전체가 두 가지 부분 집합 외에도 더 다양한 집합으로 구성되어 있는 것을 알게 됨으로써 전체와 부분 간의 위계적인 관계에 대해 사고할 수 있게 된다. 둘째, 전체를 다른 개수로 나누어 보기와 같은 개수로 나누어 보는 활동을 제공한다. 전체수를 다른 개수로 나누는 것은 더하기와 빼기와 관련된 개념이고, 같은 개수로 나누는 것은 나누기와 곱하기와 관련된 개념이다. 예를 들면, 6을 1, 5의 조합으로 보면 1+5=6 혹은 6－1=5의 식을 만들 수 있고, 6을 3, 3의 조합으로 본다면 6÷2=3 혹은 2×3=6이라는 연산식이 만들어진다. 물론 유아가 더하기, 빼기, 곱하기, 나누기를 경험하는 기회는 일상생활의 비형식적인 상황일 것이다. 유아가 5개의 사탕을 동생과 나누어 먹거나, 팻 허친스가 쓴 『띵동 초인종이 울리면』 그림책을 읽고 주인공이 먹은 쿠키의 개수를 생각해 보는 기회가 수의 부분과 전체에 대한 개념을 형성하는 데 유익할 것이다.

또한 부분과 전체는 분수개념을 이해하는 데 기초가 된다. 분수는 전체를 여러 개의 부분으로 나누고, 하나의 부분이 전체에서 차지하는 크기를 나타낸 것이다. 예를 들면, 피자 한 판을 8명이 나누어 먹을 때 한 사람이 먹을 수 있는 크기를 나타낸 것이다. 유아들은 나누어 먹을 사람의 수가 많을수록 자신이 먹을 양이 줄어든다는 것을 이해하지 못한다. 부분과 전체에 대한 개념은 이후 더하기와 빼기, 나누기와 곱하기, 분수개념을 이해하는 데 기초가 되기 때문에 중요한 수학개념이다.

쉬어가기

손가락으로 세기(finger counting)와 패턴

손가락으로 세기는 유아의 수학적 이해의 발달에 중요한 역할을 한다. 유아는 손가락을 사용하여 수를 세고 비교하고 간단한 조작을 하면서 10 이내 수 간의 관계를 알게 된다.

손가락패턴은 유아가 특정한 수를 손가락을 사용하여 여러 가지 모델로 표상하는 기회가 된다. 예를 들면, 5를 나타낼 때 한 손으로만 5 나타내기, 한 손은 1 다른 손은 4, 한 손은 2 다른 손은 3으로 나타낼 수 있다.

수량 어림하기

(3) 수량 어림하기

어림하기는 정확한 실제 값을 구하는 것이 아니라 합리적인 추측으로 실제에 가까운 값을 구하는 것을 의미한다. 수세기가 정확한 값을 구하는 과정이라면, 어림하기는 세지 않고도 실제 값에 가까운 근사값을 구하는 것이다. 유아는 일상생활에서 '대략', '어림잡아', '약~' 등의 용어를 자주 들어볼 것이다. 이러한 어휘는 수량을 어림한 근사값임을 의미한다. 유아가 처음 수량을 어림할 때에는 기준값이 될 수 있는 참조수가 주어지는 것이 좋다. 참조수란 10, 15, 20처럼 기준점으로 생각할 수 있는 수이다.

2) 지도방안

유아가 수의 관계에 대한 개념을 이해할 수 있도록 교사는 다음과 같은 점을 고려하여 다양한 활동을 경험할 기회를 제공한다.

① 교사는 구체적인 상황에서 부분과 전체를 나타내는 단어들을 들려줌으로써 유아가 부분과 전체에 대한 개념을 가질 수 있도록 한다.
  - 여기 케이크가 있어. 우리 반 친구들 전체가 똑같이 나누어 먹으려면 어떻게 해야 할까?
  - 윤진이는 우유를 전부 마셨고 혜준이는 우유를 약간 남겼구나.
  - 블록 4개가 있구나. 몇 개를 더 찾아야 전체가 모일 수 있을까?

② 유아들이 나누고 쪼갤 수 있는 교구인 속성 블록이나 레고를 제공한다. 이 과정에서 유아들이 세분화하는 작업을 통해 자르거나 나눌 수 있는 것을 경험할 수 있다.

③ 10칸판과 수세기돌(counter), 칠교판처럼 부분과 전체의 관계를 눈으로 볼 수 있는 교구를 제시하여 부분, 혹은 부분과 부분으로 전체를 만들어 보는 경험을 하도록 돕는다.

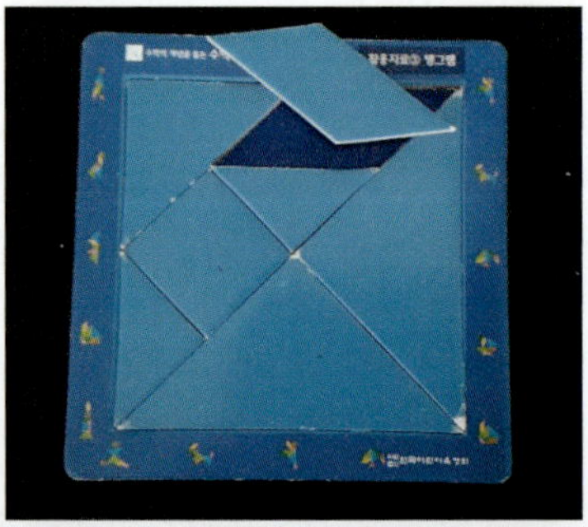

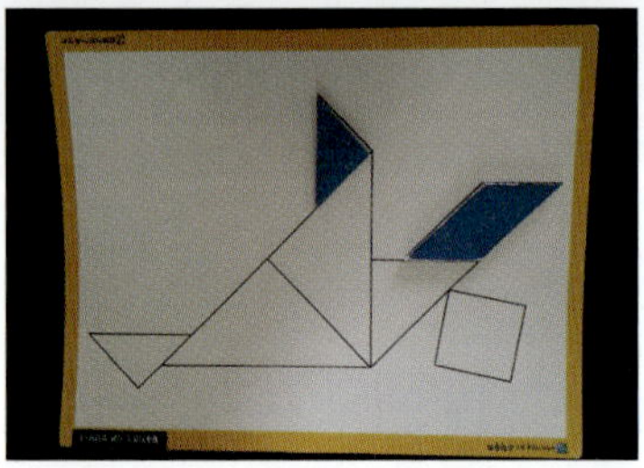

조각들이 모여 전체를 완성하는 10칸판을 통해 부분과 전체의 개념을 잘 이해할 수 있다.

칠교놀이는 부분과 전체를 나타내는 대표적인 활동이다.

④ 두 집합의 크기를 비교할 때 "한 개씩 짝지어 보자"와 같이 일대일 대응 책략 및 수세기를 사용하도록 고무한다.

⑤ 처음에는 두 집합의 크기가 차이 나는 것을 제시하다가("5와 8 중에서 어느 것이 큰 수일까?") 점차적으로 두 집합의 크기 차이가 적거나("6과 7 중에서 어느 것이 작은 수일까?"), 크기가 같은 집합을 제시하여 집합을 비교하도록 한다.

4. 수의 연산 : 더하기와 빼기

1) 개 념

수연산은 수와 관련된 수개념을 의미하는 것으로 수세기와 수량인식, 수 표상, 수의 관계 이해, 연산과 같은 조작을 모두 포함한다. 특히 유아기 수 교육에서 수세기 경험은 초기 수개념 발달에 중심적인 역할을 하며, 수세기를 토대로 한 연산도 중요한 내용으로 다루어야 한다(김소향, 2004). 과거 수와 연산을 유아의 발달 수준에 맞지 않다고 보았던 피아제와 달리 오늘날 유아 수학교육에서는 유아의 수개념 발달에 있어 수연산 능력의 역할을 강조하고 있다.

유아에게 적절한 수의 연산은 더하기와 빼기가 있다. 더하기는 사물을 합했을 때 수량이 모두 몇 개가 되는지의 개념이고, 빼기는 사물을 뺐을 때 남아 있는 수량을 아는 개념이다. 더하기와 빼기는 역관계의 수학개념으로 일상생활 속에서 유아들이 더하고 빼어보는 비형식적 경험이 중요하다. 더하기와 빼기의 경우, 기호들 간의 연관성을 이해하기 전에 물체가 더해지거나 빼졌을 때 물체의 양이 어떻게 변하는지를 이해하는 것이 중요하다.

의미 있는 수세기

수세기와 덧셈 · 뺄셈이 통합되어 이해될 때 유아들은 단순한 문제를 효과적으로 해결할 수 있다. 유아들은 이미 일상생활 속에서 비형식적인 더하기나 빼기 문제 상황을 경험해 왔다. 유치원이나 교육기관에서 제공하는 더하기와 빼기의 학습 경험이 유아가 맞닥뜨리는 수학적 경험과 연결될 때 수 연산을 이해하는 능력을 향상시킬 수 있다. 또한 이러한 경험은 유아 자신이 사용한 방법이 가치가 있고 의미 있는 것임을 확신시켜 주는 기회가 된다.

더하기 상황

더하기의 상황은 두 가지가 있다. 첫째는 첨가 상황으로, 처음 주어진 양에 두 번째 주어진 양을 더하는 경우를 말한다. 예를 들면, 윤현이가 사탕 5개가 있는데 선생님이 사탕 3개를 더 주면, 윤현이가 가지고 있는 사탕은 모두 몇 개인지를 구하는 것이다. 둘째는 합병 상황으로, 2개의 양을 더하는 것이다. 예를 들면, 오른쪽 주머니에 사탕 2개가 있고, 왼쪽 주머니에 사탕 5개가 있다면, 사탕이 모두 몇 개 있는지를 구하는 것이다.

빼기 상황

빼기의 상황은 두 가지가 있다. 첫째는 남아 있는 양을 구하는 것이다. 즉, 처음 주어진 양에서 문제에서 주어진 양을 빼는 것이다. 예를 들면, 소희가 연필 8자루가 있는데, 이 중 연필 3자루를 주면 남은 연필이 몇 개인지를 구하는 것이다. 둘째는 두 양의 차를 구하는 것이다. 예를 들면, 소희는 연필을 8자루 가지고 있고, 동생은 연필 5자루를 가지고 있다면, 소희는 동생보다 연필을 몇 자루 더 가지고 있는지를 구하는 것이다. 두 경우 모두 빼기와 관련되어 있지만, 의미는 상황적으로 조금 다르다. 첫 번째의 경우는 남아 있는 양을 구하는 것이고, 두 번째는 두 양을 비교하는 것이다.

2) 더하기와 빼기 문제 해결을 위한 수세기 책략

유아는 주어진 문제 해결을 위해 더하기나 빼기를 하여야 하는 상황에서 여러 가지 수세기 책략을 사용한다. 각각의 상황에서 어떤 방법을 사용할 것인지는 물체의 조작 가능성 혹은 수의 크기 등에 따라 달라진다. 비록 높은 수준의 책략을 사용할 수 있는 유아도 움직일 수 없는 물체나 큰 수가 주어질 때는 전부세기나 덜어내기 등의 하위 수세기 책략으로 전환하여 연산 문제를 해결한다.

(1) 더하기 책략

더하기 책략

덧셈 상황에서 유아들이 사용하는 수세기 책략은 전부세기(counting all), 이어세기(counting on), 정신적 표상하기(mental representation)의 순서로 발달하는 경향이 있다(Cross, Woods & Schweingruber, 2009; Fuson, 2009).

① 전부세기

더해야 하는 물체를 늘어놓고 한 개 한 개 전부 세는 방법이다. 처음에는 주어진 물체를 그대로 세지만 점차 발달하여 손가락이나 다른 형태의 상징적인 구체물로 대치하여 세기도 한다.

예 3+4의 경우, 구체물(블록, 색연필, 공깃돌 등) 3개를 놓고 그 옆에 다시 4개를 더 놓은 후 1부터 전부 세어 7이라고 답한다.

② 이어세기

이어세기 책략에는 앞의 수에 뒤의 수 더하기(count on from the first one)와 큰 수에 적은 수 더하기(count on from the larger one)의 두 가지가 있는데, '큰 수에 적은 수 더하기'가 더 발달된 책략이다.

- **앞의 수에 뒤의 수 더하기** : 두 수를 더하는 경우, 큰 수에 적은 수를 더해가는 것이 편리하다. 그럼에도 불구하고 수의 크기에 상관없이 무조건 먼저 제시되어 있는 수를 기억했다가 나중에 제시된 수를 하나하나 세어가면서 더해 가는 방법이다.

  예 3+5의 경우, 3보다 5가 더 큰 수이지만 무소선 번서 제시된 3에 5을 더하여 "4, 5, 6, 7, 8"과 같이 셈한다.

- **큰 수에 적은 수 더하기** : 제시된 순서에 상관없이 제시된 두 수 중에

서 큰 수를 기억했다가 거기에 적은 수를 하나하나 세어가면서 더해 가는 방법이다.

예 3+5의 경우, 3이 먼저 제시되었더라도 5에 3을 더하여 “6, 7, 8”로 셈하여 8이 된다.

③ 정신적 표상하기

필요한 셈을 정신적으로 표상하여 암산하는 방법이다. 주어진 수를 각각 머릿속에 표상하여 더하는 것으로, ‘10 만들어 더하기(bridging－up－through－ten)’를 예로 들 수 있다. 두 개의 가수(加數) 중 하나를 두 부분으로 나눈 다음, 이렇게 나누어진 두 부분을 따로따로 더해 10을 먼저 만든 다음 나머지 부분을 더하는 책략이다.

예 7+5의 경우, 5를 3과 2로 나누어 7+3으로 10을 만들고 여기에 2를 더하면 12가 된다.

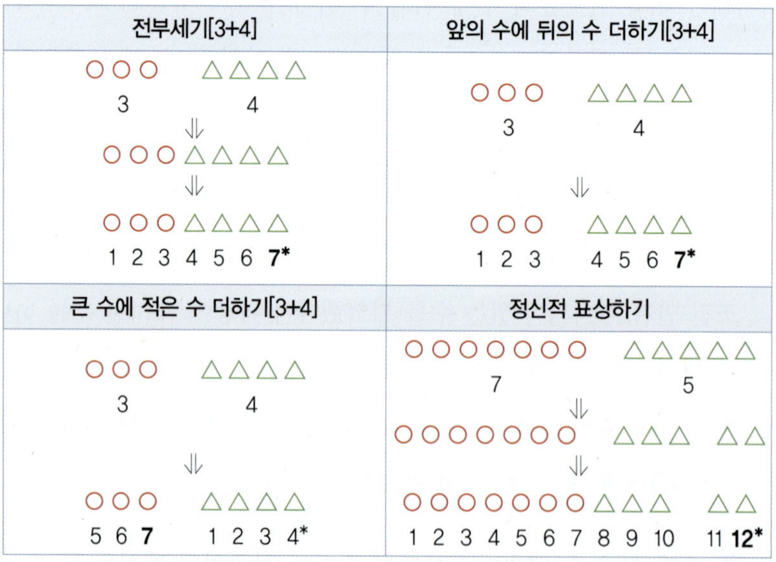

*는 숫자의 순서대로 세는 것을 나타냄

[그림 3-2] 더하기 책략의 예

(2) 빼기 책략

빼기 책략

빼기 상황에서 유아들이 사용하는 수세기 책략은 처음에 구체적 물체를 사용하여 덜어내고 나머지를 세는 덜어내기 책략(separating from, 또는 counting-out), 세어 올라가기 책략(counting-up/ adding up), 거꾸로 세어 내려가기 책략(counting-down)으로 발전한다.

① 덜어내기

필요한 손가락의 수만큼 편 다음 나머지 수(감수)만큼 손가락을 하나씩 접고 남은 손가락을 세는 방법이다.

② 세어 올라가기 책략

감수(빼는 수)부터 피감수(빼어지는 수)까지 올라가며 세는 방법이다.

③ 거꾸로 세어 내려가기 책략

피감수(빼어지는 수)부터 감수(빼는 수)까지 거꾸로 세어 가는 방법이다. 수 단어 나열 순서를 거꾸로 짚어 가야 하는 어려움뿐만 아니라 세는 수 단어의 수를 기억해야 하기 때문에 가장 어려운 책략이다.

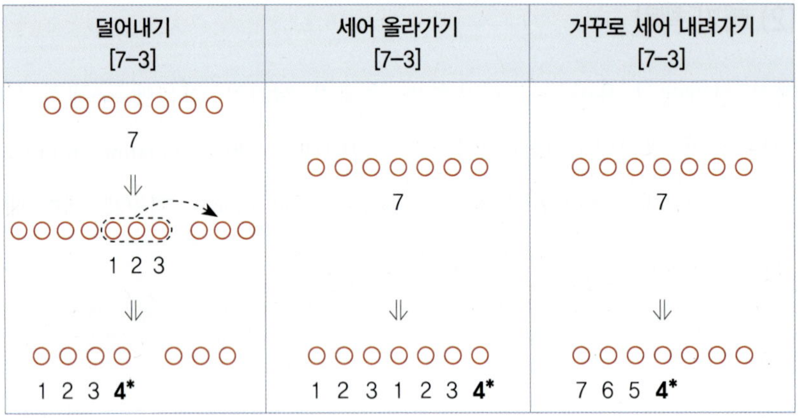

*는 나열된 순서대로 세는 것을 나타냄

|그림 3–3| 빼기 책략의 예

3) 지도방안

유아가 더하기와 빼기의 관계에 대한 개념을 이해할 수 있도록 교사는 다음과 같은 점을 고려하여 다양한 활동을 경험할 기회를 제공한다.

① 교사는 구체적인 상황이나 물체를 사용하여 더해보고 빼는 경험을 제공한다.

- 오늘 우리 반에 새로운 친구 1명이 더 올 거야. 그럼 간식 접시는 모두 몇 개가 필요할까?
- 윤진이는 7살이고 동생 혜준이는 4살이래. 윤진이와 동생은 몇 살 차이가 날까?
- 볼링핀 10개가 세워져 있었는데 도영이가 공을 굴렸더니 몇 개가 넘어지고 5개만 세워져 있구나. 몇 개가 넘어진 걸까?

② 교사는 유아가 틀린 답을 말했을 때 바로 답을 교정해 주려고 하지 않아야 한다. 유아들로 하여금 다시 생각하고 답을 찾을 수 있도록 기회

를 준다.

③ 더하기와 빼기를 목적으로 고안된 다양한 게임 교구를 활용해 유아와 교사가 함께 활동한다.

주사위를 돌려 나온 수를 더해보고 그 합만큼 알을 가져가는 게임을 할 수 있는 교구이다.

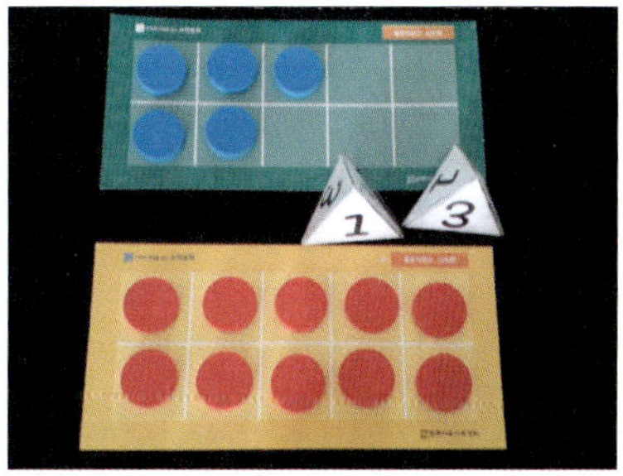

세모주사위 두 개를 던져 주사위 바닥의 숫자를 확인한 후, 두 수를 더해 10칸판을 채워나가는 게임을 할 수 있는 교구이다.

5. 숫자인식 및 숫자쓰기

1) 개 념

숫자인식

숫자인식이란 숫자를 시각적으로 분별하고 그 이름을 기억하며 숫자와 그에 해당하는 물체의 양을 연결하는 것이다. 유아는 문해가 발달하면서 동시에 숫자를 인식하고 사용하는 것을 배우기 시작한다. 숫자인식은 숫자의 모양 인식, 이름 인식, 그리고 숫자와 수량의 관계짓기가 모두 관련되는 과정이다. 따라서 그림책에서 특정 페이지를 찾아보는 것과 같이 유아가 의미 있는 맥락에서 숫자를 접하도록 환경을 제공하여 숫자가 양을 나타낸다는 것을 인식하도록 하는 것이 중요하다.

숫자를 쓰려면 소근육 기술이 발달되어야 하며 시지각 기술도 필요하다.

무엇보다도 유아가 숫자쓰기에 흥미를 가지도록 분필, 크레용, 연필, 물감뿐 아니라 찰흙, 모래, 풀, 모루 등 여러 가지 도구로 숫자를 써보는 경험도 하도록 하여야 한다.

2) 지도방안

(1) 숫자인식

숫자를 인식하려면, 시지각능력뿐 아니라 형태를 변별하기 위한 기하개념이 필요하다. 특히 숫자 중 6과 9, 1과 7, 2와 5, 3과 8 등은 변별하기 어렵다. '2는 오리 모양, 8은 눈사람' 등 각 숫자 형태의 특징을 언어적 단서로 표현하는 활동을 통해 유아의 숫자인식을 도울 수 있다.

교사는 유아가 다음과 같이 다양한 활동을 하는 가운데 자연스럽게 숫자를 인식하도록 도울 수 있다.

- 숫자노래(이경우 작사/ 김지명 · 박향신 작곡)를 불러 활용하기
- 숫자카드를 사용하여 활동하기
  예 숫자 짝짓기, 숫자 순서대로 놓기, 수 이름대로 숫자 놓기 등
- 그림책 속에 숨어 있는 숫자 찾기
- 몸으로 숫자 만들어 보기
- 아빠, 엄마가 되어 핸드폰으로 번호를 눌러 서로 통화하는 역할극 하기
- 잡지에서 숫자를 오려 꾸미기
- 책의 해당되는 페이지 찾아보기

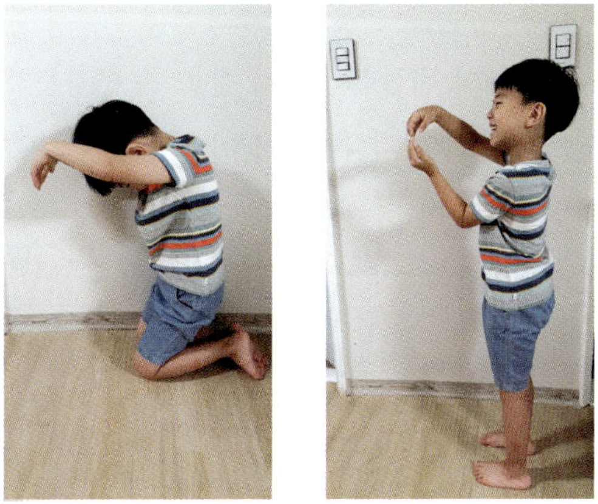

유아가 몸으로 숫자 2와 9를 표현하고 있다.

(2) 숫자쓰기

유아가 숫자 쓰는 것을 즐기고 자발적으로 쓰도록 하기 위해서는 다음과 같은 점을 고려하도록 한다.

- 숫자쓰기 이전에 수량을 표현하는 숫자의 의미를 이해하여야 한다.
- 숫자쓰기 작업은 대 · 소근육 및 눈-손 협응 발달이 요구되므로 유아가 신체발달 미숙으로 인한 좌절을 경험하지 않도록 배려한다.
- 숫자쓰기 활동은 팔을 사용하여 숫자를 표현해 보는 대근육 활동에서 밀가루 반죽, 모루, 손가락 그리기를 사용하는 등의 소근육 활동으로 점차 전환하는 것이 바람직하다.
- 숫자쓰기 활동은 처음부터 점선으로 그려진 숫자를 베껴 쓰거나 줄 친 종이에 쓰도록 지도하기 전에 자유롭게 끼적이기 활동부터 익히도록 한다.
- 유아들이 자신들이 잘못된 숫자를 쉽게 지울 수 있는 모래상자나 수성 매직과 칠판 등을 마련해 주어 유아 자신이 잘못 쓴 결과에 대한 좌절

을 줄인다.

- 유아의 숫자쓰기에서 뒤집힌 숫자나 잘못 쓴 숫자는 유아 스스로 점차 교정하게 되므로 교사의 지나친 관심이나 지도는 지양한다.

점토, 모래놀이, 긁적이기 등 다양한 소근육 활동을 통해 유아가 즐겁게 숫자를 써보도록 할 수 있다.

4장 기 하

기하의 어원적 의미

기하(geometry)는 우리가 살고 있는 물리적인 세계를 모양, 크기, 위치, 방향, 동작으로 표현하고 분류하는 수학의 영역이다(Copley, 2000). 기하의 영어식 표현 'geometry'에서 'geo'는 '토지'를 의미하며, 'metry'는 '측량'을 어원으로 하고 있다. 고대 이집트인은 홍수로 나일강이 범람한 후 토지를 적절하게 재분배하기 위하여 측량이 필요했으며, 바로 토지 측량에 의한 도형의 연구에 기하학의 기원이 있다(국립국어연구원, 2008). 이러한 기하의 영역은 공간에 관련된 위상학적 기하와 도형에 관련된 유클리드 기하를 포함한다.

기하개념의 내용

영유아의 기하개념 형성을 위해 공간과 도형에 관련된 다양한 수학적 경험이 필요하다. 영유아는 공간 안에 있는 입체도형에서 평면도형을 발견할 수 있으며, 도형을 옮기거나 돌리는 활동을 하면서 방향과 위치를 파악하고, 물체를 표상하는 활동을 하면서 공간을 시각화해 볼 수 있다. 기하개념은 2 · 3차원의 기하학적인 관계, 대칭과 변환 등의 기하도형에 관련되는 능력뿐만 아니라 공간적 방향화, 공간적 시각화 및 공간적 추리 등의 공간에 관련되는 능력을 포함한다(NCTM, 2000).

수학자들은 우리가 살고 있는 2차원과 3차원 세계를 묘사하고 이해하기 위해서 여러 가지 기하체계를 개발했는데, 이 체계 안에서 영유아는 기하학을 학습하고 생활 속에서 활용하게 된다. 그중에서 유아는 최소한 유클리드(Euclidean) 기하, 위상(topological)기하, 좌표(coordinate)기하, 변환(transformational) 기하의 네 가지 기하체계에 있어 이들 체계 간의 차이점은 아니더라도 최소한 그 기본 양상에 대해서는 알 필요가 있다(John, Tipps & Kennedy, 2018). 이 장에서는 영유아 수학교육의 내용 중 기하의 주요 개념, 발달과정 및 지도방법을 살펴보고자 한다.

1. 공 간

1) 주요 개념

기하학의 정의

기하학은 특정 공간 안에서의 도형의 성질을 연구하는 것이다. 2차원의 평면도형과 3차원의 입체도형은 도형이 놓여 있는 공간에 의존하게 되므로 공간을 인식하는 것은 도형을 이해하는 데 매우 중요하다. 즉, 공간개념은 영유아가 주변의 사람과 물체들 간의 관계에서 그들 자신을 인식하는 능력이다(Copley, 2000).

기하는 사물과 공간의 성질을 다루고 있어서, 크게 사물의 성질을 다루는 대상기하와 공간의 성질을 다루는 공간기하로 구별된다(김보경, 2013). 첫째, 유클리드 기하라고도 불리는 대상기하는 2차원 도형과 3차원 입체의 기하학적인 속성을 밝히고 도형이나 입체의 특성에 근거하여 분류하는 것을 내용으로 한다. 둘째, 공간기하에는 위상기하, 좌표기하, 변환기하 등이 있다. 위상기하는 근접, 위아래, 전후와 같이 3차원 세계에 존재하는 자신과 사물의 위치에 대한 것이고, 좌표기하는 사물의 좌표상 위치를 다루는 것이다. 그리고 변환기하는 합동, 유사대칭, 비대칭과 같이 2차원 도형이나 3차원의 형체를 재배열하거나 조합하는 것을 포함한다. 변환기하는 이동기하(motion geometry)라는 용어로도 사용되며, 옮기기, 뒤집기, 돌리기의 기하학(the geometry of slides, flips, and turns)이라고 불린다. 물체와 도형을 옮기고 뒤집고 돌려서 이동시키거나 변환시키면 외형상 변화된 듯하지만, 기본 특성인 길이, 넓이, 모양은 변하지 않는다(김영실 · 최진숙 · 고은실, 2018; Haylock & Cockburn, 2017).

영유아는 공간 안에서 자기와 물체와의 관계를 통해 물체의 형태를 인식한다. 영유아가 인식하는 표상물과 참조 공간의 관계는 위상적, 사영적, 유클리드적 관계에서 보는 세 가지 관점이 있다. 첫째, 위상적 관점이란 사물의 형태(figure)와 접근 위치 등을 기준으로 하여 공간 관계를 인식하는 관점이다. 둘째, 사영적 관점은 옆, 앞과 같이 사물을 조망하는 각도나 방위와 관련지어 공간 관계를 이해하는 것이다. 셋째, 유클리드적 관점은 크기, 축척, 거리와 비율을 준거로 하는 공간 관계를 인식하는 것이다. 유아의 공간 관계에 대한 이해는 위의 세 가지가 순서적으로 발달한다는 견해와 동시에 발달한다는 견해가 있다(Copley, 2010).

델 그란데(Del Grande, 1987)는 공간개념 내용으로 눈과 손의 협응, 도형-바탕 지각, 지각적 불변성, 공간 내에서의 위치 지각, 공간 관계의 지각, 시각적 변별과 시각적 기억으로 보았으며, 홍혜경(2001a)은 델 그란데(1990)의 7가지 공간능력 구성체계를 기초로 눈-운동 협응, 시각적 기억 회상하기, 공간 내 위치 알기, 형태-바탕지각, 공간적 추리로 구성되는 5가지 요인을 포함한 유아 공간능력 측정 도구를 개발하였다. 델 그란데(1987)의 공간개념 내용을 간단히 살펴보겠다.

• 눈과 손의 협응

시각을 이용해 관찰하고 신체를 움직여 결합하는 것이다. 단추 끼우기, 가위질하기, 양말신기, 공차기와 같이 몸의 운동과 시각을 조절하여 하는 활동이다.

• 도형-바탕 지각

배경에서 형상을 찾아 명료화하는 시각적 행위이다. 도형 주변의 표시를 보지 않고, 한 도형의 모양에 주의를 집중하여 지각할 수 있다. 예를 들면, 숨은 그림 찾기, 부분 그림 완성하기, 닮은 점과 다른 점 찾기 활동을 하는 것과 같다.

• 지각적 불변성

자동차와 책상을 앞, 뒤, 옆에서 볼 때와 멀리서, 가까이에서 볼 때 사물의 모양은 다르게 보일 수 있다. 지각적 불변성은 크기, 위치, 방향에 관계없이 공간 내에서 형상이나 대상을 인식하는 능력이다.

• 공간 내에서의 위치 지각

대상물의 관계를 자신과 공간 안에서 인식하는 능력이다. 처음에는 자신을 중심으로 변별하다가 점차 자신이 바라보는 위치를 중심으로 사물의 전후, 좌우, 상하를 지각하게 된다.

• 공간 관계의 지각

공간에서 거리, 깊이, 위치 등의 관계를 인식하는 능력이다. 공간 관계를 지각하면 교실 입구에서 창가 쪽으로 걸어가면 입구에서는 멀어지고 창문에는 점점 가까워지는 것을 이해하게 된다.

- 시각적 변별

대상물 간의 유사점과 차이점을 구별하는 능력이다. 서로 다른 물건을 구별하거나, 이전에 보았던 물건을 기억하거나 비교할 사물의 형태, 크기, 색 등을 기억하기 위해 변별력이 필요하다.

- 시각적 기억

시야에서 벗어난 경우에도 대상의 특성을 다른 특성과 관련시켜 정확하게 회상할 수 있는 능력이다.

7가지 공간 지각능력에 대한 요소를 바탕으로 공간적 추리능력을 강조하고자 공간적 방향화(spatial orientation)와 공간적 시각화(spatial visualization)의 두 가지 측면에서 공간능력을 설명하기도 한다(Clements & Samara, 2009). 공간적 방향화와 공간적 시각화 개념을 중심으로 영유아의 공간개념에 대해 살펴보면 다음과 같다.

(1) 공간적 방향화(spatial orientation)

공간적 방향화의 개념

공간적 방향화는 공간에서 자신의 위치와 물체의 위치간의 관계성을 이해하고 수행하는 것이다. 영유아는 자신이 어디에 있으며, 주변 환경에 어떻게 둘러싸여 있는지를 알아가게 된다. 공간개념의 발달을 위해서 유아는 반드시 기하 관계에 초점을 맞춘 경험을 해야 한다(NCTM, 1989). 즉, 공간 속에 있는 사물의 방향과 위치, 공간 내에서의 물체의 조망과 크기의 변화에 따라 모양이 어떻게 변화하는지에 초점을 맞춘 경험들을 포함해야 한다.

영유아는 집에서 생활하면서 위, 아래, 앞, 뒤, 오른쪽, 왼쪽 같은 공간에서의 위치는 상대적이라는 것을 인식하고; 가까이, 멀리와 같은 거리에 의해 위치를 파악하게 된다. 이렇듯 영유아는 자신을 중심으로 방향과 위치, 거리를 포함하는 공간적 관계에 대한 탐색을 통해 공간 내의 위치, 방향, 거리를 인식하고 설명할 수 있게 된다. 자신을 중심으로 무엇이 있는지를 알아보고, 거실의 소파 옆에는 무엇이 있는지를 설명해 보고, 최종적으로 물건과 공간 간의 관계를 생각하면서 공간적 방향화를 확립하게 된다.

공간적 방향화 향상을 위한 활동

지도 만들기 활동은 유아에게 방향과 위치에 대한 수학적인 사고를 할 수 있는 기회를 제공한다(Lindquist & Clements, 2001). 유아는 지도를 만들거나, 지도를 보고 찾아가는 활동 과정에서 어느 쪽으로 갈 것인가(방향), 얼마나 멀리 떨어져 있는가(거리), 어디로 갈 것인가(위치), 어떤 대상을 표현할 것인가(표현)에 대해 생각하는 기회를 갖는다(NCTM, 2000).

지도 만들기 활동은 유아에게 방향, 거리, 위치 등에 대한 경험을 제공하여 공간적 방향화 개념을 형성하도록 돕는다.

(2) 공간적 시각화(spatial visualization)와 공간적 추리(spatial imagination)

공간적 시각화와 공간적 추리의 개념

공간적인 시각화와 공간적인 추리 능력은 문제를 해결하기 위해서 정신적인 영상을 변형시킨 결과에 대해 사고하고, 추론하는 능력이다(Casey, Kersh & Young, 2004). 공간적 시각화는 사물의 공간에서의 이미지를 생성하고 저장할 수 있는 능력으로 2 · 3차원적 공간에서 물체가 이동하거나 변형되는 과정을 머릿속 이미지로 표상하여 그 변환을 이해하는 능력이다(김영실 · 최진숙 · 고은실, 2018). 예를 들면, 3차원의 공간을 머릿속에 그려내고, 2차원의 그림으로 표현하는 표상능력이다.

공간적 시각화를 하려면 주어진 공간 정보를 마음속으로 조작하여 공간 내에 존재하는 대상을 회전, 재배열하거나 조합하여 머릿속에 가시화할 수 있어야 한다. 유아는 머릿속으로 사각형을 그려보거나, 친구가 지오보드 판에 만든 물체를 보고 똑같이 만들려고 시도할 때 머릿속에서 공간적 시각화를 하게 된다.

유아가 머릿속에 표상한 도형을 지오보드에 나타낼 때 공간적 시각화와 공간적 추리활동이 일어난다.

공간적 시각화 발달을 위한 활동

유아의 공간적 시각화 능력은 구체적인 사물을 이용한 조작활동에서 정신적인 표상의 활동으로 발달되어 간다. 예를 들면, 유아는 탱그램이나 퍼즐을 이용해 공간개념을 형성하다가, 구체물 없이 도형을 이동하거나, 정사각형

종이의 모퉁이를 가위로 잘랐을 때 어떠한 도형이 될 것인지를 정신적으로 표상할 수 있게 된다. 즉, 유아들도 공간적 추리에 대한 토대를 구축할 수 있게 된다. 도형을 변환하고, 합성하고 대칭을 만드는 활동은 공간적인 시각화 및 방향화(MacGee, 1979) 개념의 형성을 돕는다.

구체물을 이용한 공간적 시각화 활동을 통해 공간적 추리능력이 발달한다. 유아들이 함께 쌓은 구성물을 각자 다른 위치에서 사진을 찍고, 실제 구성물과 사진의 서로 다른 모습을 비교하여 볼 수도 있다. 사진은 2차원적 표상이나 3차원인 표상물과의 물리적 유사성이 높아 유아가 2차원 평면과 3차원의 공간 간의 관계성을 인식하는 데 도움이 되기 때문이다(Copley, 2010). 이 과정에서 유아들은 자신의 머릿속에서 생각나는 이미지를 통해 구체물의 관점에 대해 이해할 수 있게 되고, 더 나아가 공간적 추리를 할 수 있게 된다.

예를 들면, 유아가 쌓기놀이를 하기 전에 사전설계를 하는 것은 유아교육 현장에서 사용할 수 있는 좋은 방법이다. 유아들이 블록으로 구성물을 만들기 전에 무엇을, 어떻게 만들 것인지 의논하는 과정 안에서 내적 표상이 이루어진다. 이러한 내적 표상을 통해 자신이 만들고 싶은 구성물을 2차원 공간에 구체적으로 그린 후에 이에 기초하여 블록으로 쌓기놀이를 하도록 지도하는 방법은 다양한 크기와 모양의 블록들을 구성해 보면서 공간에 대한 이해를 넓힐 수 있는 좋은 기회를 제공한다(한은혜 · 김영실 · 곽경화, 2017).

타지마할 궁전의 사진을 보고 설계도를 그린 후 블록으로 구성하였다.

또한 유아가 구성한 블록을 직접 찍은 사진으로 토의하는 과정을 통해 공간에 대한 서로의 생각을 언어로 표현해 보며 문제를 해결하게 되고, 사진을 보며 재구성하면서 2차원과 3차원을 넘나드는 경험을 통해 평면과 입체구성물을 이해하는 효율적인 학습경험을 할 수 있다.

2) 발달과정

(1) 공간적 방향화

공간은 우리가 살고 있는 물리적인 세계를 묘사하는 추상적인 개념으로서, 일반적으로 물체 간의 위치 관계로 말할 수 있다. 영유아가 물체들 간의 위치 관계를 이해하고 공간개념을 형성하는 데는 오랜 시간이 걸린다. 하지만 영유아는 공간 안에서 움직임과 탐색활동을 통해 자연스럽게 공간에 대한 비형식적 지식을 형성하게 된다. 공간적 방향화는 공간 속에서 자신의 위치와 관련지어 위치의 관계를 이해하고 조작하는 것이다. 영유아는 3차원 공간 내에서 방향을 이해하기 위해 자기 중심적 표상, 지표물 중심적 표상, 객관 중심적 표상의 발달 과정을 거친다(Siegler, 1998, 홍혜경 · 이정욱 · 정정희, 2004 재인용).

공간적 방향화 발달 과정

① 자기 중심적 표상(egocentric representation)

자기 중심적 표상은 영유아가 자기 자신과 관련지어 위치를 이해하는 것이다. 예를 들면, "내 앞에 있어요"와 같은 방법으로 위치를 표현한다. 과거에는 영아들이 16개월이 지나야만 자신의 위치가 변한 것에 좌우되지 않고 물건을 감춘 방향으로 갈 수 있다고 생각했다(Siegler, 1998). 그러나 최근에는 공간에 대한 학습이나 조작적 경험의 정도에 따라 6개월의 영아도 물건을 찾을 수 있다고 밝혀졌다.

② 지표물 중심적 표상(landmark-based representation)

지표물 중심적 표상은 지표가 되는 물체를 활용하여 위치를 이해하는 것으로, 흔히 지표가 되는 물체를 활용하여 표상하는 것이다. 예를 들면, "주유소 옆 건물이야"와 같이 큰 건물이나 주변의 특징적인 물체를 지표로 위치를 나타낸다. 이때 지표물이 없어지면 위치를 잃기도 한다. 1세경의 유아는 목표에 가까이 있는 물체만을 활용할 수 있지만, 2세에서 3세경의 유아는 먼 지표물도 사용할 수 있게 된다. 유아가 5세 정도가 되면 여러 지표물을 활용할 수 있게 되므로, 자신의 위치에 덜 의존하게 된다.

③ 객관 중심적 표상(allocentric representation)

객관 중심적 표상은 주위 환경에 있는 목표물을 객관적이고 추상적인 체계에 따라 나타내는 것이다. 유아는 물체의 위치를 지도와 같은 객관적인 참조의 추상적 체계에 관련지어 생각할 수 있게 되고, 점차 머릿속으로 주변 상황을 지도와 같은 체계로 조작할 수 있게 되면서 정신적 지도(mental map)를 형성하게 된다. 지도가 공간상의 물체의 위치를 나타내는 것을 이해하고 주변에 있는 물체를 사용하여 간단하게 지도를 구성할 수 있다. 유아기 후반에는 자신의 위치에 덜 의존적이 되고, 지표물을 활용하여 공간의 위치적 관계를 나타낼 수 있다(Clements, 1999). 교실이나 놀이터같이 친숙한 장소의 지도를 만들고 지도를 보고 따라갈 수 있다(NAEYC & NCTM, 2002).

(2) 공간적 시각화와 공간적 추리

유아들은 심상의 역동적 움직임을 잘 다루지는 못하지만 초보적 변환능력을 가지고 있다(Clements, 1999). 유아는 집에서 슈퍼마켓까지 가면서 보았던 건물들과 거리를 기억하며, 집으로 돌아올 때는 방향이 바뀌고 건물을 비롯한 지표물의 위치가 변화하는 것을 이해한다. 또한 유아는 현장학습 다녀온 장소를 2차원으로 표상하거나, 레고 설명서를 보고 3차원의 물체로 완성할 수 있다.

영유아의 위상적 공간개념 발달

유아는 공간을 통한 심상에 있어 위상적 공간, 사영적 공간, 유클리드적 공간의 순서로 발달하고, 이 세 가지 공간 구성요소들은 서로 밀접한 관련이 있다. 영유아는 위치, 방향, 거리를 나타내는 위상적 공간을 먼저 경험하게 되므로 근접, 분리, 순서, 개폐 개념을 형성해야 한다. 유아의 공간 관계에 대한 이해는 위의 세 가지가 순서적으로 발달한다는 견해도 있고, 동시에 발달한다는 견해도 있다(Copley, 2010).

- 근접(proximity) : 사물들이 위치하고 있는 관계를 나타낸다. 유아는 자신을 중심으로 가깝고, 먼 것을 인식하지만, 점차 상대방의 관점에서 거리를 비교하는 것이 가능해진다.
- 분리(separation) : 부분 조작들로 이루어진 전체 조작을 알아차릴 수 있는 능력과 관련된다.
- 순서(order) : 대상이나 사건의 연속성과 관련되어 패턴을 만들거나 공간 내에 사물을 나란히 늘어놓을 수 있는 능력과 관련된다.
- 개폐(enclosure) : '열려 있다' 또는 '닫혀 있다'와 관련된 개념으로서 경계선에 의해 사물을 에워싸는 것과 같이 빙 둘러싸는 것을 의미한다.

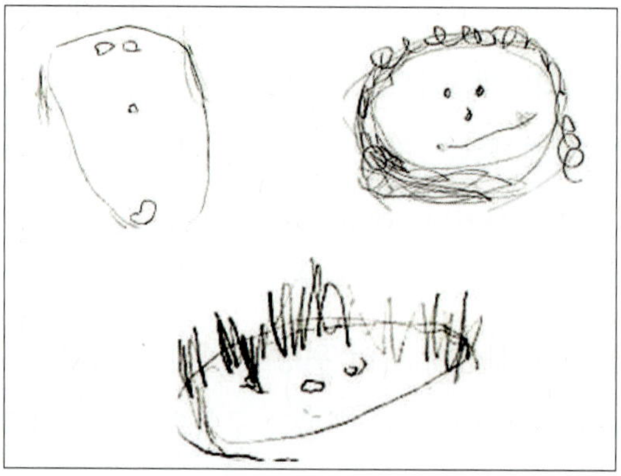

영유아의 인물화를 통해서도 이 시기 영유아의 위상개념 발달을 알 수 있다. 얼굴을 열린 공간으로 그리는지 아니면 닫힌 공간으로 그리는지, 얼굴의 윤곽선과 눈, 코, 입의 공간적 거리 등을 통해 영유아의 위상적 공간개념의 수준을 짐작해 볼 수 있다.

3) 지도방법

① 다양한 공간적 관점에서 사물을 관찰하거나 표현할 기회를 제공한다.

- 인형을 앞, 뒤, 위, 아래에서 관찰하기
- 인형을 관찰한 후 그림으로 표현하기
- 블록을 다양한 방향에서 사진으로 찍어 보고 다양한 관점에 대해 생각해 보기
- 블록 사진을 보고 블록의 어떤 방향에서 찍은 것인지 찾기

② 공간에서의 방향과 위치를 추적하는 경험을 하게 한다.

- 동네를 한 바퀴 돌고 지나온 길을 그려보기
- '곰 사냥을 떠나자'와 같이 공간과 방향의 내용이 포함된 동화를 읽고 동극활동하기

③ 의미 있는 상황에서 위치, 방향과 거리에 관한 어휘를 사용한다.

- '앞과 뒤', '위와 아래', '사이에', '다음에', '여기서 저기로', '옆으로', '앞으로'와 같은 어휘와 질문을 자주 사용하기

④ 공간 안에서 도형을 다양한 방법으로 만들어 보게 한다.

- 퍼즐, 유니트블록, 탱그램, 패턴블록 등의 다양한 교구 제공하기
- 도형을 변환하고 합성하며 대칭을 만드는 경험 제공하기
- 영유아에게 도형의 위치와 방향에 주목하도록 하고, 도형을 회전시키거나 변환하기 전에 어떤 도형이 될지 추측한 후 그 결과를 확인하도록 지도하기

⑤ 2차원과 3차원으로 시각화하는 경험을 제공한다.

- 자신이 블록으로 만든 작품을 그림으로 표상하기
- 설명서를 보고 블록을 만들기 등 다양한 방법으로 2차원과 3차원으로 시각화하는 경험을 제공하기
- 블록으로 만들고 싶은 구조물의 설계도를 그린 후 블록으로 만들기
- 자신의 블록작품을 사진으로 찍은 후 사진을 보고 다시 블록으로 구성하기

⑥ 지도 활동을 제공한다.

- 교실의 지도나 주변 지역의 단순한 지도를 읽거나 이를 보고 찾아가는 활동 하기
- 친숙한 장소와 위치를 시각화하고 이를 그려보며 지도를 만드는 활동 제공하기

- 우리 동네 지도 만들기 활동 하기

⑦ '빠른 심상 활동(quick image)'을 함께 한다.

- 교사가 지오보드 판에 물체를 만든 후 유아에게 잠깐 동안만 보여준 후 유아는 머릿속으로 심상을 떠올려 자신의 지오보드 판에 물체를 똑같이 만드는 활동 해보기

유아의 공간개념을 향상시킬 수 있는 활동

- 놀이터, 언덕, 정글짐, 숲 등 다양한 공간에서 놀이하기
- 『로지의 산책』이라는 동화책 속에서 로지가 지나온 길 그려보기
- 컴퓨터 위치 찾기 게임
- 동물원 지도 보고 동물 찾아가기
- 머릿속으로 도형 그려보기
- 지오보드 판에 구성된 물체를 잠깐 보고 똑같이 만들기
- 도미노 위에 점이 그려진 카드를 잠깐 보고 점의 위치 찾아보기
- 물체를 배열하고 보여준 후 물체를 제거하여 없어진 물체를 찾아보기
- 건축물, 자동차나 예술작품을 다른 위치에서 사진 찍고, 실제 모습과 사진의 서로 다른 모습을 비교하기
- 설계도를 그린 후 블록으로 쌓기활동을 하고, 그 구조물을 사진으로 찍어 그 모습처럼 다시 만들어 보기

지도 만들기 활동의 지도방법과 예시

유아가 지도 위에 공간적 방향성에 대한 사고를 적절히 표현하기 위해서는 다음과 같은 능력이 요구된다(Lindquist & Clements, 2001).

첫째, '아래, 위, 뒤' 등의 방향에 대해 알아야 하고, '왼쪽으로, 오른쪽으로, 앞으로, 뒤로'와 같이 방향 전환에 관한 사고와 동서남북의 방향에 대한 사고를 해야 한다.

둘째, 지도 위에 표시된 물체 간의 거리를 직접 재어본 뒤 지도상에 다시 표기할 수 있는 거리와 측정개념에 대한 사고를 필요로 한다.

셋째, 지도 위에 나타난 여러 가지 자료 위치의 항목에 관한 사고도 필요하다.

넷째, 지도를 의미 있게 읽고, 만들기 위해서는 상징적인 표상에 대해 이해해야 한다.

영유아는 지도 만들기 활동을 통해 공간적 방향성이라는 수학적 개념이 향상되며, 의사소통하기와 표상하기의 수학적 과정기술을 경험할 수 있다.

지도 만들기 활동의 예시를 소개하면 〈표 4-1〉과 같다.

〈표 4-1〉 '우리 동네 지도 그리기' 수업활동계획안

생활주제	우리 동네	주제	우리 동네	대상	만 5세
소주제	우리 동네 가게	활동명	우리 동네 지도 그리기	집단형태	소집단
교육목표	• 공간에서 서로 다른 위치 간의 관계를 이해하고 표상할 수 있다. • 공간적 관계의 이미지를 경험한다. • 수학적 과정기술을 경험한다. • 수학적 태도를 갖는다.				
유아수학 교육내용	공간적 방향성을 경험하고 수학적 의사소통을 한다.				
활동자료	4절지, 연필, 지우개				

활동과정	수학적 과정기술
1. 활동 소개하기 -'어린이집 동네 지도 그리기' 활동을 소개한다. "우리 동네에 처음 와보는 사람이 어린이집을 찾아올 수 있는 방법은 무엇이 있을까?"	

2. 지도 그리기 방법 모색하기 –지도를 그릴 수 있는 방법을 찾는다. "지도를 어떻게 그리면 좋을까요?"	
3. 동네의 모습 떠올리기 –'어린이집 동네 꾸미기' 활동의 결과물을 감상하면서 동네의 모습을 떠올린다. "어린이집 옆에는 길이 어떻게 있어요?" "오른쪽에는 무엇이 있었지요?"	
4. 그리기 –동네의 방향과 거리에 대해 이야기를 나눈 후, 종이의 적절한 위치에 어린이집과 길을 그리고 그 밖에 건물을 그린다. "어린이집은 어디에 그리면 좋을까?" "그럼 어린이집의 앞쪽에는 무엇을 그려야 하죠?" (방향) "약국은 커피숍이랑 얼마나 떨어져 있지요?" (거리)	의사소통하기–자신의 생각을 분명하게 말하기 표상하기–다양한 표상방법을 사용하여 수학적 개념에 대한 사고와 이해를 나타내기
5. 감상하기 –완성된 지도를 보고 이야기나눈다. "어린이집에서 가게에 가려면 어떻게 찾아가면 될까요?"	의사소통하기–수학적 용어를 사용하기
〈확장활동〉 유아들이 쉽게 접할 수 있는 놀이공원의 지도를 소개하고, 특정한 놀이기구에 찾아갈 수 있는 방법을 이야기한다. 	
평가	• 지도 그리기 과정에서 방향과 거리에 대해 인식하고 표현하는지 평가한다. • 지도의 쓰임을 이해하는지 파악한다.

사전설계 및 사진찍기를 활용한 쌓기놀이 활동

영유아는 쌓기놀이를 하면서 상상하고, 계획하고, 예측하고, 다양한 구조를 실제로 경험하도록 고무하며 3차원적인 세계에 대한 개념을 구성하게 된다. 영유아가 블록으로 만들고 싶은 설계도를 그리고, 설계도의 그림처럼 블록을 만들어 본 후 사진을 찍어 다시 표상하는 활동을 통해 유아의 공간 표상능력 발달을 도울 수 있다. 이러한 과정에서 2차원의 설계도를 보고 이를 3차원으로 표상하고, 3차원의 표상물을 다양한 각도에서 사진을 찍어 다시 2차원으로 경험하는 과정을 통해 공간적 방향성과 공간적 시각화 능력이 발달한다.

활동을 위한 교수단계는 다음과 같다. 1단계는 사전설계를 위한 설계도 그리기, 2단계는 블록으로 구성하기, 3단계는 사진찍기, 4단계는 토의 및 게시하기 그리고 5단계는 사진을 보고 구성했던 블록작품 재현하기이다.

다음은 사진찍기를 활용한 쌓기놀이 활동 단계를 표로 제시한 것이며, 생활주제에 따라 활동한 설계도와 블록작품 사진이다.

교수단계	활동내용
1단계 사전설계	주차별 주제에 대한 이야기 나누기를 한 후, 생활주제에 맞게 구성하고 싶은 블록을 생각하여 이야기하고 A4용지에 2차원의 설계도를 그린다.
2단계 블록 구성하기	설계도를 보면서 블록으로 구성한다.
3단계 사진찍기	완성한 블록구성물을 어느 방향에서 사진 찍을 것인지 정한 뒤, 스마트폰 카메라 기능을 이용하여 3~5장 찍는다.
4단계 토의 및 게시하기	유아가 찍은 블록구성물의 사진을 보면서 어떤 과정을 거쳐 만든 것인지 공간적 개념을 중심으로 토의한 후, 블록사진을 교실에 게시한다.
5단계 재현하기	사진을 보면서 사진과 같이 다시 블록구성물을 만든다.

〈설계도와 완성된 블록작품 사진〉

위 내용은 한은혜 · 김영실 · 곽경화(2017)의 사전설계 및 사진찍기를 활용한 쌓기놀이 활동이 유아의 공간능력 및 공간표상 능력에 미치는 영향[어린이미디어연구, 16(4), 81–106]을 재구성한 것임.

2. 도 형

기하학은 도형의 성질을 연구하는 것에서 출발하여 도형이 공간의 어디에 놓여 있는지를 탐색하는 것을 의미한다. NAEYC와 NCTM(2002)은 도형개념을 도형의 특징과 도형들 간의 상호관계 그리고 도형의 변화를 이해하는 것으로 정의하였다. 따라서 유아를 대상으로 가르칠 때에는 원, 사각형, 삼각형의 종류와 방향, 크기 등 기하학적 모양(geometric shape)과 관련지어 경험하게 되는 내용으로 다루어야 한다.

1) 주요 개념

도형개념의 내용으로 도형의 이해와 대칭 및 합성에 대해 살펴보겠다.

(1) 도형의 이해

유아들은 도형에 관심이 많고 흥미를 느끼므로, 도형에 관한 활동을 통해 수학 전반으로의 흥미를 촉진시킬 수 있다. 유치원 교실에서 쉽게 찾을 수 있는 입체도형은 구, 원기둥, 원뿔, 정육면체, 직육면체 등이고, 평면도형은 원, 삼각형, 정삼각형, 직사각형, 마름모꼴, 그리고 타원 등이다(Smith, 2001).

평면도형과 입체도형 연계 활동의 필요성

유아의 도형에 대한 이해는 일상생활 속에서 구체적인 탐색활동이나 놀이를 하는 것으로부터 시작된다. 유아가 일상생활에서 접하는 도형은 2차원의 평면도형과 3차원의 입체도형이 있는데, 유아들은 평면도형의 이름을 말할 수 있어도 입체도형의 이름이나 특징은 말하지 못한다. 이러한 이유는 유아기에 접하는 도형활동이 주로 평면도형에 치중되어 있기 때문이다(Clements, 2000). 유아는 구체적인 탐색활동과 놀이를 통해 도형에 대한 비형식적 지식을 가지고 있으며, 유아의 주변 환경은 대부분 3차원의 입체물로 이루어져 있어서 유아의 기하학적 이해는 입체물에 대한 직관적 인식과 함께 시작된다. 따라서 기하학적 개념이 발달하는 시기의 유아들이 입체도형에 대한 탐색을 통해 비형식적 지식을 확장하고, 입체도형의 한 면으로 평면도형을 이해할 수 있도록 연계된 교육을 해야 한다.

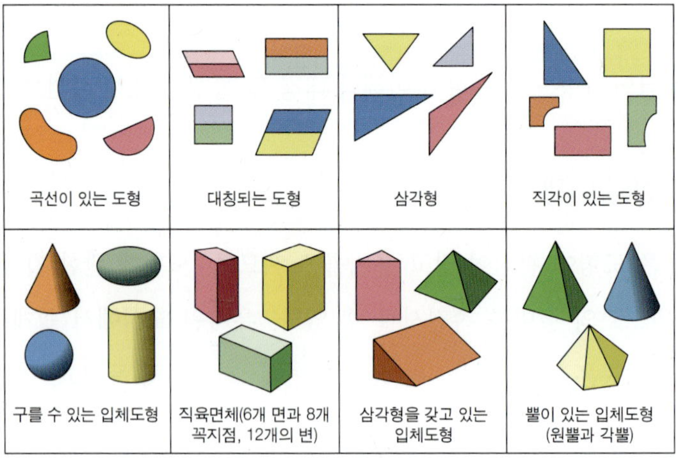

위의 그림은 Van De Walle, J. A.(2007). Elementary and Middle School Mathematics : Teaching Developmentally. Boston : Pearson를 재구성한 것임.

|그림 4-1| 평면도형과 입체도형

유아가 교실에 있는 입체도형에서 평면도형인 삼각형을 찾는 활동을 통해 평면도형을 입체도형의 한 면으로 이해할 수 있게 되며, 도형의 비형식적 특성을 탐색하게 된다.

유아는 도형에 대해 인식한 후에 가장 먼저 도형의 이름을 배운다. 이때 관습적인 기하학적 용어보다는 유아에게 친숙한 용어로 소개하고, 유아가 사용하는 다양한 기하학적 용어를 개방적으로 수용해 주는 것이 바람직하다. 예를 들면, 평행사변형을 '찌그러진 네모'라고 하거나 직삼각형을 '고깔모자 세모'라고 말할 수 있다.

시각적인 반응과 속성적인 반응

유아가 도형의 속성을 인식하고 보이는 반응은 시각적인 반응과 속성적인 반응이 있다(Clements, Swaminathan, Hannibal & Sarama, 1999). 시각적인 반응은 주변 사물의 형태를 참조하여 보이는 반응으로서, 모양의 형태를 종이나 허공에 그리면서 '~처럼 생겨서'라고 표현하는 것이다. 속성적인 반응은 기하학적인 요소나 모양의 속성을 이해하여 보이는 반응으로서, 삼각형의 모양을 설명할 때 '선이 3개예요' 또는 '뾰족한 점이 3개예요'라고 표현하는 것이다. 유아가 도형의 시각적 특징뿐만 아니라 속성적 특징을 주목하고, 표현할 수 있도록 교육할 필요가 있다.

한편 유아는 도형을 인식할 때 대부분 시각적 수준에 해당되며, 부분적으로 속성을 기술하는 수준을 보이기도 한다. 유아는 변이나 도형의 구성요소를 생각하지 않고 전체적인 외관에 따라 도형을 인식하고, 일상생활 속에서 비형식적으로 형성된 시각적 원형을 가지고 있는 것이다. 시각화 수준의 유아는 닮음(resemblance)에 기초하여 기하학적 추론을 하는 것이다. 따라서 교실에서 도형을 제공할 때 정형화된 형태가 아닌 다양한 모양의 도형을 자주 보여주어야 한다.

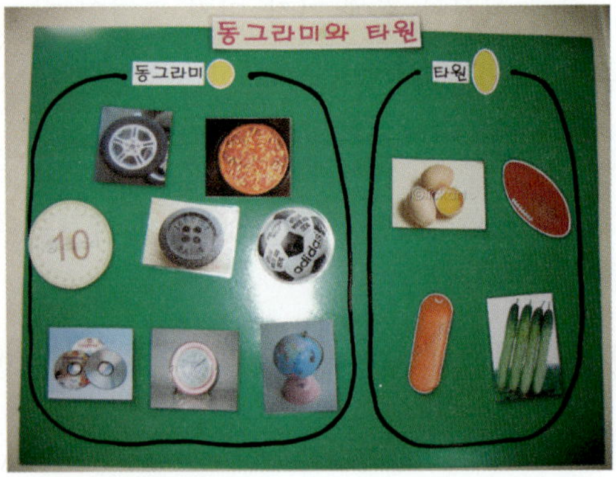

일상생활에서 사용하는 물건을 동그라미와 타원으로 분류하는 활동을 실시하였다. 그 후 팀별로 동그라미와 타원의 속성에 대해 이야기하였다. 교사는 유아가 도형의 특징을 표현한 말을 벤다이어그램에 기록해 주었다.

(2) 도형의 변환, 대칭과 합성

도형의 변환과 합성

도형의 변환과 합성은 도형을 모으거나 나누는 활동이다. 영유아들은 블록이나 퍼즐을 이용해 다양한 모양을 만드는 것을 좋아하며, 영유아는 이러한 놀이를 통해 도형의 속성을 인식하고 돌리거나 뒤집는 등 도형의 변환을 경험하며 자연스럽게 도형을 합성해 보고 다시 분할해 보게 된다.

이동기하의 개념

이동기하는 도형의 변환을 의미하며, 변환기하라고도 하며, 물체를 옮기기, 뒤집기, 돌리기를 사용하여 변환하여도 도형이나 물체의 모양이나 크기는 변하지 않는다는 사실에 근거한 기하이다. 유아의 기하학적 변환에 대한 이해는 밀기(slide), 뒤집기(flip), 돌리기(rotation) 순으로 나타나며, 유아가 가장 쉽게 여기는 변형활동은 밀기이다. 유아가 사용할 수 있는 변환활동은 변환의 방향에 따라 어려움의 정도가 달라진다. 과제가 쉽거나 방향적 단서가 제공되면, 만 4세에서 5세 유아들도 돌리기를 할 수 있다(Rosser et al., 1984). 그러나 대부분의 유아들은 처음에는 밀고 돌리는 조작활동에 미숙하여 이동동작을 잘 수행하지 못하고, 도형의 위치가 달라지면 서로 다른 도형으로 인식한다. 영유아가 이러한 이동기하를 이해하게 되면 정신적 이미지를 조작하고 변환하고 사고와 추론하는 능력인 공간 시각화와 공간적 추리를 잘 해결하는 데 도움이 된다.

대칭의 유형

대칭은 크게 선대칭과 회전대칭으로 나누어지며, 선대칭은 수직대칭과 수평대칭으로 구분된다. 선대칭 중 수직대칭은 수직선을 중심으로 좌 · 우의 물체가 동일한 것이며, 수평대칭은 수평선을 중심으로 상 · 하의 물체가 동일한 것이다. 회전대칭은 물체의 어느 지점에 대칭선을 두어도 모양이 동일한 것이다. 예를 들어, 나비, 꽃과 사람의 얼굴은 수직대칭을 가지고 있으며, 오렌지나 공은 수직 · 수평 · 회전대칭을 가진 물체이다. 유아의 대칭탐색은 선대칭에서 시작하는데, 선대칭에서도 수평대칭보다 수직대칭을 쉽게 찾는다. 회전대칭 개념은 가장 마지막에 습득하게 된다(Genkins, 1975).

수평대칭

수직대칭

회전대칭

2) 발달과정

(1) 도형의 이해

유클리드적 기하개념

어린 유아도 유클리드적 기하개념을 가지고 있으며, 3세에서 6세 유아들도 기하학적 개념을 획득한다(Clements, 2004; Clements & Sarama, 2000; Hannibal, 1999). 3세경의 유아는 삼각형, 사각형과 같은 도형보다는 공 모양, 색종이 모양과 같이 일상생활에서 접하는 사물의 모양을 먼저 인식한다. 4~6세 유아들은 동그라미를 가장 먼저 이해하고, 정사각형, 삼각형의 순서로 도형에 대한 개념을 획득하며, 6세 이후에 보다 안정적이 된다.

시각적 원형의 의미

그러나 유아들은 복잡하거나 변형된 도형을 인식하는 것을 어려워하는데, 이는 도형을 인식할 때 시각적 원형(visual prototypes)을 가지고 있기 때문이다. 도형을 인식할 때 방향(orientation)보다는 기울기(skewness), 비대칭(lack of symmetry), 비율 등에 크게 영향을 받는 도형에 대한 고정관념을 가지고 있다. 유아들은 '벌어진' 둔각삼각형, '위쪽에 꼭짓점이 없는' 삼각형을 삼각형으로 인식하지 않으며, 너무 얇거나 넓지 않은 사각형은 사각형이 아닌 것으로 인식했다. 이러한 고정화된 시각적 원형은 정형화된 형태의 도형만을 제시하는 문화적 요인에 의해 영향을 받은 것이다.

유아에게 동그라미와 동그라미가 아닌 도형을 찾아보게 했을 때 모두 분류하였다. 삼각형이 아닌 도형을 찾는 문제에서는 변이 휘어진 세모 모양을 삼각형으로 분류하였다.

기하학적 사고 특징

반 힐레(Van Hiele)는 기하학적 사고 특징을 5개의 위계적 수준으로 제시하였다. 이 중 유아에서 초등학교 저학년 시기에는 수준 0과 수준 1로 발달된다고 보았다.

- **수준 0–시각화 수준**(visual level) : 도형을 시각적 총체로 지각하며, 비슷한 도형끼리 짝짓기하거나 이름을 말할 수 있다. 선의 수, 면, 각도 등의 도형의 속성에는 관심을 갖지 않으며, 시각이나 촉각을 활용해 도형을 인식하고 변별할 수 있다.
- **수준 1–기술적 / 분석적 수준**(descriptive / analytic level) : 도형의 면, 변, 각도 등의 구체적 속성을 인식하고, 설명할 수 있다. 사각형의 특징을 "사각형은 선이 4개예요. 뾰족한 곳이 4개예요"라고 설명할 수 있다. 그러나 도형 사이의 관계를 인식하기 어려워서 정사각형이 4개의 선

을 가지고 있지만 직사각형에 속할 수 있음을 알지 못한다.

한편 클레멘츠(Clements, 2004)는 반 힐레가 제시한 수준 0의 시기에 있는 유아도 시각적 이해뿐만 아니라 그 모양을 명명하고 속성에 대해 말할 수 있음을 밝혔고, 이를 수준 1로 보면서 기하학적 이해 수준을 새롭게 제시했다.

- **수준 1** : 유아 시각적 수준에서 모양을 인식할 뿐 아니라 완전하지는 않지만 도형의 특성이나 성질을 설명적인 지식을 사용하여 말할 수 있다.
- **수준 2** : 도형에 대해 설명적 언어적 지식을 사용해 말하지만 부분적으로는 도형에 대한 추상적 지식도 나타난다.
- **수준 3** : 도형에 대한 추리적 관계를 포함하는 추상적 지식을 사용한다.

(2) 도형의 변환, 대칭과 합성

영유아는 도형을 가지고 밀기, 뒤집기, 돌리기 등의 활동을 하면서 기하학적 변환과 합성에 대한 전략을 경험하게 된다. 또한 물체의 변환과 변환의 결과를 예측하고 인식하게 되며, 물체의 위치와 방향을 바꾸는 행동이 물체의 크기와 모양을 변하게 하지 않는다는 것을 이해하게 된다(안진경, 2005; Clements, 1998). 이러한 도형의 변환, 대칭과 합성 활동은 운동기하(Smith, 1997), 공간적인 회전 능력(Linn & Peterson, 1985), 그리고 공간적인 시각화 및 방향화(MacGee, 1979) 개념의 형성을 돕는다.

기하도형 합성의 발달적 수준

영유아의 기하도형 합성의 발달적 수준은 전합성자, 조각조립자, 그림제작자, 도형합성자, 대치합성자로 구분된다(홍혜경, 2007). 전합성자는 도형을 모아 놓는 것을 거부하거나 도형을 붙여 놓지 못하며, 조각조립자는 도형 부분 간의 기하학적 관계를 보지 못해서 도형 조각을 붙여 놓으나 시행착오를 통해 형태를 연결한다. 그림제작자는 그림을 맞추기 위해 도형을 붙여 놓으며, 뒤집기와 회전을 사용하며 형태적 외곽을 사용해 도형을 찾을 수 있다. 도형합성자는 의도성과 기대성을 가지고 새로운 형태를 만들기 위해 도형을 합성하며, 대치합성자는 도형 간의 대치적 관계를 인식하여 사용한다.

기하도형 분할능력

영유아의 기하도형 분할능력은 합성 수준에 비해 낮게 나타나는데, 전분할자, 조각분할자, 중복분할자, 도형분할자로 구분된다(홍혜경, 2007). 전분할자는 도형의 분할을 거부하거나 육각형 도형만을 놓으며, 조각분할자는 도형을 2~3조각으로 나누어 대치하여 분할하거나 출현하지만 대체로 중복된 분할이 있다. 중복분할자는 시행착오를 통해 도형을 다른 도형으로 분할하고 대치해 놓을 수 있으나 이미 만든 배열 2~3개로 중복된 분할을 한다. 도형분할자는 의도성과 기대성을 가지고 도형의 분할을 할 수 있으며 가능한 모든 경우를 찾을 수 있고 중복된 분할은 없다.

유아는 주변에 존재하는 모든 물건에서 대칭을 탐색하면서 대칭에 대한 개념을 직관적으로 습득해 가며, 자발적으로 대칭에 대한 개념을 표현하기도 한다. 대칭의 개념을 확실히 이해하고 활용하는 것은 초등학교 2학년이 되어서야 가능하지만, 대칭에 대한 직관적 인식은 어린 영아부터 나타나며, 수직적 대칭에 대한 선호는 생후 4개월에서 12개월에 발달하기 시작한다.

이러한 기하학적 활동을 통해 유아는 추측하고, 조합하고, 결론을 내리기 위해서 논리적인 논증을 향상시켜 나갈 수 있다.

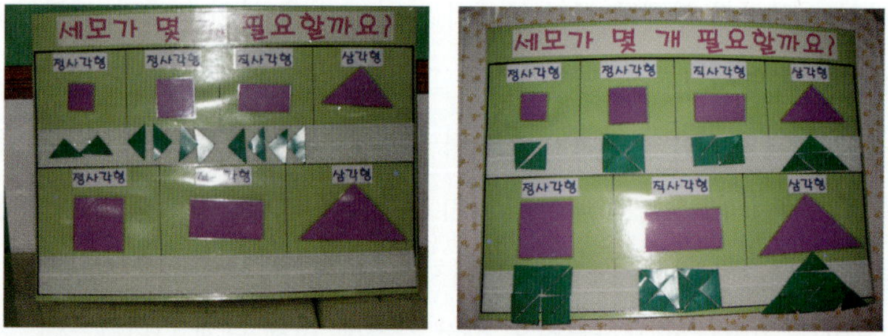

기본 삼각형을 합성하고 분할해 보는 활동을 통해 유아는 다양한 기하도형을 만들 수 있다.

(3) 입체표상

입체표상 능력

유아의 입체표상 능력은 블록으로 만든 기하학적 구조물을 보고 자신의 공간적 이해를 그림으로 표상해 보게 함으로써 알 수 있다. 홍혜경(2001b)은 유아의 입체도형 그리기 표상능력이 6가지 수준으로 발달한다고 밝혔다. 1수준은 3, 4세경으로 긁적거리기나 동그라미 형태로 표상하는 수준이고, 2수준은 평면의 기하학적 형태로만 표상하는 수준에 해당된다. 3수준은 4~6세경으로 평면의 기하학적 표상과 위치적 관계를 표상하는 수준이고, 4수준은 평면의 기하학적 표상과 근접관계 표상이 가능한 수준에 해당된다. 5수준에 해당하는 유아는 측면적 관계를 기하학적 구조물로 표상할 수 있으며, 6수준에 해당하는 유아는 입체적 형태로 표상할 수는 없으나 평면적 형태로는 기하학적 구조물을 표상할 수 있는 것으로 밝혀졌다.

〈표 4-2〉 유아의 입체물 표상 수준

기하 구성물 과제	유아의 표상	
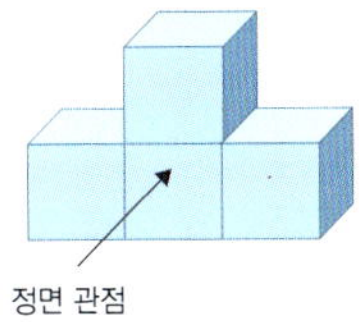	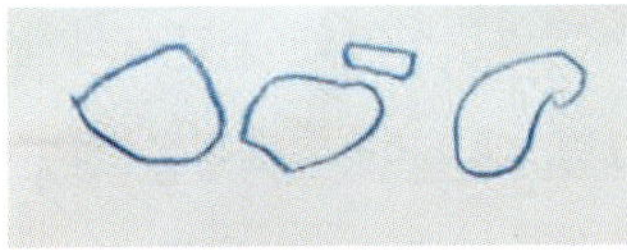	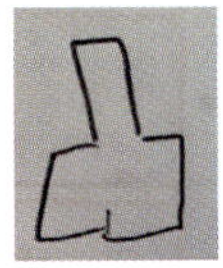
		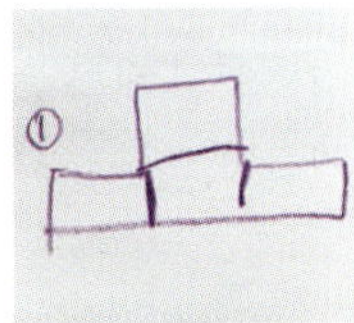
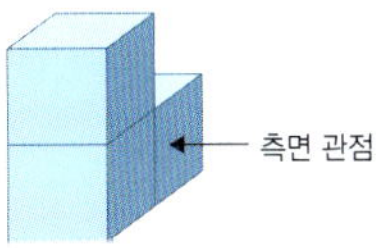	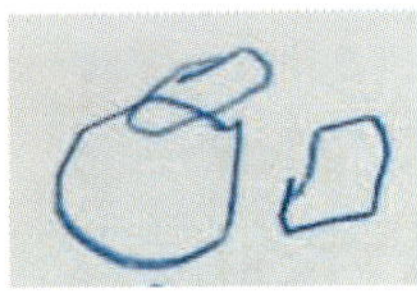	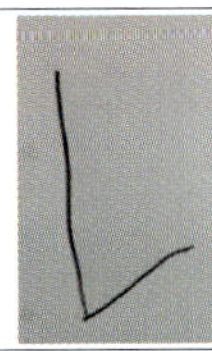
		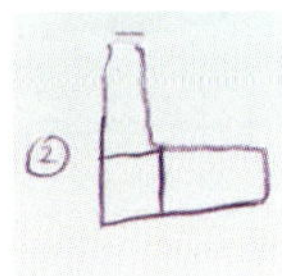
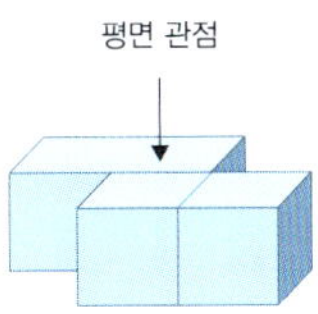		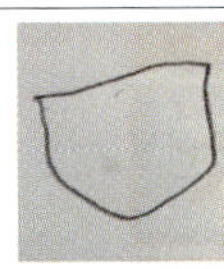
	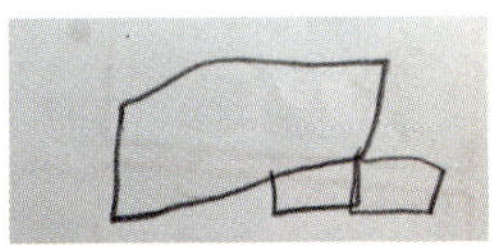	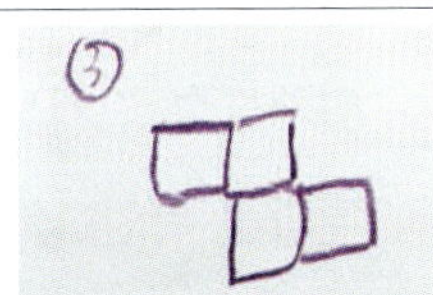

출처 : 홍혜경(2001). 유아의 기하학적 구성물의 그리기 작업에 대한 연구. 아동학회지, 22(2), 31.

입체도형 표상 단계

입체도형을 표상하는 단계는 평면도식기, 공간도식기, 선사실기, 사실기의 4단계로 구분할 수 있다(이정욱 · 임수진, 2003). 평면도식기는 한 면에서 본 것처럼 표상하는 수준이며, 공간도식기는 가려진 면들을 도형에 나타내는 수준이다. 전사실기는 기저선을 중심으로 깊이를 표현하는 단계이며, 사실기는 평행적인 면을 평면에 나타내고 깊이를 나타내는 단계에 해당된다. 이 연구에서는 4, 5세 유아가 평면도식기와 공간도식기에 해당하는 것으로 나타났다. 즉, 입체도형을 그릴 때 유아는 도형을 정면이나 평면에서 본 것처럼 한 면만을 표현했고, 숨겨진 면들을 포함하여 여러 면을 나타내지만 여러 면들 간의 관계를 하나의 시각에서 통합하여 표현하지 못하는 것으로 나타났다.

3) 지도방법

① 평면도형과 입체도형에 대한 속성에 주목하고 인식하게 돕는 활동을 제공한다.

- 시각적으로 도형을 지각하게 한 후 도형을 상자 속에 넣고 찾아보는 활동
- 신체를 이용하여 도형을 만들어 보는 활동
- 평면도형을 이용해 그림을 완성하기
- 입체도형의 한 면을 대고 그리기
- 입체도형 전개도를 보고 완성될 수 있는 3차원의 형태를 예측해 보고 결과를 확인하기

② 영유아가 도형에 대한 고정화된 시각에서 벗어나서 도형의 결정적인 특징을 인식할 수 있도록 한다.

- 도형의 크기, 모양, 위치, 방향이 다양한 도형을 제시하기
- 모양에 대한 적절한 예와 적절하지 않은 예를 함께 제공하기

③ 도형을 합성하고 분할하는 활동을 하게 한다.

- 도형을 결합하여 새로운 모양을 만들고, 도형을 여러 가지 모양으로 나누는 경험을 제공

- 도형을 결합하고 분리해야 하는 필요성을 생각해 보고, 분리할 수 있는 방법을 예측해 보도록 지도하기

④ 밀기, 뒤집기, 돌리기 등의 기하학적 변환 전략을 경험할 수 있는 교구와 활동을 제공한다.

- 탱그램, 패턴블록, 자석블록, 로콘블록 제공하기

탱그램

패턴블록

자석블록

로콘블록

⑤ 대칭개념의 형성을 도울 수 있는 활동을 제공한다.

- 데칼코마니와 색종이 접기와 같은 미술활동
- 거울을 이용한 게임이나 과학활동
- 얼굴 꾸미기 요리활동
- 퍼즐 활동, 컴퓨터 패턴블록 활동 제공하기

유아의 도형개념을 향상시킬 수 있는 활동

- 여러 가지 모양의 블록 구성하기
- 지오보드나 점이 그려진 종이(dot paper) 위에 도형 그리기
- 블록영역에서 유니트 블록으로 구조물 만들기
- 미술영역에서 데칼코마니, 색종이 접기
- 과학영역의 거울 앞에 서서 내 몸의 대칭 찾기
- 역할영역에서 인형 옷 접기

〈표 4-3〉 '나비 그리기' 미술활동계획안

<table>
<tr><td>생활주제</td><td>봄</td><td>주제</td><td>봄의 곤충</td><td>대상</td><td>만 3세</td></tr>
<tr><td>소주제</td><td>봄의 곤충</td><td>활동명</td><td>나비 그리기
(데칼코마니)</td><td>집단
형태</td><td>대집단</td></tr>
<tr><td>교육목표</td><td colspan="5">• 대칭을 탐색하고, 표현한다.
• 대칭을 예측하고, 결과를 확인한다.
• 수학적 과정기술을 경험한다.
• 수학적 태도를 갖는다.</td></tr>
<tr><td>유아수학
교육 내용</td><td colspan="5">• 대칭과 변형을 경험한다.</td></tr>
<tr><td>활동과정
(소요시간)</td><td colspan="3">내 용</td><td colspan="2">준비물 및 지도상의 유의점</td></tr>
<tr><td>도입
(5분)</td><td colspan="3">• 대칭으로 이루어진 동물이나 구조물의 그림을 소개하고, 그 특징에 대해 이야기나눈다.</td><td colspan="2">대칭 그림카드</td></tr>
<tr><td>전개
(20분)</td><td colspan="3">• 교사는 반으로 접은 도화지의 한 면에 물감을 떨어뜨린 후, 유아들에게 활동의 결과를 예측하게 한다.
• 도화지를 펼쳐서 결과를 확인한다. 유아들이 예측했던 것과 결과를 비교한다.
• 유아와 함께 결과를 확인한 그림카드를 보면서 '대칭'이라는 수학적 용어를 소개한다.
– 이 그림을 보면 (왼쪽과 오른쪽을 가리키면서) 양쪽이 어떻게 보이니? 이렇게 중간선을 중심으로 양쪽이 같은 것을 대칭이라고 한단다.
• 활동 순서도를 보면서 데칼코마니 활동을 소개한다.
– 오늘은 이렇게 대칭이 있는 그림을 만들어 볼 거야. 바로 데칼코마니라고 한단다. 이 활동에 필요한 준비물은 도화지와 물감이야. 먼저 이 도화지를 이렇게(수직) 반으로 접어. 어떤 그림을 그릴지 생각해. 그런 다음 한쪽 도화지에 물감을 찍는단다. 그리고 반으로 접었다가 펼쳐보는 거야.
• 유아들이 미술영역으로 가서 활동을 하도록 한다. 이때 유아들에게 무엇을 표현할 것인지 질문한다.
– ○○는 무엇을 표현할 거니? 나비를 표현하려면 어떻게 물감을 찍으면 될까?</td><td colspan="2">예측용 그림카드

데칼코마니 활동 순서도, 도화지 16절, 물감</td></tr>
</table>

<table>
<tr><td colspan="2">마무리
(5분)</td><td>• 자신의 작품을 소개하고, 오늘의 활동에 대해 이야기를 나눈다.
• 대칭활동 작품을 미술영역에 게시한다.</td><td></td></tr>
<tr><td rowspan="2">활동평가</td><td>유아</td><td colspan="2">주위 사물에서 대칭을 찾고 말할 수 있는가?</td></tr>
<tr><td>교사</td><td colspan="2">유아들이 스스로 대칭을 예측하고 그 결과를 확인하는 경험에 대해 유아의 수학적 사고를 표현하도록 도왔는가?</td></tr>
</table>

통합적 접근을 활용한 탱그램 활동

탱그램 활동은 유아의 기하 및 공간 감각 향상에 적합한 활동으로, 과학, 언어, 미술, 조작, 게임, 컴퓨터, 쌓기, 사회극 등의 다양한 영역 간의 연계를 통한 학습에 매우 효과적이다(안진경, 2003; Copley, 2000).

탱그램 활동 시 탱그램을 사용하는 단계는 아래와 같다(안진경 · 김영실, 2004).

통합적 접근에서 탱그램 활동의 진행 방법

제시된 활동의 단계	습득할 기하학적 기술
1단계 – 밑그림에 도형 놓기	모양 인식, 관계성 인식
2단계 – 밑그림에 도형 놓고 빈 마닐라지에 옮기기	공간적인 평면의 불변성 인식
3단계 – 밑그림 보고 바로 빈 마닐라지에 놓기	형태 불변성 인식
4단계 – 도형을 확대된 것으로 놓기	모양의 기원 주목, 시각표상의 사용
5단계 – 자신의 탱그램 만들기	상위 기술 모두 포함

출처: Bohning, G., & Althouse, J. K.(1997). Using tangrams to teach geometry to young children. Early Childhood Education Journal, 24(4), 239–242.

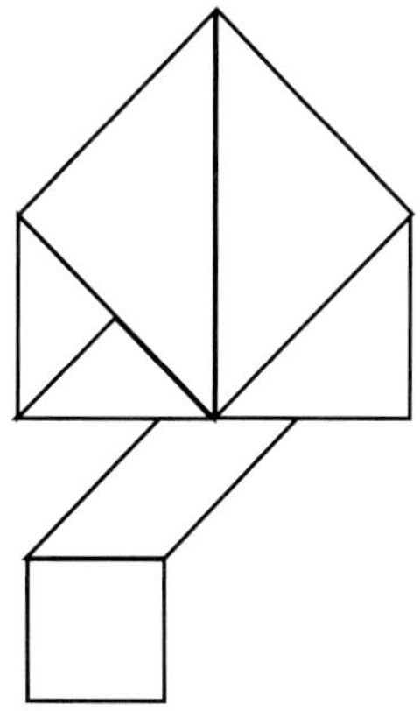

〈꽃 탱그램 그림판〉

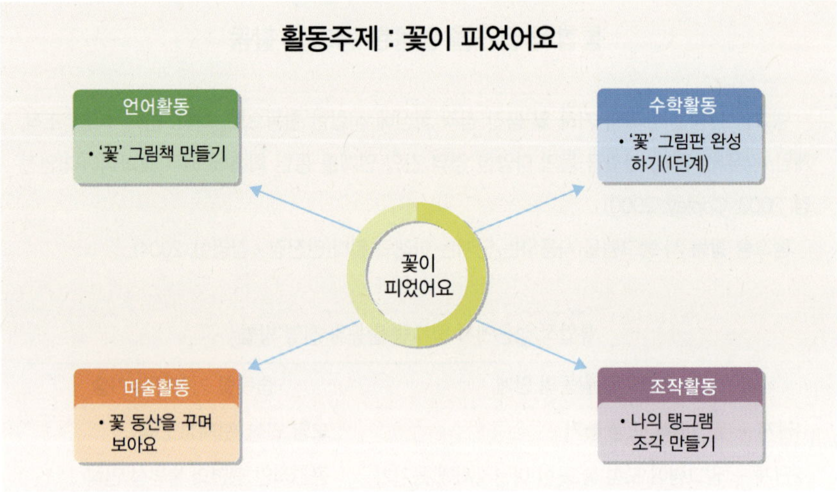

〈표 4-4〉 '꽃' 그림판 완성하기 수학활동계획안

<table>
<tr><th>생활주제</th><td>봄</td><th>활동형태</th><td>수학활동</td><th>대상</th><td>만 5세</td></tr>
<tr><th>소주제</th><td>꽃이 피었어요</td><th>활동명</th><td>'꽃' 그림판 완성하기</td><th>집단형태</th><td>소집단
(3~4명)</td></tr>
<tr><th>교육목표</th><td colspan="5">• 봄의 꽃에 관심을 갖는다.
• 도형을 이용하여 모양을 구성해 본다.
• 도형의 모양과 관계성을 인식한다.</td></tr>
<tr><th>활동자료</th><td colspan="5">탱그램 꽃 그림판 4개, 탱그램 조각 4세트, 도화지</td></tr>
<tr><th>활동과정</th><th colspan="5">내 용</th></tr>
<tr><th>활동방법</th><td colspan="5">1. 탱그램의 꽃 그림판과 탱그램 7개 조각들을 소개한다.
– 이것은 탱그램이에요. 7개의 조각이 있는데 어떤 모양이지요?

2. 탱그램 꽃 그림판에 조각들을 놓아본다.
– 선생님이 해볼게요. 잘 보세요.

3. 유아들이 직접 꽃 그림판을 완성해 보도록 한다.</td></tr>
<tr><th>사후활동</th><td colspan="5">탱그램 그림판의 꽃을 완성한 후 교사는 유아와 함께 윤곽을 따라 꽃그림을 그려본다.</td></tr>
<tr><th>참고</th><td colspan="5">교사의 설명과 질문 등의 적절한 개입이 요구된다. 또한 교사는 유아들이 다양한 방법들로 시도해 보도록 격려한다.</td></tr>
</table>

〈표 4-5〉 '꽃' 그림책 만들기 언어활동계획안

생활주제	봄	활동형태	언어활동	대상	만 5세
소주제	꽃이 피었어요	활동명	'꽃' 그림책 만들기	집단형태	대집단
교육목표	• 봄에 피는 꽃의 종류와 특징을 안다. • 봄꽃의 특징을 탱그램 조각을 이용해 표현한다.				
활동자료	봄꽃 그림자료(개나리, 진달래, 벚꽃, 목련, 철쭉 등), 크레파스, 사인펜, 색연필, 탱그램 색종이 조각				
활동과정	내 용				
사전활동	• 자유선택활동 시간 수학영역에서 꽃 그림판에 조각을 놓아보는 경험을 갖는다. • 꽃 그림의 윤곽선을 따라 그린 후 유아의 이름을 기록한다.				
활동방법	1. 봄에 피는 다양한 꽃의 이름과 특징에 대해 이야기를 나눈다. – 봄에 피는 꽃을 본 적이 있어요? – 어떤 꽃이 있지요? – 그렇구나. 그 꽃은 어떻게 생겼어요? 2. 유아들 자신의 꽃에 이름을 붙이고 이름을 기록한다. – 오늘은 너희들이 탱그램 조각들로 만들었던 꽃에 이름을 지어줄 거예요. – 어떤 이름들을 붙여줄래요? 3. 유아들의 꽃에 원하는 그리기 도구로 예쁘게 그리거나 꾸민다. 4. 친구들에게 자신이 만든 꽃에 대하여 소개한다. 5. 유아들 각각의 꽃 그림을 책으로 묶어 언어영역에 놓아준다.				
참고	탱그램 색종이 조각을 모두 사용하여 완성해도 되지만, 조각의 일부를 사용하여 자유롭게 그림으로 완성할 수 있도록 한다.				

〈표 4-6〉 '꽃동산을 꾸며보아요' 미술활동계획안

<table>
<tr><td>생활주제</td><td>봄</td><td>활동형태</td><td>미술활동</td><td>대상</td><td>만 5세</td></tr>
<tr><td>소주제</td><td>꽃이 피었어요</td><td>활동명</td><td>꽃동산을 꾸며보아요</td><td>집단형태</td><td>소집단
(6~8명)</td></tr>
<tr><td>교육목표</td><td colspan="5">• 봄의 주변 환경에 관심을 갖고 탐색해 본다.
• 여러가지 재료를 이용해 자신의 생각과 느낌을 창의적으로 꾸며본다.
• 서로 다른 의견을 의논하여 조정한다.</td></tr>
<tr><td>활동자료</td><td colspan="5">4절지, 다양한 꽃그림 윤곽선 본, 색종이, 가위, 풀, 사인펜, 파스텔</td></tr>
<tr><td>활동과정</td><td colspan="5">내 용</td></tr>
<tr><td>사전활동</td><td colspan="5">• 꽃이 피어 있는 곳으로 현장학습을 다녀온다.
• 현장학습을 다녀온 후 본 것에 대해 이야기를 나누어 기록해 둔다.</td></tr>
<tr><td>활동방법</td><td colspan="5">1. 현장학습에 다녀왔던 이야기를 다시 나눔으로써 꽃동산 꾸미기에 관한 유아의 흥미를 유발한다.
– 우리 현장학습 가서 무엇무엇을 보았죠?
– 여러 가지 꽃들도 보고 또 무엇을 보았죠?

2. 꽃동산 꾸미기를 위한 재료를 소개한다.
– 너희들이 함께 꽃동산을 꾸며볼 거예요.

3. 유아들이 함께 꾸미기를 할 수 있도록 서로 의논하여 결정한다.
– 그럼 우리 꽃동산에 무엇을 꾸며볼 수 있을까?

4. 꽃동산 함께 꾸미기를 완성한 후 작품을 전시한다.</td></tr>
<tr><td>사후활동</td><td colspan="5">서로 다른 집단의 작품을 감상하여 보고 이야기를 나눈다.</td></tr>
<tr><td>참고</td><td colspan="5">공동작업을 위해 서로 의논하여 결정할 때 교사가 적절히 개입하여 돕고 몇 명의 유아들만 주도적으로 하지 않고 모든 유아가 참여할 수 있도록 한다.</td></tr>
</table>

〈표 4-7〉 '나의 탱그램 조각 만들기' 조작활동계획안

생활주제	봄	활동형태	조작활동	대상	만 5세
소주제	꽃이 피었어요	활동명	나의 탱그램 조각 만들기	집단형태	소집단 (3~4명)
교육목표	• 기본 도형의 모양을 말로 표현한다. • 여러 가지 모양의 특징과 차이를 인식한다.				
활동자료	색 마닐라지(10㎝×10㎝) 약 20장, 가위				
활동과정	내 용				
사전활동	7개의 탱그램 조각들을 탐색해 보고 자유롭게 모양을 구성해 본다.				
활동방법	1. 탱그램 조각들의 이름과 특징에 대해 이야기나눈다. – 탱그램 조각들은 어떤 모양들로 되어 있지? – 그래요. 두 개의 큰 세모, 한 개의 중간 세모, 두 개의 작은 세모, 한 개의 네모, 한 개의 평행사변형이 있지요. 2. 유아 자신의 탱그램 조각들을 만들어 본다. – 오늘은 너희들 각자의 탱그램 조각들을 만들 거예요. – (색 마닐라지를 나눠준다) 선생님이 주신 종이에 어떤 모양들이 있어요? – 이 종이의 선을 따라서 가위로 오려보세요. 3. 만들어진 자신의 탱그램 조각들로 여러 모양을 구성해 본다.				
참고	유아 자신들의 탱그램 조각들을 넣을 수 있는 주머니를 만들어 유아가 조각들을 잘 보관해 놓고 필요할 때마다 꺼내어 쓰도록 할 수 있다.				

5장 측정

측정(measurement)은 길이, 크기, 무게, 들이, 시간 등의 속성을 비교하고 순서짓는 것에서 시작하여 더 나아가 사물이 지닌 속성의 크기를 기준(단위)을 정하여 수치로 나타내는 것이다. 일상생활에서 유아들은 양이나 크기를 즐겨 비교한다. 두 개 또는 그 이상의 사물들을 직접 비교하고 순서짓는 것은 기본적인 측정을 이해하기 위한 중요한 기초가 된다. 이렇듯 기초적인 측정하기는 영유아가 스스로 탐색한 환경에 순서와 질서를 세워 나갈 수 있게 돕는다(교육과학기술부 · 보건복지부, 2013).

측정을 할 때는 자나 저울 등의 측정도구를 사용하여 길다, 무겁다, 많다 등의 속성에 특정한 단위를 부여해서 숫자로 나타내게 된다. 성인들은 측정도구를 이용하여 "이것의 길이는 30cm 정도이고 무게는 3kg이다"라고 말할 수 있고 1kg은 1,000g이라는 것을 알 수 있다. 그러나 유아는 작은 단위와 큰 단위의 관계를 이해하지 못하고 단순히 수로만 파악하기 때문에 숫자만 보고 1이 왜 1,000인지 어렵게 느낀다.

측정은 연속적인 과정이지만 유아는 영아기 초기부터 수를 세는 경험을 하면서 수를 인식하게 된다. 물건의 개수를 세어보며 수를 불연속적인 것으로 이해하게 되는 것이다. 즉, 무게를 측정하기 위해서는 표준 측정도구인

저울의 숫자를 읽는 게 필요한데, 이때 사과 한 개는 정확히 100g이 아니라 99.542g의 무게가 나갈 수 있다. 그러므로 유아는 측정의 과정에서 단위에 대한 혼란스러움을 느끼게 된다(Smith, 1997).

따라서 보존개념이 아직 형성되지 않은 유아에게는 cm나 g과 같은 표준단위를 사용한 측정보다는 한 가지 속성에 따라 두 가지 물체를 비교하는 것부터 시작하고 다음으로 세 가지 이상의 물체를 순서지어 보는 활동으로 진행하는 것이 적절하다.

다음에서는 측정의 개념과 발달단계를 알아보고 측정의 기초를 이루는 비교하기와 순서짓기, 그리고 길이, 넓이, 부피, 무게, 시간 등의 측정하기를 살펴보고자 한다.

1. 주요 개념

측정은 어떤 대상의 크기를 수치화하여 나타내는 것으로 '재는 것'으로 표현된다. 이러한 측정의 기초가 되는 개념으로는 비교하기와 순서짓기가 있다. 어떤 속성에 따라 두 개의 물체를 관계 짓는 것이 비교하기라면 세 개 이상의 물체를 속성에 따라 순서대로 배열하는 것이 순서짓기이다.

측정을 하고자 할 때에는 "길이, 넓이, 부피, 무게 등 물체의 속성 중에서 무엇을 측정해야 할 것인가? 측정할 수 있는 적절한 단위는 무엇인가? 어떤 측정 기술을 사용할 것인가?"와 같은 문제를 동시에 고려해야 한다. 어린 유아들도 누구의 키가 더 큰지 알아보려고 서로 마주 서서 키를 재어보곤 한다. 이러한 기초적인 측정활동은 일상생활에서 다양하게 일어나며, 두 물체의 길이나 양을 비교하고 순서지으면서 유아들도 자연스럽게 측정개념을 이해할 수 있다.

2. 발달과정

1) 측정개념의 발달과정

찰스워스(Charlesworth, 2000)는 유아의 측정개념은 놀이와 모방의 단계를 거쳐 사물을 직접 비교하고 임의 측정단위를 사용하여 측정해 보면서 표준 단위 사용의 필요성을 인식하게 되며, 나아가 표준단위를 사용하여 측정하는 것으로 발달해 간다고 보았다. 이를 설명하면 다음과 같다.

(1) 놀이와 모방(play and imitates) 단계

출생 후부터 감각운동기를 지나 전조작기까지는 놀이와 모방으로써 재는 척하는 단계이다. 놀이를 하면서 유아는 자기보다 나이 많은 아동이나 성인을 모방한다. 어른들처럼 숟가락이나 자 또는 저울을 가지고 측정하는 시늉을 하면서 논다. 모래나 물을 그릇에서 그릇으로 옮겨 붓는 놀이를 하며 부피의 속성을 탐색한다. 키가 작거나 팔이 짧아서 원하는 물건을 잡을 수 없음을 발견하기도 한다.

(2) 실물의 직접 비교(comparisons) 단계

전조작기 단계에서는 무거운 것과 가벼운 것, 긴 것과 짧은 것, 큰 것과 작은 것, 뜨거운 것과 차가운 것 등 비교하기를 좋아한다. 그러나 아직 보존개념이 형성되지 않아서 지각에 의존한 측정을 하는 시기이다. 막대기의 길이를 비교할 때 막대기 양쪽 끝의 관계를 생각하지 못하고, 한쪽 끝만 보고 판단한다.

(3) 임의 측정단위 사용(arbitrary units) 단계

전조작기 말과 구체적 조작기 초에 유아는 임의 측정단위를 사용하는 것을 배운다. 유아는 측정을 위해 자신의 신체나 색연필, 블록 같은 생활 주변의 측정단위를 사용할 수 있게 된다. 발 크기가 이쑤시개로 몇 개의 길이인가 또는 전지에 그려진 커다란 공룡을 바닥에 붙여놓고 교실에 있는 물건(임의 단위)을 구해와서 다양한 임의 측정단위로 공룡의 크기를 재어보는 활동을 할 수 있다. 임의 측정단위를 사용하는 단계를 통해 유아는 표준적 단위의 필요성을 학습하게 된다.

(4) 표준단위 필요성 인식(need for standard units) 단계

구체적 조작기가 되면 표준단위를 사용할 필요성을 느끼기 시작한다. 다른 사람이 이해할 수 있는 방법으로 의사소통을 해야 한다는 것을 알게 되며, 다른 사람이 쓰는 것과 같은 단위를 사용해야 함을 발견하게 된다. 공룡의 크기를 측정할 때 종이블록으로 잿을 때는 블록 5개의 크기이지만 유아의 발로 재었을 때의 수치는 발 9개의 크기로 수치가 다르게 나타난다. “이 공룡은 내 발로 9개의 크기야”라고 말하는 경우 다른 사람들은 임의도구로 측정한 수치로는 정확한 공룡의 수치를 가늠할 수 없다. 공룡의 크기를 m나 cm로 말했다면 누구나 정확히 공룡의 크기를 알 수 있을 것이다. 종이블록이나 발은 임의적 단위이고, m나 cm는 표준적 단위이다.

(5) 표준적 단위 사용(use of standard units) 단계

마지막 단계는 구체적 조작기에 시작한다. 이 단계에서 유아는 cm, m, l, g 등의 표준적 측정단위를 사용하고 이해하기 시작한다.

유아의 측정활동은 비교하기로 시작하여 순서짓기를 통한 측정, 신체단위를 이용한 측정, 임의단위를 이용한 측정, 표준 측정도구를 이용한 측정의 순서로 진행되어야 한다. 측정활동은 유아에게 의미 있고 익숙한 것으로 진행하면서 유아에게 측정의 필요성을 깨닫게 하는 활동이 바람직하며, 그 과정에서 측정 용어를 사용할 기회가 있어야 한다.

2) 측정개념 발달과정에서 비표준단위의 역할

비표준단위 사용의 필요성

측정단위는 크게 표준단위와 비표준단위로 나눌 수 있는데, 구체적 조작기 이전의 유아에게는 비표준단위의 사용이 적합하다. 그 이유는 첫째, 표준단위인 자나 저울의 눈금보다는 주변에서 흔히 접하는 친숙한 물체가 이해하기 쉽기 때문이다. 둘째, 단위의 크기이다. 비표준단위가 유아가 지각적으로 경험하기에 적합한 크기이기 때문이다. 예를 들어, 10g은 유아가 시각적으로 측정하기에는 너무 적은 무게이며, 3m는 너무나 긴 길이이기 때문에 주변에서 자주 접하는 연필이나 지우개 등이 그 무게나 길이에서 보다 실제적으로 의미를 전달할 수 있다. 셋째, 비표준단위는 유아들에게 인지적 갈등 상황을 유발할 수 있다. 예를 들어, '발'이라는 비표준단위를 이용해 전지에 그려진 커다란 공룡의 길이를 측정하는 경우, 유아의 발로는 10배의 길이지만 교사의 발로는 7배의 길이로 나타날 수 있다. 또한 같은 유아가 잴 경우에도 결과가 다르게 나오게 된다. 따라서 먼저 교사는 유아에게 자신의 신체를 이용하여 측정하고, 측정 결과 몇 단위였는지 말하게 하고(7발), 이때 신체단위를 일관성 있게 적용해야 함을 깨닫도록 해주어야 한다(발뒤꿈치를 정확히 맞춘다). 또한 같은 신체단위를 사용해도 측정한 사람이 다르면 측정 결과도 다를 수 있음을 경험하게 할 수 있다(유아의 발과 교사의 발). 이와 같이 유아가 신체단위로 측정을 경험하다 보면 신체단위로 측정하는 것이 불편하고 부정확하다는 것을 알게 되면서 여러 사람이 동의할 수 있는 표준단위가 필요함을 인식하게 된다.

〈표 5-1〉 비표준단위의 예

	표준단위	비표준단위
길이	㎜, ㎝, ㎞	손, 발, 블록, 클립, 나무젓가락, 연필, 눈금 없는 자, 끈
넓이	㎠, ㎡	색종이, 책, 일정한 크기로 자른 종이, 손수건
들이	㎤, ㎥, cc, mℓ, ℓ	소꿉놀이용 컵, 종이컵, 우유갑, 페트병, 주전자, 상자
무게	g, ㎏	양팔저울, 동전, 바둑알, 자석

표준 측정도구의 사용법이나 단위들을 이해하는 것은 초등학교에서 다루어야 할 내용이다. 따라서 유아에게는 자나 저울의 눈금을 이해하고 해석하는 활동보다는 자를 보여주면서 "뭐 할 때 쓰는 걸까?", "집에서 본 적 있니?", "자에 있는 작은 선(눈금)들은 무엇일까?", "자에 숫자는 왜 있는 걸까?" 등과 같은 질문을 소개하는 것이 좋다.

3. 측정의 내용

1) 비교하기

(1) 개념

비교하기(comparison)는 어떤 속성에 따라 두 개의 물체를 관계 짓는 것을 말한다. 순서짓기보다 먼저 발달하며, 이후 순서를 지을 수 있는 능력의 기초가 된다. 비교하기는 생존을 위해 필수적이며 인간의 기본적인 성향 중 하나로 우리의 일상생활 곳곳에 스며들어 있다.

비교하기를 위해서는 비교의 기준이 되는 속성이 있어야 한다. 예를 들어, 어떤 물건이 더 큰지 비교를 한다면, 속성은 '크기'이다. 사람이나 사물 또는 사건을 비교할 때는 속성에 따라 다양하게 비교가 이루어질 수 있다.

속성에 따른 비교용어 사용

영유아가 흔히 비교 기준으로 사용하는 속성은 길이(긴－짧은), 크기(큰－작은), 무게(무거운－가벼운), 속도(빠른－느린), 높이(높은－낮은) 등이다. 비교하기는 주로 두 물체의 속성을 시각적으로 관찰했을 때 나타난다. 예를 들어, "내 장난감기차는 자동차보다 길다"고 말하는 유아는 실제 길이를 눈으로 관찰하고 비교한 것이다. 이러한 경우, 교사는 "맞아, 자동차가 기차보다 짧네!"라고 역으로 말해줌으로써 유아가 수학적 용어를 습득할 수 있도록 도움을 줄 수 있다. '~보다 더 크다'와 같은 비교하기와 관련된 수학적 용어는 수학적 사고를 촉진하는 데 도움이 되므로 유아가 정확한 용어를 사용할 수 있도록 교사의 의도적인 용어 사용이 필요하다.

전조작기 초기의 유아는 보존개념이 형성되지 않아서 두 물체를 비교할 때 주로 지각에 의존한 직관적 측정을 한다. 길이가 같은 두 개의 연필을 비교할 때 연필 양쪽 끝을 살피지 못하고, 한쪽 끝만 보고 판단하여 아래 연필이 위 연필보다 길다고 말하는 것이다.

|그림 5-1| 지각에 의존한 길이의 비교

(2) 발달과정

물체의 크기 비교하기는 측정의 사전 단계에서 나타난다. 물체의 크기를 비교하는 세 가지 형태는 다음과 같다.

첫째, 시각적 비교는 물체의 크기에 있어서의 차이가 두드러지는 경우에 나타난다. 둘째, 직접적 비교는 물체의 크기 간의 차이를 알아보기 위해 두 물체를 나란히 놓거나 한 물체를 다른 물체 위에 겹쳐 놓고 그 차이를 비교하는 경우에 해당된다. 셋째, 간접적 비교는 물체를 움직일 수 없어서 직접적인 비교가 가능하지 않은 경우 제3의 물체를 사용하여 간접적으로 비교하는 것이다.

비교의 유형은 연령에 따라 3세에는 직관적 비교 중심, 4세에는 직접비교 중심, 5세에는 간접비교를 활용한 측정이 나타나게 된다.

(3) 지도방법

① 일과 속에서 비교하기와 관련된 용어를 사용하는 시범을 보여준다.

- 정확한 비교 용어를 사용하여 상호작용한다.

"어떤 친구가 구슬이 더 많을까?"

- 반대되는 비교 용어를 함께 사용한다.

"어제는 일찍 왔는데 오늘은 늦었네."

② 다양한 구체물의 속성을 비교해 볼 수 있는 활동을 제공한다.

- 여러 가지 물체 중 비슷한 물체를 고르고, 무엇이 비슷한지 말해본다.
- 여러 물체들 중 다른 한 물체를 고르고, 어떻게 다른지 말해본다.

③ 여러 물체들을 서로 반대되는 속성에 따라 분류해 보는 경험을 제공한다.

- 커다란 동물과 작은 동물을 분류해 본다.
- 뜨거운 음식과 차가운 음식을 분류해 본다.

④ 비교하기 전략을 모델링해 준다.

- 두 물체를 나란히 놓고 비교하기
- 길이를 잴 때 양쪽 끝 맞추어 놓기

〈오리가족의 키나무〉

오리의 키를 비교하고 순서짓는 활동이다.

〈거미줄 발자국 게임〉

거미 먹이(무당벌레, 나비, 애벌레, 잠자리, 벌)와의 거리를 발자국 그림을 붙여가며 비교하는 게임이다.

2) 순서짓기

(1) 개념

순서짓기(comparison)는 서열화(seriation)라고도 하며 세 개 이상의 물체를 속성에 따라 순서대로 배열하는 것을 의미한다.

순서짓기를 하려면 시작과 방향이 있고, 일관된 규칙이 적용되고 있어야 한다. 즉, 어느 쪽에서 순서짓기를 시작해도 좋지만 중간에 진행 방향을 바꾸면 안 된다. 처음 순서짓기를 할 때 유아는 두 개의 물체를 비교하는 것으로 순서짓기를 시작하나 점치 전체적인 순서를 동시에 생각하여 순서대로 배열할 수 있게 된다.

(2) 발달과정

순서를 짓는다는 것은 사물들을 비교하고 적절한 곳에 배열할 줄 아는 두 가지의 사고를 동시에 요구하는 과업이므로 만 3~4세 유아들이 이해하기는 어려운 개념이며, 만 4~5세경에 시행착오를 통하여 사물들을 여러 번 옮겨 보고서야 순서짓기를 할 수 있게 되고, 만 5~6세 이후가 되어야 사물들을 관찰하여 일정한 순서대로 늘어놓는 능력이 발달한다. 연령에 따른 순서짓기의 발달과정은 다음과 같다.

① 3~4세

물체 간의 차이를 비교할 수 있고 처음 두세 개는 순서대로 배열하지만 그 이후에는 순서짓기 힘들다. 길이가 다른 막내를 주면 순서대로 배열하지 못하고 아무렇게나 놓는다.

② 4~5세

시행착오를 하면서 막대를 순서대로 놓는다. 한두 개만 빠뜨리고 배열했어도 처음부터 다시 배열을 시작하는 경우가 많다.

③ 5~6세

순서짓기를 할 때 먼저 계획하고 난 후 체계적으로 배열할 수 있게 된다. 길이가 다른 막대를 순서짓기 할 때 막대의 양쪽 끝을 다 고려하여 순서대로 놓을 수 있다. 또한 순서짓기를 양방향으로도 할 수 있게 된다.

(3) 유형

순서짓기에는 단순서열, 이중서열, 복합서열이 있다.

① 단순서열

단순서열은 순서짓기 유형 중 가장 기본적인 것으로, 세 개 이상의 물체를 한 가지 속성에 따라 배열하는 것을 말한다. 단순서열의 기초는 비교하기 능력이 된다. 유아는 물체 두 개를 비교하는 것보다 세 개 이상의 순서를 짓는 것에 훨씬 더 어려움을 느낀다. 순서를 짓기 위해서 여러 차례 판단하여 동시에 인식해야 하기 때문이다. 이와 같이 단순서열이 비교하기보다 훨씬 더 어려운 활동이므로 단순서열을 가르치기 위해서는 먼저 2개의 물체를 대상으로 비교하기 활동을 제시한 후 3개의 물체를 순서짓게 하고 차차 물체의 개수를 늘려가야 한다. 처음부터 다섯 개 이상의 물체를 사용하면 시각적으로 쉽게 변별되지 않기 때문에 바람직하지 않다.

② 이중서열

이중서열(double seriation)이란 1 : 1 대응을 사용해서 두 집단의 사물들을 순서적으로 배열하는 것이다. 즉, 두 집단을 짝을 지어 순서짓는 것을 의미한다. 이중서열의 대표적인 예는 아빠 곰에게는 큰 그릇, 엄마 곰에게는 중간 그릇, 아기 곰에게는 작은 그릇을 짝 지으면서 배열하는 것을 들 수 있다. 그러니 두 집단을 서로 반대 방향으로 배열하는 것도 가능할 수 있다. 예를 들어, 아빠 곰은 다이어트를 하기 때문에 작은 그릇을 갖고, 엄마 곰은 중간 그릇을 갖고, 아기 곰은 키가 커야 하니까 큰 그릇을 갖도록 짝지을 수 있다.

|그림 5-2| 이중서열 관련 그림책

③ 복합서열

복합서열(multiple seriation)은 세 개 이상의 물체를 두 가지 속성에 따라 순서짓는 것을 말한다. 복합서열은 두 가지 속성을 동시에 고려해야 하므로 단순서열보다 유아가 이해하기 훨씬 더 어렵다. 다음은 원기둥의 높이와 둘레에 따른 복합서열을 이용한 몬테소리 교구이다. 즉, 왼쪽에서 오른쪽으로 갈수록 원기둥의 높이는 높아지면서 원 둘레는 좁아지고 있다.

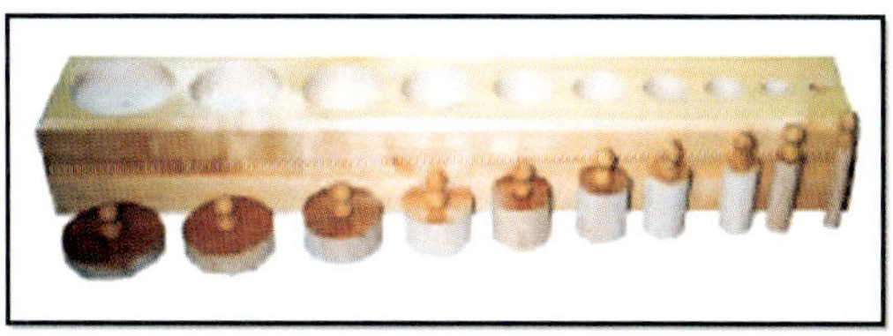

|그림 5-3| 복합서열 관련 몬테소리 교구

(4) 지도방법

① 일과 속에서 순서짓기를 경험하도록 한다.

- 장난감이나 교구 등을 정리 시 순서대로 보관하게 한다.
- 활동방법을 사진으로 찍어 게시판에 순서대로 붙여 놓는다.

② 순서짓기와 관련된 용어를 사용하여 물체 간의 차이를 발견하도록 한다.

- "이 연필들은 어떤 점이 다를까?"
- "가장 긴 것(짧은 것)은 어느 것이니?"

③ 유아의 발달에 따라 순서짓기 활동의 난이도를 조절한다.

- 먼저 두 개를 비교한 뒤 세 개를 순서짓고 차차 숫자를 늘려간다.
- 세 개를 순서지을 때 어려워하면, 가장 긴 것을 고른 후 나머지 두 개를 대어보게 한다.
- 순서대로 늘어놓은 사물들을 숫자와 짝지어 보게 하여 서수의 개념을 이해하도록 돕는다.

3) 길 이

(1) 개념

길이는 두 지점 간의 거리로 정해지는 속성으로 일상생활의 다양한 상황과 관련이 있다. 유아들은 또래와 서로의 키를 비교하면서 '~보다 크다, ~보다 작다' 등의 어휘를 사용하기도 하고, 두 개의 사물을 대어보면서 그 길이를 비교하기도 한다. 예를 들어, 쌓기영역에서 블록을 쌓아 키를 재어 비교해 보기도 하고 미술영역에서 수수깡을 직접 대어서 물건의 길이를 비교해 본다.

유아는 길이와 관련된 여러 속성과 용어들의 개념적 차이를 정확히 이해하지 못하는 경우가 많은데, '높다'라고 표현해야 할 때 '길다'라고 표현하기도 한다. 이때 실제로 높이와 길이를 경험해 보게 함으로써 두 개념의 차이를 구별하도록 도울 수 있다.

유아기 길이측정 능력의 발달

길이측정은 물체의 끝 지점 사이가 얼마나 떨어져 있는지를 양으로 찾아보는 것으로 4세경에는 길이를 시각적으로 지각하며, 5~6세 유아는 손을 사용하여 직접적으로 길이를 판단한다. 6~7세경에는 길이에 대한 다양한 용어를 사용하며 길이의 보존능력이 나타난다(Copeland, 1984; Dutton & Dutton, 1991).

다음 6가지 개념은 유아들의 길이 측정의 과정에서 기초가 되는 중요한 내용이며 측정에 대한 이해도를 알아볼 수 있는 개념들이다(Clements & Sarama, 2000).

- 분할 : 같은 단위로 물체를 나누는 정신적 활동
- 반복 적용 : 측정된 물체의 길이를 작은 블록으로 반복해서 생각하는 것
- 이행성 : A=B, B=C이면 A=C라는 것을 아는 것
- 보존성 : 물체가 이동했어도 길이는 변하지 않았다는 것을 이해하는 것
- 길이의 누적성 : 마지막 수 단어는 그 지점까지의 공간이 포함됨을 이해하는 것
- 수와 측정의 관계 : 물체의 개수를 측정의 분리된 단위로 생각하는 것

(2) 지도방법

① 일과를 통해 길이 측정과 관련된 다양한 활동을 경험하도록 한다.

- 우리 반 친구들의 키 그래프 만들기
- 교실의 친숙한 물체들의 길이 재어보기

② 길이 측정과 관련된 발문을 사용한다.

- "어떤 것이 기니? 어떤 것이 더 짧니?"
- "내가 가지고 있는 줄보다 더 긴 줄은 어떤 줄이니?"
- "나뭇가지 중에 가장 긴 것은 어떤 것이니?"
- "책상을 수수깡으로 재어볼까? 몇 개 정도가 나올 것 같아?"

③ 물체를 비교하거나 순서짓기로 시작한다.

- '~보다 길다'와 같은 용어를 사용한다.
- 물체를 나란히 놓고 직접 비교한다.
- 멀리 있는 물체는 제3의 기준물체로 간접 비교한다.

④ 비표준단위로 물체를 측정하는 방법을 생각해 보게 한다.

- 한 가지 단위로 반복해서 측정해 보게 한다.
- 동일한 단위를 연결하여 측정해 보게 한다.
- 측정하고자 하는 물체보다 더 긴 측정단위를 사용하여 측정해 보도록 한다.

〈더 높이 뛰어봐요〉
뛰어가서 장갑을 붙이고 다양한 비표준단위로 측정한다.

〈누가누가 더 큰가〉
동물들의 키를 재어 숫자와 짝지어 순서대로 놓는다.

⑤ 측정과 관련하여 인지적 갈등을 경험하게 한다.

- 같은 대상을 각기 다른 단위로 측정해 본다.
  "○○이 발로 재었을 때는 10번인데 선생님 발로는 7번이네!"
- 생일잔치에서 기다란 생일상을 만들기 위해 책상들을 붙여서 연결하는 것을 보여준다.

4) 넓 이

(1) 개념

넓이는 어떤 물체가 표면의 일정 부분을 덮고 있는 양을 의미한다. 넓이는 공간과 기하 경험이 연계되어 유아의 신체 및 주변 탐색활동과 연결될 수 있다. 넓이를 측정할 때는 면적이 같아도 형태는 다를 수 있음을 경험하게 하도록 한다. 전조작기 단계의 유아는 지각적 판단에 기초하여 더 넓어 보이는 쪽을 넓다고 판단하기 때문에 모양이 다르면 넓이도 다르다고 생각한다. 구체적 조작기에 들어서면 보존개념의 발달로 모양이 달라도 넓이는 같다고 대답할 수 있다. 유아에게 넓이를 측정하는 것은 길이를 측정하는 것보다 더 어렵다. 넓이의 보존개념은 길이의 보존개념보다 더 늦게 발달하기 때문이다. 즉, 넓이는 폭과 높이(길이)라는 이차원의 공간을 동시에 고려해야 하는 것이다. 그러나 넓이 측정은 길이 측정과정과 유사하므로 지도 원리는 크게 다르지 않다.

유아기 넓이측정 능력의 발달

(2) 지도방법

① 일상생활 속에서 넓이의 측정을 경험하도록 한다.

- 친숙한 물체(그림책, 책상 등)를 측정해 보도록 한다.

② 넓이 측정과 관련된 발문을 사용한다.

- "과자집을 완성하려면 어떤 블록을 사용하면 좋을까?"

③ 비표준단위로 물체의 넓이를 재어본다.

- "동화책(책상)을 색종이로 덮어볼까? 색종이 몇 개가 필요하니?"

④ 넓이 측정을 위해 놓기 전략과 조절 전략을 사용한다.

〈표 5-2〉 넓이 비교 전략

놓기 전략 / 조절 전략	겹쳐 놓기	한 변 맞대어 놓기	나란히 놓기
모양 조절	유사한 모양으로 조절하여 겹쳐 놓기	유사한 모양으로 조절하여 한 변을 맞대어 놓기	유사한 모양으로 조절하여 나란히 놓기
변 조절	한 변만 조절하여 겹쳐서 놓기	한 변만 조절하여 맞대어 놓기	한 변만 조절하여 나란히 놓기
조절 없음	무작위로 겹쳐서 놓기	무작위로 맞춰보기	무작위로 나란히 놓기

5) 부피와 들이

(1) 개념

부피와 들이는 많은 사람들이 혼동하는 측정단위이다. 들이 단위는 mL와 L를 쓰고, 부피 단위는 cm^3와 m^2로 구분하여 쓰기도 하지만 같은 뜻으로 사용하는 경우도 많기 때문이다. 그러나 부피와 들이는 분명 뜻이 다르다.

부피의 정의

부피는 어떤 물체가 차지하고 있는 공간의 크기를 말한다. 즉, 도형이 차지하는 공간을 말한다. 크기에는 차이가 있지만 모든 물체는 부피를 가지고 있다. 작은 풍선을 크게 불면 풍선이 공간을 차지하는 크기가 커지므로 풍선의 부피가 늘어난다고 볼 수 있다.

들이의 정의

반면 들이는 어떤 그릇이나 통의 안쪽이 차지하는 공간의 크기로 그릇이나 통에 담을 수 있는 부피를 말한다. 즉, 어떤 수량만큼 담을 수 있는 용량이라고 할 수 있다. 2L짜리 물통이라면 이 물통에 물을 2L까지 담을 수 있다. 따라서 200mL가 표시된 우유갑에 들어 있는 우유의 부피가 200mL이고, 우유갑의 들이는 200mL보다 더 크다.

크기와 모양이 제각각인 그릇이나 통은 들이로 나타내면 편리하다. 가루나 곡식의 양을 잴 때 들이를 사용하기도 하지만 주로 액체의 양을 나타낼 때 들이를 많이 사용하게 된다. 가정에서 사용하는 음식물봉투나 쓰레기봉투는 들이를 표시하고 있다. 봉투의 크기는 작지만 봉투를 펼쳐 담을 수 있는 양이 표기되어 있다. 쓰레기봉투에 20L라고 쓰여 있다면, 이 봉투 한 개에 쓰레기 20L를 담을 수 있다는 뜻이 되는 것이다. 하지만 20L 봉투라고 해서 언제나 20L의 쓰레기를 담을 수 있는 것은 아니다. 봉투에 담긴 쓰레기 중간중간에 빈 공간이 생기기 때문이다.

어떤 그릇의 들이를 재는 가장 좋은 방법은 물을 채우는 것이다. 물이 그릇에 가득 들어찼을 때 물의 부피가 그릇의 들이와 같다고 보면 될 것이다.

|그림 5-4| 용량은 같지만 모양이 다른 용기

(2) 지도방법

부피 측정 지도방법은 다음과 같다.

① 일과를 통해 부피, 들이 측정을 경험하게 한다.

- 가상놀이, 물놀이, 모래놀이, 요리하기 등의 활동을 통해 측정을 경험하도록 놀잇감을 제공해 준다.

② 일상생활 속에서 부피, 들이와 관련된 발문을 사용한다.

- "두 개의 그릇 중에 어느 그릇에 물이 더 많이 들어갈까? 왜 그렇게 생각했니?"
- "한 줌에 잡을 수 있는 블록의 수는 몇 개일까?"
- "크기가 다른 세 개의 바구니에 구슬이 각각 몇 개 정도 들어갈까? 어느 그릇에 구슬이 제일 많이 들어갈까?"

③ 부피가 같아도 형태는 다를 수 있음을 경험하게 한다.

- 모양이 다른 용기에 옮겨 부어보게 한다.
- 같은 수의 블록을 주고 만든 결과물을 친구와 서로 비교해 보게 한다.

한 줌에 잡을 수 있는 나무블록과 끼우기블록이 몇 개인지 비교해 본다.

출처 : 교육부(2005). 유아를 위한 수학교육활동자료, p. 32.

6) 무 게

(1) 개념

무게(weight)는 사물의 무거운 정도를 나타내며 신체의 감각을 통해서도 측정해 볼 수 있다. 물체를 들기 위해서는 근육의 힘의 양을 적절히 사용해야 하며 이러한 감각으로 무게를 느낄 수 있는 것이다.

유아는 일상생활 속에서 무게의 측정을 흔히 경험하게 된다. 예를 들어, 엘리베이터를 타면 무게 제한이 있다든지, 마트에 갈 때마다 엄마나 아빠가 야채를 살 때 저울로 무게를 다는 모습을 자주 관찰하게 되어 무게에 흥미를 갖게 되는 것이다.

유아교육기관에서의 무게 측정은 다른 측정활동과 마찬가지로 일상생활 속에서 여러 가지 사물을 직접 느껴보고, 비교해 보고 순서지어 보는 놀이를 다양하게 경험해 봄으로써 측정의 기초를 마련하게 하는 것이 중요하다. 특히 유아는 물질의 무거운 정도를 나타내는 밀도(density)의 개념을 이해하지 못하고 무게와 부피를 동일시하는 경향이 있다. 양팔저울은 무게 차이에 따라 무거운 쪽으로 기울어지게 되어 유아가 어느 쪽이 더 무거운지 시각적으로 바로 구분할 수 있기 때문에 발달에 적합한 측정도구이다. 무게의 측정을 지도할 때는 물체를 보는 것만으로는 물체의 무게를 판단할 수 없으므로 손으로 무게를 느껴보게 하는 것이 좋다.

무게 측정 활동 지도방법은 다음과 같다.

(2) 지도방법

① 일상생활 속에서 무게를 다양하게 측정해 보도록 한다.

- "무거운 물건을 들 때 몇 명이 들어야 할까?"
- 신체를 이용하여 측정해 보기(양손에 물체 들고 비교하기, 친구 업어보기)

② 일상생활 속에서 무게와 관련된 발문을 사용하도록 한다.

- "어떤 것이 더 무겁니? 어떻게 알았어?"
- "체중계가 3이 되려면 물건을 얼마만큼 올려야 할까?"
- "동화책을 저울에 올려보면 무게가 얼마일까? 저울의 숫자를 읽을 수 있니?"

〈동화책 몇 권을 합하면 3kg이 될까?〉

〈이 물건은 3kg이 될까?〉

출처 : 교육부(2005). 유아를 위한 수학교육활동자료, p. 45.

③ 유아가 직접 양팔저울을 이용해 측정해 보도록 한다.

- "여기 있는 블록을 양팔저울에 하나씩 올려 놓아보자. 어떤 블록이 더 무거울까?"
- 어느 쪽이 기울어졌는지 관찰하고 말이나 글로 표현해 보도록 한다.
- 한쪽에는 물체, 반대쪽에는 추(임의측정도구)를 올려놓고 추의 개수를 세어본다.
- 다른 물체도 추를 올려놓아 추의 개수로 무게를 비교해 본다.

④ 인지적 갈등을 유발한다.

- 부피가 비슷하지만 무게가 다른 물체를 비교해 본다(뽕뽕이와 쇠구슬).
- 작지만 무거운 물체(동전)와 크지만 가벼운 물체(종이배)를 물에 띄워보는 놀이를 해본다.
- 3~4개의 투명용기에 각기 다른 물체(솜, 돌멩이, 구슬, 동전 등)를 넣고 무거운 순서대로 배열해 보게 한다.

〈저울 양쪽에 물체를 하나씩 올려보자〉

〈사과 무게만큼 추를 올려보자〉

7) 시 간

(1) 개념

측정 중 유아들이 이해하기에 가장 어려운 개념은 시간을 측정하는 것이다. 무게나 길이, 온도에 비해 시간이라는 것은 직접 보거나 느낄 수 없는 개념이며, 시계를 보는 것은 십진법이 아닌 5진법, 12진법, 60진법 등을 이해해야 가능하기 때문이다. 따라서 유아들에게는 직접 경험하는 사건을 중심으로 하는 사회적 시간개념으로 시간의 순서를 알게 하고 일과 속에서 시간간격을 알아보는 활동을 많이 경험해 봄으로써 시간개념을 발달시킬 수 있다. 또한 시간 관련 어휘들을 일상생활에서 경험하고 바르게 쓸 수 있도록 돕는 것이 중요하며 실제적인 시간의 개념과 시계보기 등은 만 6~8세 이후에 가르치는 것이 적합하다.

순차적 시간개념과 시간간격

시간개념과 관련하여 유아들이 학습할 개념은 두 가지로 순차적 시간개념과 시간간격이 있다. 순차적 시간개념은 사건의 순서를 의미하고, 시간간격은 얼마나 걸렸는지에 대한 것이다.

시간의 유형에는 개인적 시간개념, 사회적 시간개념, 문화적 시간개념의 세 가지 유형이 있다.

개인적 시간

개인적 시간은 유아가 자신의 경험을 중심으로 과거와 현재, 그리고 미래를 생각하는 것이다. 예를 들어, 내가 아기였을 때, 내가 크면 등이 있다.

사회적 시간

사회적 시간은 유아가 정해진 일과를 이해하고 학습하는 것이다. 예를 들어, 유아는 자유선택활동을 하고 나서 정리정돈을 해야 한다는 것을 알게 되며, 점심식사 후에는 양치질을 하고 실외놀이를 할 수 있다는 것을 예측하게 된다. 이와 같이 사회적 시간을 경험하면서 정해진 일과의 순서를 예측하는 능력을 사회적 시간개념이라고 한다.

문화적 시간

문화적 시간은 시계와 달력과 같은 객관적인 시간을 이해하는 것으로 유아에게는 좀 더 어려운 개념이다. 따라서 유아기에는 시계를 읽는 것보다 유아 자신의 경험을 중심으로 한 개인적 시간과 하루의 일과를 생각해 보는 사회적 시간개념 관련 활동을 우선적으로 제공하는 것이 바람직하다.

시간개념 지도방법은 다음과 같다.

(2) 지도방법

① 일상생활 속에서 시간개념을 경험하도록 한다.

- 유아가 시간개념을 사회적 활동시간 개념으로 이해하도록 돕는다.

"자유선택활동 시간에 어떤 놀이를 했지요?"

- 시간 관련 어휘를 사용하는 모델링을 제시한다.
  - 어제, 오늘, 내일, 모레, 그저께
  - 아침, 점심, 저녁, 밤, 새벽
  - 전에, 후에, 먼저, 지금, 방금, 나중
- 하루일과 순서표를 게시해 주고 매일 처음 대집단으로 이야기나누는 시간에 하루 순서에 대해 이야기나눈다.

|그림 5-5| 하루일과 순서표

② 시간과 관련된 발문을 사용한다.

- "옛날옛날 아주 오랜 옛날에 호랑이가 살고 있었어."
- "어제는 바람이 많이 불었지요?"
- "그저께 우리 어디로 견학을 다녀왔지요?"
- "오늘 아침에 무엇을 먹었니?"

- "자유선택놀이 하고 그 다음에 정리정돈을 하고 그 다음에 바깥놀이를 할 거예요."
- "긴 바늘이 6자에 오면 정리정돈을 할 거예요."

③ 순차적 시간개념을 느낄 수 있는 기회를 제공해 준다.

- 사건의 순서를 언어나 그림, 동작으로 회상하거나 표상, 설명해 본다.
  예 요리 순서표, 손씻기 순서표, 하루일과 순서표
- 산책할 때 같은 장소에서 봄, 여름, 가을, 겨울에 각각 찍은 사진을 보며 이야기나눈다.

|그림 5-6| 주먹밥 만들기 요리 순서표의 예

④ 시간 간격을 경험할 수 있는 활동을 해본다.

- 활동 시, 모래시계나 요리용 타이머를 사용한다.
- '눈을 감은 뒤 1분 후 눈 떠보기'로 초바늘이 한 바퀴 도는 시간의 정도를 가늠해 볼 수 있다.
- 어떤 일을 하려면 얼마나 시간이 걸릴까 추정해 본다.
  - 매일 일정한 시간에 산책을 나가기 전에 시계의 긴바늘 위치를 확인하고 돌아온 후 다시 시계를 확인해 본다.

⑤ 시계, 달력에 관심을 갖게 하는 데 초점을 둔다.

- 시계의 원리를 가르치는 것이 아닌 시계에 관심을 갖도록 돕는다.
  - "얘들아, 시계를 보자. 짧은 바늘이 10자에 있고 긴 바늘이 11자에 있네. 긴 바늘이 12자에 가면 정리를 할 거예요."
- 매일 이야기나누기 시간에 달력을 보며 1년은 12개월이라는 것을 경험하게 한다.
- 행사 일을 달력에 표시하고, 매일 아침 하나씩 날짜를 지워간다.
  - "어린이날까지 몇 밤 남았는지 세어볼까? 한 밤, 두 밤, 세 밤…"

〈표 5-3〉 '유치원의 하루' 이야기나누기를 위한 수학활동계획안

<table>
<tr><td>생활주제</td><td>나와 유치원</td><td>주제</td><td>유치원에서의 하루</td><td>대상 연령</td><td>만 5세</td></tr>
<tr><td>소주제</td><td>하루일과를 알아보아요</td><td>활동명</td><td>유치원의 하루</td><td>활동 유형</td><td>이야기나누기</td></tr>
<tr><td>활동목표</td><td colspan="5">1. 유치원에서 시간에 따라 하는 활동에 대해 표상한다.
2. 순차적 시간을 인식한다.</td></tr>
<tr><td>수학교육 내용</td><td colspan="5">기초적인 측정하기</td></tr>
<tr><td>활동자료</td><td colspan="5">시계, 활동판, 활동 카드(그림, 글자)</td></tr>
<tr><td>단계</td><td colspan="4">활동내용</td><td>자료 및 유의점</td></tr>
<tr><td>도입
(5분)</td><td colspan="4">1. 주의 획득하기 : 시계 소리를 이용하여 흥미를 유발한다.
– 친구들~ 이게 무슨 소리일까요? (시계 소리를 들려준다)

2. 사전경험 회상하기 : 시계를 보며 하루 일과를 회상한다.

3. 목표 제시하기 : 활동을 제시하고 이야기한다.
– 오늘은 우리가 유치원에 와서 집에 갈 때까지 어떤 놀이들을 하는지 알아볼 거예요.</td><td>시계</td></tr>
</table>

<table>
<tr>
<td colspan="2">전개
(15분)</td>
<td>1. 자극 제시하기 : 활동자료를 보여주고 탐색해 보며 이야기 나눈다.

시계

활동판

활동카드

2. 학습 안내하기 : 유치원에서의 하루 활동을 알아보며 이야기나눈다.
– 우리 친구들이 유치원에서 언제, 어떤 활동들을 하는지 알아볼까요? 점심 먹기 전에는 어떤 활동을 하죠?

3. 수행 유도하기 : 유아들이 직접 놀이해 보도록 한다.
– (시곗바늘을 9에 놓고) 친구가 유치원에 가서 먼저 무엇을 하지요?</td>
<td>시계, 활동판,
활동 카드</td>
</tr>
<tr>
<td colspan="2">마무리
(5분)</td>
<td>1. 피드백 제공하기 : 개별 유아에게 피드백을 제공한다.
– 오늘 어떤 카드들을 붙였나요?
– 점심 먹기 전에는 무슨 놀이를 했더라?

2. 수행평가하기 : 활동 후 느낀 점에 대해 이야기나눈다.
– 오늘 한 활동을 해보니까 어땠어요?
– 어떤 활동이 제일 재미있었나요?

3. 파지와 학습전이 높이기 : 다음 활동을 안내한다.
– 그럼 우리 긴 바늘이 9에 가면 '하루 종일 빼꾹빼꾹'이라는 동화를 함께 읽어보도록 해요.</td>
<td></td>
</tr>
<tr>
<td rowspan="2">활동
평가</td>
<td>유아</td>
<td colspan="2">하루일과를 순서대로 이야기할 수 있는가?</td>
</tr>
<tr>
<td>교사</td>
<td colspan="2">유아의 수학적 의사소통을 돕기 위해 유아가 탐색하고 있는 수학적 개념과 과정을 언어로 들려주고 유아들 스스로 수학적 사고를 표현하도록 도왔는가?</td>
</tr>
</table>

6장 규칙성

우리는 주변의 자연 현상과 사물이나 사건의 양식에서 규칙적인 변화를 쉽게 찾을 수 있다. 사계절의 반복, 벌집의 모양, 횡단보도 색깔, 벽을 장식하고 있는 타일, 수세기에는 일관된 규칙이 있다. 또한 꽃잎의 수와 해바라기 꽃씨의 배열, 솔방울의 열매, 앵무조개의 껍질에서는 피보나치 수열을 발견할 수도 있다. 이처럼 우리 주변에는 자연적으로 형성된 패턴도 있고, 인위적으로 구성된 패턴도 있다.

쉬어가기

피보나치 수열(Fibonacci sequence)

피보나치 수열은 1, 1, 2, 3, 5, 8, 13, 21, 34…처럼 각 항이 선행하는 두 항의 합으로 만들어진 수열을 의미한다. 피보나치 수열의 또 다른 신기한 점은 앞 항으로 바로 뒤의 항을 지속적으로 나누어 계산하면 황금비율(golden ratio : 1.618)에 근접하다는 것이다.

우리 주변에서 볼 수 있는 피보나치 수열은 해바라기 씨의 배열, 솔방울의 열매, 파인애플의 눈의 열매, 앵무조개, 꽃잎의 수에서 찾을 수 있다.

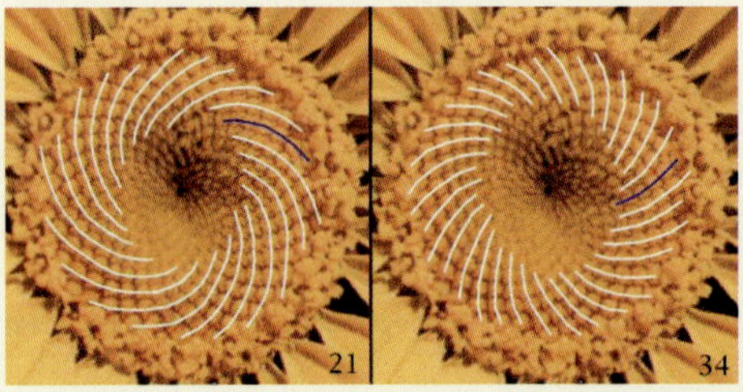

해바라기 씨앗은 두 개의 서로 다른 방향으로 배열되어 있다(시계 방향으로 21개, 반시계 방향으로 34개). 해바라기 씨가 박힌 나선의 수는 항상 연속된 두 개의 피보나치 수가 된다.
출처 : https://karasix.tistory.com/95

솔방울은 시계방향으로 나선이 8줄, 반시계방향 나선이 13줄로 배열되어 있다.
출처 : http://blog.daum.net/gu4660/489

대수

관계성의 일반화

규칙성은 사물이나 현상의 관계를 파악하는 것으로, 수학 학문에서는 대수영역에 포함된다. 대수는 수를 사용하지 않고 미지수와 변수를 사용하여 산술적 사고를 일반화하는 과정이다(Jennifer & Taylor-Cox, 2004). 흔히 대수를 생각하면 y=2x+1의 함수 공식을 떠올린다. 이 공식에서 y값은 x값의 2배에 1을 더한 만큼 변한다. x값과 y값에는 수없이 많은 숫자가 존재하기 때문에 두 수 간의 관계를 일반화하여 기호와 수식으로 나타낸 것이다. 이와 같이 대수의 핵심은 요인 간의 관계성에 대한 일반화이다. 따라서 대수는 우리 주변의 모든 사물과 현상의 변화과정을 예측하여 규칙성을 가지고 일반화하여 설명할 수 있는 체계적인 원리이다. 산술은 정적인 세계를 기술하는 데 효과적인 반면, 대수는 역동적이며 변화하는 현상을 묘사하는 데 필수적인 도구이다.

대수는 수학에서 가장 기본적인 개념으로 수학개념을 통합하는 역할을 한다(NCTM, 2000). 대수적 사고의 기초는 사물과 현상의 규칙성을 인식하고 추론하는 것에서부터 출발한다. 이러한 사고는 영유아기부터 발달하며, 발달에 적절한 다양한 대수 관련 활동을 통해 가능하다. 따라서 유아기부터 다양한 규칙성을 경험할 수 있는 대수 관련 교육내용을 중요하게 다룰 필요가 있다. 이 장에서는 대수 관련 활동 중에서 유아기에 적절한 규칙성을 중심으로 살펴보고자 한다.

1. 주요 개념

패턴

대수의 가장 기본적인 개념은 패턴이다. 패턴은 사물의 모양이나 사건의 양상이 일정한 규칙을 가지고 반복적으로 나타나는 것이다. 즉, 규칙성은 사물, 숫자, 모양, 색깔, 기호 등 다양한 요소가 일정한 규칙을 가지고 반복적으로 나타난 현상이다. 규칙성을 찾을 수 있는 것은 사물 혹은 사건 간의 관계를 파악하고, 관계 속에서 발견한 규칙을 일반화하여 그 다음을 예측할 수 있는 것을 의미한다.

일상생활 속에서의 패턴 경험

유아는 일상생활 속에서 다양한 경험을 통해 규칙성을 발견하고 이해한다. 유아는 반복된 가사나 구절이 있는 노래와 동화를 듣거나, 보도블록을 걸으면서 규칙성을 발견하게 된다. 벽지와 포장지의 디자인과 옷 무늬에서도 패턴을 발견하고, 수세기와 숫자 뛰어세기에서도 수의 질서와 규칙을 찾을 수 있다. 유아가 주변에서 쉽게 접할 수 있는 패턴은 모양, 위치, 색깔, 크기 등으로 표현되는 비수 패턴(non numerical pattern)일 것이다. 비수 패턴은 수를 포함하지 않은 사물에서 찾을 수 있는 패턴을 의미한다. 이와 같이 자연 현상이나 사물의 모양이 일정한 규칙을 가지고 반복되는 패턴은 대수적 사고의 초석이 된다(Jennifer & Taylor-Cox, 2004). 대수적 사고는 수학적인 사고의 가장 기초적인 능력으로, 문제에서 규칙을 찾고 규칙을 적용하여 어떤 현상과의 관계를 찾아보는 일상적인 활동과 경험을 통해 발달한다(김민경 · 홍혜경 · 이지현 · 이정욱, 2006).

패턴을 찾아내기 위한 방법

유아가 패턴의 규칙을 찾아내기 위해서는 패턴을 구성하고 있는 첫 번째 요소부터 주의 깊게 관찰하고, 왼쪽에서 오른쪽 방향으로 패턴의 요소를 읽어내는 것이 필요하다(Economopoulos, 1998). 유아가 패턴의 구성 요소를 찾는 것은 비교적 쉽지만, 구성요소 간의 관계성을 만드는 것은 어려울 수 있다. 관련성을 찾는 것은 요소들 간에 논리적인 배열을 연결 지어야 하기 때문이다. 또한 패턴은 패턴을 이루고 있는 구성요소가 적어도 2번 이상은 반복되어 나타나야 한다. 패턴을 이루고 있는 구성요소가 반복되기 전까지는 패턴이라고 할 수 없다. 예를 들면, △○△는 패턴이라고 할 수 없는데, 그 이유는 모양 간의 관계 속에서 일정한 규칙을 찾을 수 없기 때문이다.

유아가 규칙성을 이해하면 관계를 인식하고 연결고리를 찾아내어, 일반화하고 예측하는 능력이 발달함을 의미한다. 규칙성을 이해하면 관계적 사고가 가능하여 합리적으로 문제를 해결할 수 있고 추상적인 사고가 가능하다. 규칙성에 대한 이해는 문제해결력 및 논리 수학적 지식의 기초가 되므로 영유아 수학교육에서 중요하다. 따라서 유아에게 인위적으로 패턴활동을 제공하기보다는 일상생활의 경험과 자연환경에서 직접 규칙성을 찾아보게 하는 것이 적절하다(NCTM, 2000).

쉬어가기

일상생활 속의 패턴

규칙성은 생활 주변에 존재하는 다양한 현상을 탐구하는 데 중요하며, 대수적 사고의 기초가 된다. 생활 주변이나 여러 현상에서 찾을 수 있는 규칙은 실생활의 복잡한 문제를 해결하는 데 유용하고, 규칙 찾기를 통해 추론 능력을 기를 수 있다(최창우, 2019). 유아가 일상생활 속에서 규칙성을 찾을 수 있는 경우는 다양하다. 월화수목금토일 단위로 일주일이 반복되는 것, 사계절이 순환하는 것, 교통신호등의 규칙, 보도블록의 색깔 반복, 유치원의 하루 일과의 순서표 등에서 찾을 수 있다.

시계에서 발견되는 숫자 패턴

스웨터나 조끼 무늬에서 발견되는 모양 패턴인 아가일 패턴

보도블록에서 발견되는 모양 패턴
출처 : https://ideaspace2.tistory.com/5

2. 유형

패턴의 종류는 다양하며 규칙을 분류하는 준거에 따라 다르게 분류할 수 있다. 분류의 기준으로는 수의 포함 여부(Smith, 2013), 패턴을 생성하는 방식(최혜진 · 이혜은 · 유수경, 2007; 최창우, 2019; Geist, 2009), 패턴이 놓인 모양, 그리고 패턴의 표상 양식(문연심, 2009; 한유미, 2013; Burton, 1982)으로 구분할 수 있다.

1) 수의 포함 여부에 따른 유형

(1) 수 패턴(numerical pattern)

숫자가 포함된 패턴

패턴의 구성요소가 숫자로 표현되는 패턴을 말한다. 예를 들면, 1, 2, 3, 4…(1씩 커지는 패턴), 1, 2, 1, 2, 1, 2…(패턴의 구성요소가 반복되어 나타나는 패턴), 1, 3, 5, 7…(2씩 커지는 패턴)과 같이 패턴을 이루고 있는 구성요소가 숫자로 이루어진 패턴이다. 유아들은 수세기를 통해 수 패턴을 경험한다.

(2) 비수 패턴(non numerical pattern)

도형, 색깔로 만들어진 패턴

패턴의 구성요소가 숫자가 아닌 도형, 소리, 색깔, 위치의 요소로 표현되는 패턴을 말한다. 예를 들면, 빨간색, 파란색, 빨간색, 파란색… 또는 ●●◌●●◌●●◌와 같이 숫자를 제외한 다른 구성요소로 이루어진 패턴이다. 유아들은 주로 모양과 색깔로 이루어진 비수 패턴을 만든다.

2) 패턴의 생성 방식에 따른 유형

(1) 반복 패턴(repeating pattern)

일정한 규칙이 반복되는 패턴

패턴을 이루고 있는 구성 요소가 일정한 규칙에 따라 변화 없이 반복되는 패턴이다. 반복 패턴은 구성요소의 복잡성과 크기에 따라 다양하지만, 가장 단순한 것은 두 가지 요소로 이루어진 패턴이다. '빨강－노랑－빨강－노랑－빨강－노랑'은 빨강과 노랑의 기본 단위가 반복되는 AB유형의 반복 패턴이다. '1,1,2,1,1,2,1,1,2'는 1,1,2의 요소가 반복되는 AAB유형의 반복 패턴이다.

(2) 성장 패턴(growing pattern)

일정한 규칙에 따라 변형되어 만들어진 패턴

패턴을 이루고 있는 구성 요소가 일정한 규칙에 따라 변형(증감)을 하여 만들어지는 패턴이다. 성장 패턴 혹은 증가 패턴의 가장 대표적인 예는 1, 2, 3, 4… 와 같은 수세기로서, 뒤의 수는 앞의 수에 1을 더해서 만들어진 패턴이다. '배－사과－배－배－사과－배－배－배－사과'는 ABAABAAAB의 형태의 규칙을 지닌 성장 패턴이며, '100, 99, 98, 97, 96'처럼 1씩 감소하는 패턴도 성장 패턴이다. 성장 패턴은 수에서도 찾을 수 있고, 양파 단면에서도 쉽게 발견할 수 있다.

|그림 6-1| 반복 패턴과 성장 패턴

(3) 관계 패턴(relationship pattern)

두 개의 조합 간에 만들어진 패턴

두 개의 숫자가 함수와 관련되어 나타나는 패턴을 의미한다. 크레용 한 상자에 8개의 크레용이 있으면, 크레용 2상자에는 16개의 크레용이 있고, 3상자에는 24개의 크레용이 있다. 관계 패턴으로 나타내면 '1－8, 2－16, 3－24'로 나타낼 수 있다. 관계 패턴은 곱셈의 속성이 있으므로 초등학교 2~3학년이 될 때까지는 흔히 나타나지 않는다(Clements & Sarama, 2009).

(4) 대칭 패턴

대칭을 이루면서 패턴 배열

패턴의 기본 단위가 대칭이 되면서 만들어지는 패턴을 의미한다. 대표적인 예로는 ◁ ▷ ◁ ▷ ◁ ▷의 배열과 같이 패턴의 기본 요소를 반으로 접었을 때 대칭을 이루면서 만들어지는 유형이다. 대칭 패턴은 바흐의 음악에서도 찾아볼 수 있다.

A–B–B–A–C–D–D–C의 대칭으로 만들어진 패턴

|그림 6–2| 바흐의 음악에서 발견되는 대칭 패턴

(5) 회전 패턴

회전되어 만들어진 패턴

패턴의 기본 단위가 회전되어 만들어지는 패턴의 유형이다. 예를 들면, ⇦ ⇧ ⇨ ⇩ ⇦ ⇧ ⇨ ⇩… 와 같이 배열되어 만들어진 패턴이다.

(6) 카오스 현상에 의한 패턴

자연에서 볼 수 있는 비정규적인 규칙으로 구름의 규칙, 고사리 잎의 규칙, 우주의 은하계의 분포 등을 들 수 있다. 이러한 카오스(chaos) 현상이 드

러내는 기하학적인 규칙을 프랙탈(fractal)이라고 한다.

3) 패턴이 놓인 모양

(1) 선형 패턴(linear pattern)

일직선으로 배열된 패턴을 말한다. 우리 주변에서 볼 수 있는 패턴은 대부분 왼쪽에서 오른쪽으로 진행되는 선형 패턴이다. 유아는 패턴이 직선으로 놓여 있을 때 쉽게 지각할 수 있다.

일렬로 배열된 패턴

(2) 동심원적 패턴(concentric pattern)

선형의 방식으로 놓이지 않은 패턴으로서, 앵무조개가 수학적으로 가장 대표적인 동심원적 패턴이다. 또한 예술작품이나 직물의 디자인, 바닥 타일에서도 흔히 볼 수 있다.

동심원 모양으로 배열된 패턴

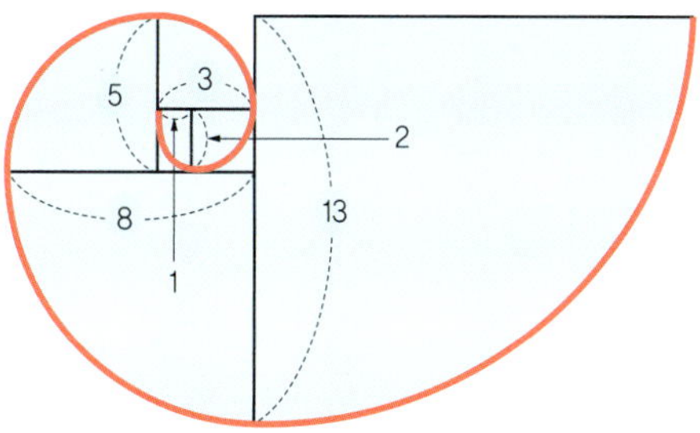

앵무조개의 모양에서는 피보나치 수열이 발견되며 동심원적 형태로 패턴이 놓인다.
출처 : http://blog.daum.net/gu4660/489

|그림 6-3| 동심원적 패턴

4) 패턴의 표상 양식

(1) 시각적 유형

시각을 이용한 패턴

신호등의 색깔 변화, 옷과 포장지의 무늬, 타일 바닥 등 시각적으로 발견할 수 있는 패턴이다. 패턴의 대다수 형태는 시각적 패턴으로 구성되어 있다.

(2) 청각적 유형

소리를 이용한 패턴

여러 가지 소리를 이용하여 만들어진 패턴으로 청각적인 감각으로 발견할 수 있는 패턴이다.

(3) 운동적 유형

몸을 이용한 패턴

신체를 이용하여 만든 패턴으로 스키핑-호핑-스키핑-호핑, 앉기-서기-앉기-서기와 같이 동작을 이용하여 만든 패턴을 말한다.

3. 발달과정

1) 규칙성 이해 능력의 발달과정

영유아들은 일상생활 속에서 다양한 사물과 현상의 규칙적 반복을 경험하면서 패턴에 대해 인식하게 된다. 아주 어린 영아도 낮과 밤의 반복적 현상을 인지하고, 어린이집의 하루 일과(수유, 낮잠, 기저귀 갈기, 놀이) 순서를 인식할 수 있다. 또한 영아들은 반복되는 노래나 리듬을 자주 접하면서 규칙성을 인식하고 다음에 올 리듬을 예측할 수 있다(Charlesworth & Lind, 2013).

2세 정도의 어린 시기부터 패턴을 인식하기 시작하며, 4, 5세 정도의 유아는 단순한 반복 패턴을 복사하여 그대로 놓거나 확장할 수 있다. 6, 7세의 유아는 반복된 단위를 인식할 수 있고 이후에는 증가 패턴을 수량적으로 표현할 수도 있다(Clements & Sarama, 2009). 만 5세 유아는 패턴을 인식하고 언어로 설명하기, 패턴을 모방하기, 패턴 이어가기, 구체물을 사용하여 규칙성 표상하기, 규칙성을 다른 형식으로 전이하기, 규칙성 창조하기가 가능하다(Seefeldt & Galper, 2004).

우리나라 유아의 규칙성 이해능력의 발달과정을 제시하면 다음과 같다(차현화 · 홍혜경, 2005).

(1) 패턴 인식 전 단계

이 단계의 유아는 규칙적인 관계를 구체적 · 영상적 · 언어적으로 표상하지 못한다. 구체물을 규칙과 무관하게 늘어놓아 아직 규칙성이 나타나지 않는다.

규칙성을 이해하지 못함

(2) 패턴의 단순 인식 및 따라하기 단계

이 단계의 유아는 패턴의 규칙을 인식하고 구체물로 제시된 패턴 유형대로 모방하여 배열한다. 그러나 영상적 · 언어적 표상에서는 규칙성이 나타나지 않는다.

구체물로 패턴 따라 만들기 가능

(3) 패턴의 구성 및 전이 출현 단계

이 단계의 유아는 패턴을 여러 가지 방식으로 만들며, 다른 유형으로 바꾸

구체물을 영상적으로 전이하여 패턴 표현

어 표현할 수 있다. 또한 구체물로 패턴을 나타낸 후 이를 다시 영상적으로 전이하지만, 아직 언어적으로 정확하게 규칙을 설명하지 못한다.

(4) 복합적 패턴 구성 및 전이 단계

영상적 표상을 언어적으로 전이하여 패턴 표현

이 단계의 유아는 자발적으로 두 가지 특성을 지닌 복합적인 패턴을 구성하여 규칙을 언어로 설명할 수 있다. 또한 구체물을 영상적인 표상으로, 영상적인 표상을 언어적인 표상으로 패턴을 전이할 수 있다.

2) 패턴활동의 제시 순서

유아의 패턴 이해 수준은 연령에 따라 점진적으로 발달한다. 따라서 교사는 영유아의 개인적 수준에 따라 일상생활에서 놀이와 경험을 통해 패턴능력이 발달될 수 있도록 적절한 지도를 해야 한다.

패턴은 패턴의 유형(ab, abc…), 패턴 내용(실물, 그림, 기호, 도형…)과 패턴을 이루고 있는 배열 등에 따라 단순한 것부터 복잡한 것까지 다양하게 표현된다. 영유아의 패턴 인식능력은 자연적으로 발달되기보다는 비형식적인 경험과 놀이를 통해 점차적으로 발달해 간다. 교사는 영유아의 이해 수준에 적절한 패턴활동을 지도할 필요가 있다. 유아와 함께 할 수 있는 패턴활동의 순서를 살펴보면 다음과 같다(채현주, 2006).

(1) 패턴 인식 및 표현하기

패턴의 규칙 찾기

패턴의 가장 처음은 제시된 패턴의 규칙을 발견하고 설명해 보는 것이다. 유아는 일상생활에서 반복되는 현상(아침-점심-저녁), 사물의 모양(벽 무늬의 반복), 미술작품에서 패턴을 관찰하고 발견한 규칙을 언어로 표현해 본다. 패턴의 규칙을 발견하는 것은 비교적 쉽지만, 규칙을 적절한 언어로 설명하는 것은 어려울 수 있다.

(2) 패턴을 따라 만들기

제시된 패턴을 보고 똑같이 패턴을 모방하여 배열하는 것이다. 유아에게 패턴과제를 말로 설명해 보게 하는 것은 어렵기 때문에 처음에는 교사가 만든 패턴을 그대로 따라 놓아보게 한다.

패턴을 보고 따라 만들기

(3) 패턴 이어가기

제시된 패턴을 보고 규칙성을 발견하여 계속 이어나가는 것이다. '수박-복숭아-수박-복숭아-수박'의 그림이 있을 때 다음에 무엇이 와야 할지 예측하여 패턴을 지속적으로 만드는 것이다.

패턴을 지속하여 만들기

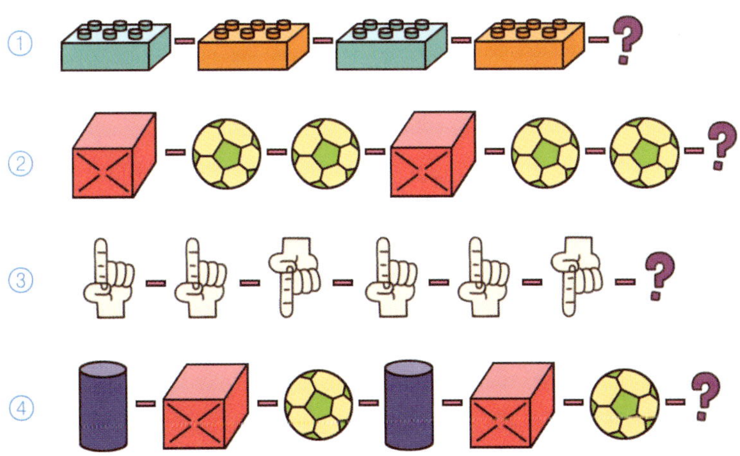

|그림 6-4| 패턴 이어가기

(4) 패턴 끼워넣기

중간에 패턴 요소 넣기

제시된 패턴의 중간쯤에 패턴 요소 일부분이 빠져 있을 때 알맞은 것을 찾아서 패턴을 완성하는 것이다. 예를 들어, '나비 – 개미 – 나비 – ? – 나비'가 있을 때 '?'에 무엇이 와야 할지를 예측하여 패턴을 만드는 것이다.

봄의 동 · 식물 그림자료를 활용하여 패턴 이어가기 및 패턴 끼워넣기 활동을 진행할 수 있다.

(5) 패턴 창조하기

새로운 패턴 만들기

유아 스스로 규칙을 만들어 패턴을 구성하는 것이다. 유아는 주어진 패턴을 가지고 다양하고 충분한 경험을 한 후에 규칙을 창안하여 패턴을 만들 수 있다. 따라서 패턴을 스스로 만들기 전에 주어진 패턴으로 충분한 경험을 할 필요가 있다.

유아 스스로 바둑알을 가지고 abb의 형태로 만든 반복패턴으로, 위치를 약간 변형하여 만든 선형 패턴이다.

유아 스스로 블록을 가지고 ab의 형태로 만든 반복 패턴이다.

4. 지도방법

유아의 규칙성에 대한 인식과 개념발달을 돕기 위한 지도방법을 살펴보면 다음과 같다.

① 일상생활 속에서 규칙성을 찾을 수 있는 경험과 기회를 제공한다.

- 하루 일과에서 활동 순서의 반복(등원－자유선택활동－대 · 소집단 활동－점심식사－실외놀이－하원)을 통해 규칙성 경험하기
- 친구들의 옷, 벽지의 무늬에서 패턴 찾기
- 『커다란 순무』 그림책을 읽어주고, 무를 뽑기 위해 참여할 등장인물 수 예측하기

② 패턴을 구성하는 요소 간의 관계를 찾을 수 있는 기회를 제공한다. 이때 교사는 유아가 발견한 규칙을 말로 설명해 보게 하거나, 패턴의 내용을 다른 유형으로 전이해 보도록 한다.

- 패턴을 제시하고 패턴을 구성하는 요소에 관한 질문 제공하기

"이 다음에 어떤 모양이 와야 할까?"
"이 패턴을 다른 방법으로 만들어 볼 수 있겠니?"
"이 패턴의 규칙을 설명해 볼 수 있겠니?"

|그림 6-5| 패턴에 대한 교사의 다양한 질문

- 패턴의 규칙을 다양한 방법으로 표현할 수 있는 패턴 그림을 제시하여 자신이 발견한 패턴 규칙 설명하기

동일한 반복 패턴 그림으로, AB 형태의 패턴 규칙을 다양하게 설명할 수 있다.
① 풍선의 색깔을 준거로 설명하기
– 파란풍선, 빨간풍선, 파란풍선, 빨간풍선…
② 옷의 색깔을 준거로 설명하기
– 파란옷, 빨간옷, 파란옷, 빨간옷…
③ 풍선의 위치를 준거로 설명하기
– 아래, 위, 아래, 위…
④ 머리를 묶었는지 여부를 준거로 설명하기
– 머리 안 묶은 아이, 머리 묶은 아이, 머리 안 묶은 아이, 머리 묶은 아이…

출처 : http://clipbank.ebs.co.kr/clip/view?clipId=VOD_20171014_00163

|그림 6-6| 다양한 패턴 규칙 찾기

③ 유아의 패턴 이해능력에 따라 다양한 유형과 수준의 패턴활동을 제공한다.

- 구체물과 자신의 신체를 이용한 패턴활동 제공하기
- 영상적 유형과 상징적 유형의 패턴활동 제공하기
- 패턴의 구성 요소의 개수와 패턴의 규칙이 다양한 패턴활동 제공하기
- 반복패턴 활동 외에 증가 패턴과 관계 패턴의 활동 제공하기

④ 교사는 유아의 대수적 사고능력을 함양하기 위해서 다양한 패턴 관련 발문을 제시한다.

〈표 6-1〉 패턴활동에 대한 교사의 다양한 질문

패턴, 함수, 대수에 대한 유아의 사고를 촉진하기 위한 질문

교사는 유아가 패턴활동을 경험할 때 다양한 질문을 제시할 수 있다. 수학 상황에서뿐만 아니라, 이야기, 과학, 일상생활 속에서도 적용해 보도록 한다. 유아는 교사의 질문에 대답하기 위해 사고하면서 관계의 일반화, 함수, 대수적 사고능력이 발달한다.

- 이것들은 어떻게 유사할까? 이것들은 어떻게 다를까?
- 너는 패턴이 보이니? 이것에 대해 나에게 이야기해 줄래?
- 다음에는 무엇이 올까? 우리는 서로 다른 재료를 가지고 이 패턴을 어떻게 만들 수 있을까?
- 우리가 이 패턴을 어떻게 기억할 수 있을까? 우리는 우리를 도울 만한 그림을 어떻게 그릴 수 있을까? 우리가 숫자를 사용할 수 있을까?
- 너는 패턴을 춤으로 표현할 수 있겠니? 너는 첫 번째로 무엇을 하겠니? 두 번째는?
- 너는 다음에 어떤 일이 일어날 것이라고 생각하니? 왜 그렇게 생각하니?
- …이 어떻게 변했니? 너는 그것이 다시 변화할 것이라고 생각하니?
- 너는 이 패턴을 어떻게 읽을 수 있니? 다른 방법으로 생각해 볼 수 있니?
- 만약 내가 …을 바꾼다면, 이 패턴에서 무슨 일이 일어날까?

출처 : Copley. J. V.(2010). The young child and mathematics. Washington, D. C. : NAEYC, p. 91.

⑤ 여러 나라의 문화와 예술작품을 연계한 패턴활동을 소개한다.

- 우리나라의 단청, 이슬람 문화의 퀼트, 융단, 알함브라 궁전, 인디언의 직조물, 아프리카의 바구니에서 패턴 찾아보기
- 테셀레이션(tessellation)으로 구성된 미술작품에서 패턴 찾기 활동

쉬어가기

미술 속의 수학

네델란드의 미술가 에셔(M. C. Escher)는 수학적 원리를 이용하여 독창적이고 매혹적인 그림을 그린 화가이다. 에셔는 특히 테셀레이션을 그림에 정착시켰다. 테셀레이션은 동일한 모양을 이용해 틈이나 포개짐 없이 평면이나 공간을 완전하게 덮는 것을 의미한다. 테셀레이션은 도형의 평행이동, 회전, 반사, 미끄러짐 반사를 통해 만들 수 있다. 테셀레이션의 대표적 예는 알함브라 궁전, 보도블록, 바닥과 벽의 타일과 모자이크 등이 있으며, 순 우리말로는 '쪽매맞춤'이라고 한다.

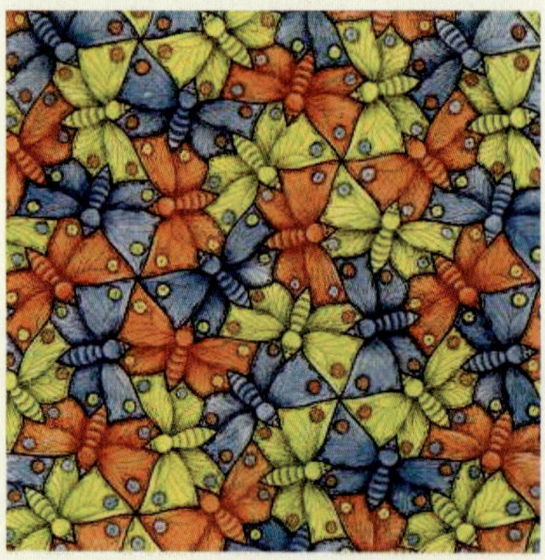

테셀레이션을 이용한 에셔의 작품 〈대칭 E70〉

출처 : http://blog.daum.net/vikinow/3867581

|그림 6-7| 에셔의 테셀레이션

다음 〈표 6-2〉는 교사와 유아가 달력에서 찾을 수 있는 패턴활동의 수업 사례이다.

〈표 6-2〉 달력을 활용한 패턴 수업 사례

활동

달력에 숨어 있는 패턴을 찾아라!

교사 : 오늘은 우리 패턴 찾기 활동을 해볼까요?

승현 : 네... 세모네모세모네모세모네모 이런 거요?

교사 : 그래요. 규칙적으로 나타나는 것을 찾아보는 거예요.
우리가 모양이나 색깔 패턴은 만들어 보았으니, 오늘은 우리 주변에서 볼 수 있는 숫자 패턴을 찾아보려고 해요.

교사가 달력을 가져온다.

교사 : 패턴을 달력에서 한번 찾아볼까요?

민지 : 달력에도 패턴이 있어요?

교사 : 아마 선생님은 너희들이 찾을 수 있을 것 같은데... 달력을 자세히 볼까요?

수민 : 네.

동윤 : 일, 이, 삼, 사, 오, 육, 칠.... 삼십일... 숫자만 있고, 패턴은 없는 것 같아요.

교사 : 다시 한번 읽어볼까요?

윤현 : 일, 이, 삼, 사, 오, 육, 칠, 팔. 구... 삼십일!!! 찾았다. 숫자가 한 개씩 커져요.

교사 : 윤현아! 친구들이 이해할 수 있도록 다시 설명해 줄래?

윤현 : 봐봐!!! 1 다음에 2지? 2는 1보다 1크지? 3은 2보다 1크지... 그러니까 뒤에 오는 숫자가 앞에 있는 숫자가 보다 하나씩 커져요. 거꾸로 하면 1씩 작아지고요.

교사 : 그래!!

(...중략...)

〈2019년 3월 달력〉

일	월	화	수	목	금	토
					1	2
3	4	5	6	7	8	9
10	11	12	13	14	15	16
17	18	19	20	21	22	23
24	25	26	27	28	29	30
31						

심화활동 **달력에 숨어 있는 다양한 규칙**

- 세로줄의 아래쪽으로 7씩 증가 규칙, 세로줄의 위쪽 방향으로 7씩 감소 규칙
- 대각선 방향으로 증가 규칙(오른쪽에서 왼쪽 방향으로 6씩/ 왼쪽에서 오른쪽 방향으로 8씩 증가 규칙)

다음 〈표 6-3〉은 봄의 꽃 사진을 이용해서 패턴활동을 실시할 수 있는 활동계획안이다. 사전활동으로 봄의 풍경과 봄꽃을 관찰하는 실외활동 이후에 교사가 찍은 봄의 꽃 사진, 혹은 봄의 꽃잎을 활용하여 패턴 수업을 진행한다.

〈표 6-3〉 수업 활동계획안

생활주제	봄	주제	봄의 변화	대상	만 5세
소주제	봄의 꽃잎	활동명	봄의 꽃으로 규칙을 만들어 보아요	집단형태	대집단
교육목표	• 봄의 꽃 사진을 보고 규칙성을 찾아본다. • 규칙을 다양한 방법으로 전이해 본다. • 봄의 꽃 사진을 배열하여 나만의 패턴을 만들어 본다.				

활동과정 (소요시간)	내 용
사전활동	• 실외 놀이시간에 봄에 피는 꽃과 나뭇잎을 관찰하였다.
도입 (5분)	• 실외 놀이시간에 이루어진 활동에 대해 이야기를 나눈다. – 아래의 그림 자료를 보여주면서 꽃의 색깔, 이름, 꽃잎의 개수, 향기, 모양 등 봄의 꽃에 대한 이야기를 나눈다.
전개 (20분)	• 봄의 꽃 사진을 가지고 할 수 있는 수학활동에 대해 이야기를 나눈다. 〈봄의 꽃〉  – 분류활동(색깔/ 줄기 혹은 나무에서 피는 꽃/ 꽃이름의 음절 수) – 패턴 만들기 활동 – 좋아하는 꽃 그래프 활동 • 준비한 활동판을 제시하며 오늘 할 활동(규칙성 만들기)에 대해 이야기를 나눈다. – 활동판에 붙여진 꽃 그림을 보면서 규칙을 찾아본다(예 A–B–B–A–B–B... A–B–C–A–B–C...). • 교사와 유아가 함께 다양한 패턴 만들기 활동을 한다. – 활동판의 그림을 보면서 패턴을 이어서 만들어 본다. – 활동판의 그림을 보면서 패턴 끼워넣기 활동을 해본다. – 활동판의 그림을 보면서 패턴의 규칙을 다른 방법으로 바꾸어 본다. • 유아가 직접 패턴을 만들어 본다. • 자신이 만든 패턴 규칙을 친구들에게 소개해 본다.
마무리 (3분)	• 오늘의 활동에 대해 이야기를 나눈다. – 가장 재미있게 만든 규칙, 가장 어려웠던 규칙에 대해 이야기나눈다.
활동평가 유아	봄의 꽃 사진을 보고 스스로 규칙성을 만들었는가?

7장 자료 분석

자료 분석은 일상생활 속에서 발생하는 문제를 해결하기 위해 필요한 자료를 수집하여 분류하고 결과로 나타내어 해석하는 수학활동이다. 영유아는 지식 · 정보화 사회에서 자신에게 필요한 정보를 수집하여 범주화하고, 그래프 형태로 나타내어 결과를 해석하는 능력이 필요하다(NCTM, 1991). 일상생활에서 자신에게 필요한 자료를 조직하고 기술하며, 해석하는 것뿐만 아니라 자료에 기초하여 현상을 예측하는 능력은 현대사회에서 필수적으로 요구된다.

유아는 자료를 수집하여 분류하고 비교하면서 이후 현상을 예측하는 과정을 통해 확률적 사고가 발달한다. 따라서 유아의 통계적인 사고능력이 발달하기 위해서는 어렸을 때부터 필요한 자료를 수집하여 조직하고 분석하는 경험이 필요하다. 정보를 조직하고 분석하는 과정에서 유아는 분류하기, 수 세기, 비교하기, 순서짓기, 상징적인 형태로 나타내기 등의 다양한 수학능력과 수학기술을 사용하게 된다.

자료 분석은 기초 통계와 관련된 부분으로 초등학교 교육과정에서는 '확률과 통계'와 연결된다. 자료 분석은 다양한 수학 내용이 포함된 통합적인 활동으로서, 이 장에서는 분류하기, 그래프 활동, 확률적 사고의 내용으로 구분하여 살펴보고자 한다.

1. 분류하기

분류하기(classification)는 사물을 공통된 속성에 따라 준거를 가지고 모으는 과정이다. 영유아들은 사물을 탐색하면서 사물들 간의 공통점과 차이점을 발견하게 된다. 분류하기 위해서는 사물이 지닌 여러 가지 속성 중에서 물체들 간의 공통성을 추론하여 그 준거를 다른 물체에도 적용할 수 있어야 한다.

공통점을 가지고 모으는 것

분류능력은 아주 어린 영아에게서도 발견된다. 영아가 나의 것과 남의 것을 변별하고 구분 짓는 행동은 분류의 초기 행동이며, 사물에 이름을 부여하는 것도 분류 유형으로 볼 수 있다. 분류하기는 사물을 유목화하는 논리적인 조작활동으로, 사물 간의 관계성을 기초로 정보를 처리할 수 있는 능력이다. 사물의 공통점과 관계성을 기초로 자료를 처리하는 분류능력은 정보화 사회에서 활용 가치가 크다.

분류 초기 행동

분류하기는 짝짓기, 단순분류, 복합분류, 유목포함 관계로 나누어 볼 수 있다. 각각의 내용을 살펴보면 다음과 같다.

1) 개 념

(1) 짝짓기

짝짓기(matching)는 분류의 기초적인 개념으로 일대일 대응의 개념과도 관계가 있다. 같은 것끼리 짝짓기는 사물의 같고 다름을 살펴보고 동일한 것을 가려내는 능력으로 관계성에 기초한 분류활동의 시작점이 된다. 영유아는 사물의 차이점보다 공통점을 먼저 인식하기 때문에 짝짓는 활동은 일찍부터

짝짓기(일대일 대응)

생활 속에서 경험할 수 있다. 처음에는 사물의 같은 것끼리 연결하기부터 시작하여 점차적으로 유사한 속성이나 같은 기능을 가진 것끼리 짝짓는 것으로 발달한다. 짝짓는 활동은 일상생활 속에서 자연스럽게 경험할 수 있으므로 다양한 기회를 제공해 주는 것이 바람직하다.

〈표 7-1〉 짝짓기 활동의 유형

유형	예
같은 것끼리 짝짓기	양말 짝짓기, 젓가락 짝짓기
유사한 것끼리 짝짓기	소-송아지, 개-강아지, 말-망아지
서로 관련 있는 것끼리 짝짓기	경찰-경찰차, 아기-우유병, 축구선수-축구공, 숟가락-젓가락

(2) 단순분류

한 가지 공통된 준거로 모으기

단순분류(simple classification)는 사물들 간의 속성 중에서 한 가지 공통된 준거를 찾아 집합을 만드는 것이다. 즉, 사물들의 공통된 속성 한 가지를 기준으로 사물을 모으는 것이다. 영유아는 일상생활 속에서 장난감을 종류별로 교구장에 정리하거나, 성별에 따라 게임의 팀을 나누거나, 쓰레기를 분리 수거해 보는 기회를 통해 단순분류를 경험한다. 영유아가 처음 사용하는 분류기준은 객관적이지 않을 수도 있다. 영유아가 모아놓은 물체를 보고 교사가 "왜 그렇게 모았니?"라고 물으면, "내가 좋아하니까요" 혹은 "어울리니까요"라는 주관적인 분류기준을 제시한다. 하지만 점차적으로 색깔, 모양, 크기 등 시각적으로 두드러지는 차이를 보이는 기준으로 분류를 하다가 나중에는 논리적이고 객관적인 준거를 사용하여 분류할 수 있다.

단순분류 경험

분류활동을 할 때 처음에는 교사가 분류 준거를 제시하고, 이에 따라 영유아가 분류해 보도록 한다. 점차적으로 영유아가 분류 준거를 설정하여 분류해 보도록 하고, 다양한 분류 준거를 사용하여 재분류할 기회를 제공한다. 또한 이미 분류된 결과를 보고 어떤 준거에 의해 분류되었는지 유추해 볼 수 있도록 한다.

재활용품의 소재에 따라 단순 분류를 할 수 있다.

교구의 용도에 따라 단순분류를 할 수 있다.

(3) 복합분류

복합분류(multiple classification)는 한 번에 두 가지 이상의 공통된 준거를 찾아서 사물을 분류하는 것이다. 유아는 사물이 동시에 여러 가지 속성을 가지고 있는 것을 알게 되면서 복합분류 개념을 이해할 수 있다. 유아가 복합분류를 할 수 있기 위해서는 단순분류를 하는 동시에 한 물체가 여러 유목에 속한다는 것을 인식해야 한다.

두 가지 이상의 준거로 분류

유아의 복합분류 개념은 자연적으로 발달되지 않으므로, 교사의 체계적인 지도가 필요하다. 교사는 유아가 분류를 할 때 의도적으로 두 가지 분류 준거의 용어를 사용하여 분류해 볼 수 있도록 한다. 또한 벤다이어그램 활동을 통해 교집합이 있는 복합분류 활동을 제시하고, 점차적으로 두 가지 이상의 속성을 적용하여 독립된 집합을 만들어 보도록 한다. 예를 들면, 다양한 단추를 제시하여 색깔과 모양의 기준에 따라 혹은 크기와 구멍의 수에 따라 복합분류해 볼 수 있도록 한다.

교사의 체계적 지도 필요

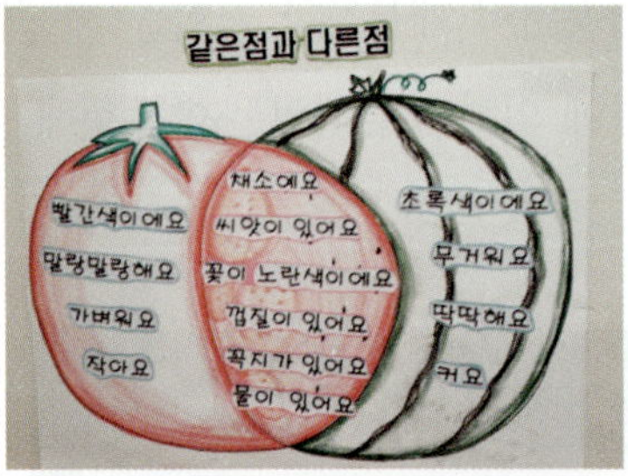

토마토와 수박의 공통점과 차이점을 살펴보고 벤다이어그램 활동을 통해 복합분류를 경험할 수 있다.

지붕의 색깔과 집의 본체인 2가지 조건을 고려한 매트릭스 교구를 통해 복합분류를 경험할 수 있다.
출처 : https://selfmade.tistory.com/139

(4) 유목포함

사물들 간의 위계적 관계

유목포함(class－inclusion relation) 관계는 사물들 간의 위계적인 관계를 말한다. 유목포함은 집합 간의 관계로서, 전체와 부분 간의 관련성의 개념이다. 전체집합은 여러 개의 부분집합으로 구성되며, 부분집합은 다시 하위집합을 포함한다. 따라서 유목포함은 기본개념, 하위개념, 상위개념으로 구분지어 설명할 수 있다. 예를 들어, 기본개념이 로봇이라면 하위개념은 헬로카봇, 터닝메카드, 로보카 폴리이고, 상위개념은 장난감으로 범주화할 수 있다.

보충유목

유아가 유목포함 관계를 이해하기 위해서는 높은 인지적 수준이 필요하다. 따라서 교사는 유아가 유목포함 관계를 이해할 수 있도록 일과 속에서 전체와 부분 간의 관계를 인식할 수 있는 활동을 제공한다. 또한 상위개념에는 포함되지만 기본개념이 아닌 다른 집합을 설명할 때 "~이 아닌"의 용어를 사용하여 보충유목 개념을 소개한다. 보충유목은 상위개념에는 포함되지만 기본개념과는 다른 독립된 집합을 의미한다. 예를 들면, 인형은 장난감에는 포함되지만, 로봇이 아닌 집합으로 범주화된다.

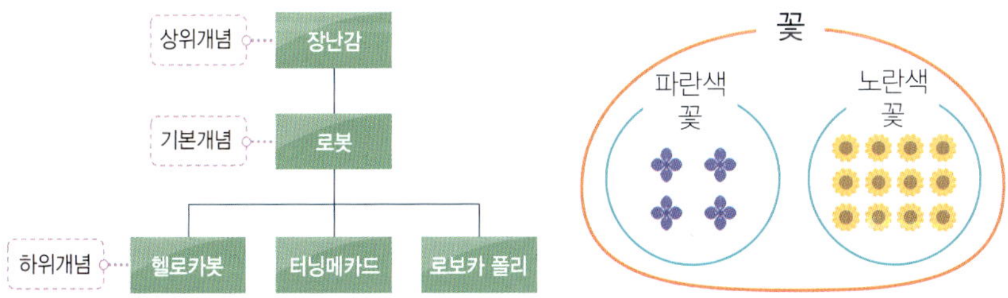

|그림 7-1| 유목포함 관계와 보충유목

2) 발달과정

영유아가 어릴 때부터 분류능력은 발달한다. 영아는 감각을 이용하여 환경을 탐색하면서 사물의 공통점과 차이점을 인식한다. 2, 3세의 유아들은 지각적으로 두드러져 보이는 사물의 공통된 속성에 대한 인식이 가능하며 비슷한 사물끼리 모아놓는다. 4~6세경에는 주로 외형적인 속성을 준거로 사물을 분류할 수 있지만, 분류의 준거가 중간에 바뀌기도 한다. 관계성이나 논리성에 의한 분류 기준은 유아들에게 어려운 개념이지만 점차적으로 분류 개념이 발달하면서 나타난다(황의명 · 조형숙 · 서동미, 2017).

찰스워스(Charlesworth, 2000)가 제시한 유아의 분류단계를 살펴보면 다음과 같다. 찰스워스의 분류발달 단계

1단계는 임의적인 분류의 단계로서, 주관적인 기준에 의해 분류한다. 2세경의 영아는 사물의 객관적인 유사성보다는 자신이 만든 기준에 의해 사물을 분류한다. 2단계는 단순분류 단계로서 한 가지 준거에 의해 사물을 모은다. 5세경의 유아는 색깔, 모양, 크기 등의 준거로 사물을 분류한다. 3단계는 복합분류의 단계이다. 7세경의 유아는 두 가지 혹은 그 이상의 공통된 준거를 가지고 사물을 분류한다. 4단계는 유목포함 관계를 이해하는 단계이

다. 9세 정도의 유아는 사물을 집합화하여 사물들 간의 위계적인 관계를 이해한다. 예를 들면, 빨간 장미와 노란 장미를 보고 색깔에 따라 두 집단으로 나눌 수 있고, 두 집합은 장미라는 집합에 포함되는 것을 안다. 이와 같이 분류개념은 영유아의 연령이 높아지면서 단순분류, 복합분류, 유목포함의 순으로 발달한다.

3) 지도방법

영유아의 분류개념은 교사의 지도와 다양한 활동 경험을 통해 증진될 수 있다. 영유아의 분류능력을 향상시킬 수 있는 지도방법을 제시하면 다음과 같다.

① 유아에게 사물의 속성을 탐색할 수 있는 기회를 제공한다.

- 축구공과 야구공을 보여주고, 공의 특성을 탐색해 보기
  - "축구공과 야구공의 같은 점은 무엇일까?"
  - "축구공과 야구공의 다른 점은 무엇일까?"

② 유아의 능력에 따라 단순분류 활동을 다양한 방법으로 경험해 볼 수 있도록 한다.

- 교사가 제시한 분류 준거에 따라 분류해 보기
- 유아가 분류했을 때 다른 분류 준거를 사용하여 재분류해 보도록 하기
  - "이 방법 외에 다른 방법으로 모을 수 있을까?"
- 다른 사람이 분류한 것을 보고 분류 준거 추론하여 설명하기
  - "이것은 왜 같이 모았을까?"

③ 복합분류를 의도적으로 경험할 수 있는 기회를 제공한다.

- 벤다이어그램을 경험할 수 있는 활동 제시하기

- "콩쥐팥쥐와 신데렐라의 공통점과 차이점을 찾아보자."(콩쥐팥쥐와 신데렐라 벤다이어그램 그리기)

• 인지적인 갈등을 유발하는 분류활동 제공하기
  - 『그럼 오리너구리 자리는 어디지?』 그림책을 읽고 오리너구리가 속한 집합 만들어 보기

|그림 7-2| 벤다이어그램 작성에 적절한 그림책

④ 사물의 위계적인 관계를 경험할 수 있는 활동을 제공한다.

• 전체와 부분 간의 관계를 살펴볼 수 있는 활동 제공하기
  - "한 반에 어린이의 수가 20명이 있고, 남자는 13명 여자는 7명이 있다면, 남자가 많니? 어린이가 많니?"
  - '~이 아닌'이라는 용어를 사용하여 보충유목을 경험할 기회 제공하기

2. 그래프 활동

그래프 나타내기는 유아가 궁금해하는 문제를 해결하기 위해 자료를 수집하고, 정리하여 결과를 그래프로 나타낸 것이다. 자료의 조직과 분석은 분류 능력을 토대로 결과를 정리하고 해석하는 종합적인 수학 과정이다. 그래프 활동은 수집된 자료를 조직하고 기록하기 위한 하나의 방법으로 문제해결의 도구로 활용된다. 유아는 그래프 활동을 하면서 분류하기, 수개념, 비교하기, 순서짓기, 상징적인 형태로 표상하기, 의사소통하기 등의 수학개념과 수학과정기술을 종합적으로 경험하게 된다.

1) 그래프 유형

유아는 수집한 자료를 분류하고 조직하여 결과를 한눈에 알아보기 위한 방법으로 그래프를 그린다. 그래프 유형은 실물 그래프, 그림 그래프, 상징 그래프, 막대 그래프, 원 그래프나 꺾은선 그래프가 있다. 유아가 주로 사용하는 그래프로는 실물 그래프, 그림 그래프, 상징 그래프가 있다. 그래프의 정의와 특성에 대해서 살펴보면 다음과 같다.

(1) 실물 그래프(real object graph)

실물을 이용한 그래프

실물 그래프는 실물을 그래프 위에 직접 올려놓아 만드는 3차원 그래프이다. 예를 들면, 유아가 좋아하는 과일 그래프 만들기에서 실제 과일을 그래프에 올려놓고 만드는 것이다. 유아는 실물 그래프에서 높이와 수량을 비교하기 위해서 주로 일대일 대응과 시각적인 전략을 사용한다. 실물 그래프는 가장 기초적인 그래프의 형태로 유아에게 구체적인 경험을 제공하므로 중요하다. 그러나 실물 그래프는 실제 사물을 가져오기 어려운 경우(내가 좋아하는 교통수단)와 영구적인 보존의 문제(좋아하는 음식) 때문에 그래프 작성에 제한점이 있다.

유아가 신고 온 신발을 그래프에 올려놓고 실물 그래프를 만들 수 있다.

(2) 그림 그래프(picture graph)

사진과 그림을 이용하여 만든 그래프

그림 그래프는 실물 대신에 실물에 해당하는 그림이나 사진을 이용하여 만드는 2차원 그래프이다. 실물 그래프와 상징 그래프의 중간적 성격을 가지고 있으며, 주로 실물 그래프를 만들기 어려울 때 활용한다. 예를 들면, 내가 좋아하는 애완동물 그래프 활동 시 실물에 대신할 동물 그림을 가지고 그래프를 만드는 것이다. 그림 그래프 작성 시 그래프에 사용될 사진이나 그림의 크기는 동일한 크기로 제작하거나, 그래프의 칸은 동일한 간격으로 나누어져야 한다. 만일 실제 사물의 크기에 비례하여 강아지 그림은 크게, 열대어는 작게 그려진 그림을 사용하여 그림 그래프를 만들었을 때, 강아지의 4개 줄이 물고기의 7개 줄보다 길게 늘어져 있으면 강아지를 선택한 아이가 많다고 해석할 수도 있기 때문이다.

그래프의 칸은 동일 간격으로 구분

(3) 상징 그래프(symbolic graph)

상징적 매체 활용

상징 그래프는 상징적인 방법을 이용하여 그래프를 만드는 것이다. 상징적인 매체에는 기호(○, ×) 또는 세기표(𝍸, 正) 또는 사물과 전혀 관련 없는 다른 블록이나 바둑알을 사용한다.

유아가 신고 온 신발을 조사하여 상징 그래프로 만들어 본다.

(4) 막대 그래프

막대 그래프

막대 그래프는 칸이 나누어진 종이에 해당하는 수만큼 색깔을 칠하여 만드는 그래프의 유형이다. 이때 눈금은 하나의 물체나 한 유아가 선택한 수를 나타낸다. 막대 그래프는 각각의 칸을 세는 것이 아니라 각 항목의 높이로 측정하기 때문에 추상적인 형태의 그래프이다.

(5) 높은 수준의 그래프

원 그래프, 꺾은선 그래프

높은 수준의 그래프는 원 그래프와 꺾은선 그래프를 사용한 것이다. 원 그래프는 전체에 대한 각 부분의 비율을 부채꼴 모양으로 나타낸 그래프로서, 다른 그래프에 비해 비율을 파악하는 데 유용하다. 꺾은선 그래프는 X축과

Y축이 만나는 지점에 점을 표시한 후 점들을 선분으로 이어 그린 그래프이다(정정희 · 백경미 · 최효정 · 정민영 · 홍희주 · 정효진, 2016). 일명 선 그래프라고 불리며, 막대 그래프의 끝을 선으로 연결한 그래프로서 월별 평균 기온의 변화나 강우량의 변화를 나타낼 때 유용하게 사용된다.

2) 발달과정

유아의 그래프 발달과정은 실물 그래프, 그림 그래프, 상징 그래프, 막대 그래프, 높은 수준의 그래프 단계를 거친다. 유아기에는 실물 그래프, 그림 그래프, 상징 그래프 단계의 활동까지 가능하다(Charleseworth & Lind, 2003).

찰스워스의 그래프 발달 단계

찰스워스(Charleseworth, 2000)가 제시한 유아의 그래프 발달과정을 살펴보면 다음과 같다. 1단계는 실물 두 가지를 비교하는 단계이다. 이 단계에서는 실물을 이용하여 그래프를 만들며 일대일 대응과 높이나 길이를 시각적으로 비교한다. 처음부터 그래프의 항목이 많으면 비교하기 어렵기 때문에 두 가지의 항목으로 시작하는 것이 좋다. 2단계는 그림을 이용하여 2개 이상의 항목을 비교하는 단계이다. 기록을 영구적으로 남기기 위해 그림이나 사진을 이용하여 그래프를 만든다. 3단계는 상징물을 이용하여 비교하는 단계이다. 기호나 색종이 조각, 그래프의 항목과 관련성이 전혀 없는 표시 등을 이용하여 그래프를 만든다. 4단계는 눈금이 그려진 종이를 사용하는 단계이다. 이 단계에서는 눈금이 그려진 종이의 칸에 색칠을 하여 그래프를 만든다. 5단계는 꺾은선 그래프를 사용하는 단계로 X축과 Y축이 만나는 지점을 표시한 후 이전의 점과 점을 선으로 연결하여 그래프를 만든다.

3) 지도방법

그래프를 작성하려면 다수의 아이들 혹은 학급 전체 유아들이 참여해야 한다. 그래프 활동에 참여할 수 있는 지도방법을 제시하면 다음과 같다.

① 자신에게 필요한 정보를 수집하고 분류할 수 있는 기회를 제공한다.

- 필요한 자료를 수집할 수 있는 방법에 대해 이야기나누기
- 다양한 자료 수집 방법(의견 조사하기, 책 찾아보기, 관찰하기, 실험하기) 알아보기
- 분류기준을 세워서 다양하게 분류해 보기

② 영유아의 흥미와 발달 수준에 적절한 주제를 선정하여 그래프 활동을 제시한다.

- '여름'의 생활주제에서 '내가 좋아하는 토마토 음식' 그래프 만들기

유아들이 먹어본 토마토 음식 중에서 가장 맛있었던 토마토 음식을 조사하여 그림 그래프로 만들었다.

- 우리 반 친구들의 월별 생일 그래프 만들기

③ 유아의 그래프 경험과 발달 단계에 따라 다양한 그래프 활동을 제공한다.

- 실물 그래프, 그림 그래프, 상징 그래프 만들기

④ 그래프의 결과를 분석하고 해석할 수 있는 기회를 제공한다.

- 그래프의 결과를 해석하고 비교할 수 있도록 적절한 발문 제공하기
  - "이 그래프에서 알 수 있는 것은 무엇이니?"
  - "어떤 것을 가장 많이 선택했을까?", "어떤 것이 가장 적을까?"
  - "~은 ~보다 몇 개가 적니? 혹은 몇 개가 많니?"

3. 확률적 사고

유아는 일상생활의 다양한 비형식적 경험을 통해 확률에 대한 기초 개념을 형성한다. 유아는 날씨가 흐릴 때 '오늘은 비가 올 것 같아', '○○이는 그네를 전혀 양보해 주지 않을 거야', '오늘 산타 할아버지가 반드시 오실 거야' 등의 말을 한다. 이런 경우는 유아가 상황을 파악하여 사건의 가능성을 예측한 것이다. 확률적 사고는 유아의 경험과 논리적 사고를 통해 발달하는 개념으로 상황을 분석하고 추론하는 능력과 밀접한 관련이 있다.

상황을 분석하고 추론하는 능력

확률적 사고는 정보화 사회에서 상황을 예측하고 추론하는 데 필요한 수학능력이다. 확률적 사고는 영유아에게도 필요한 수학능력으로, NCTM(2000)의 「학교수학을 위한 원리와 기준」을 보면 Pre-2학년 수학교육과정에서도 자료 분석과 확률의 영역이 포함되어 있다. 그러나 우리나라 교육과정에서는 5차 교육과정부터 그래프 활동을 중심으로 통계개념을 다루

고 있으나, 유아의 확률개념은 전혀 언급되지 않았다. 그러나 확률은 자료에 근거하여 상황을 분석하고 사건의 발생 가능성의 정도를 판단하는 능력으로 유아에게도 필요하다.

1) 확률적 사고

사건이 발생할 가능성의 정도

확률(probability)은 특정한 사건이 일어날 가능성의 정도를 수치로 나타낸 것이다. 확률적 사고는 어떤 결정을 내리기 위해 가능한 정보 내에서 각 경우가 일어날 가능성의 정도를 판단하는 것이다. 확률적인 사고는 자신의 경험과 타당한 자료에 근거해서 불확실한 현상에 대해 예측하고 추론하는 귀납적 사고이다. 확률적 사고를 나타내는 네 가지 구성요소를 제시하면 다음과 같다(김미숙 · 이정욱, 2011; Jones, Langrall, Thorbnton & Mogil, 1997).

(1) 표본 공간

발생할 수 있는 사건의 경우

표본 공간(sample space)은 1차원 또는 2차원의 확률 실험에서 발생하는 모든 경우를 인식하는 것을 의미한다. 어떤 상황에서도 발생할 수 있는 사건의 경우를 아는 것이다. 1차원의 확률 상황은 '가위바위보 게임'에서 상대방이 낼 수 있는 결과를 예측할 수 있는 것이다. 2차원의 확률 상황은 두 사물의 조합 간의 관계에서 발견할 수 있는 결과를 예측하는 것이다. 예를 들면, 딸기맛과 바닐라맛의 아이스크림을 컵과 콘에 담을 수 있다면, 다양한 방법(딸기 콘/ 딸기 컵/ 바닐라 콘/ 바닐라 컵)으로 먹을 수 있는 아이스크림을 찾을 수 있는 것이다.

상의 3종류와 바지 2종류를 가지고 인형에게 입힐 수 있는 상의 · 바지 조합의 경우의 수를 알아본다.

(2) 사건의 확률

사건의 확률

사건의 확률(probability of an event)은 어떠한 사건이 일어날 수 있는 가능성의 정도를 인식하는 것을 의미한다. 일련의 사건 중에서 발생 가능성을 양적으로 예측할 수 있는 것이다. 발생빈도가 다른 4개의 활동을 보고 사건의 가능성 정도에 따라 가장 많이 일어나는 사건에서 가장 적게 일어나는 사건으로 나열해 보는 활동이 포함된다. 예를 들면, 유아가 경험했던 활동 중에서 생일잔치, 견학, 점심시간, 산타행사를 선택하여 사건의 가능성 정도에 따라 활동을 순서지어 보도록 한다. 교사는 유아가 사건에 대한 확률을 경험할 때에 발생 가능성 정도를 표현하는 용어(항상, 자주, 빈번히, 어쩌다, 가끔, 거의)를 자주 사용하여 들려주는 것이 좋다. 사건의 확률개념은 조건부 확률과 더불어 확률적 사고에서도 보다 늦게 나타난다(Jones, Langrall, Thornton & Mogill, 1997).

(3) 확률 비교

표본 공간의 확률 비교

확률 비교(probability comparisons)는 2개 혹은 3개의 다른 표본 공간을 가진 사건들의 발생 확률을 양적으로 비교하는 것이다. 두 확률적 상황이 목표한 사건에 공정한 기회를 제공했는지를 예측하는 것이다. 예를 들면, 육면체 주사위의 3개면에는 1을 쓰고, 2개면에는 2를, 1개면에는 3을 썼을 때 주사위를 굴리면 숫자 1이 나올 수 있는 확률이 가장 높은 것을 아는 것이다. 즉, 확률적으로 1이 가장 많이 나오고, 2, 3의 순서로 확률이 적어지는 것을 예측할 수 있는 것이다. 또한 색깔 회전판 게임에서 회전판의 면적이 노란색은 2/3, 빨간색은 1/3이 색칠되어 있을 때 어느 색깔을 선택하는 것이 유리한지 확률적인 상황을 비교하여 선택하는 것이다. 확률의 비교는 확률적 상황이 공평한지/ 불공평한지를 구별하고, 발생할 확률의 비율은 상이하며, 확률의 발생 가능성을 양적으로 비교하는 것이다.

출처 : https://blog.naver.com/samchun-cheon/221016838219

돌림판을 돌려서 초록, 노랑, 파랑, 빨강의 색깔 곰이 나올 확률은 동일하다.

돌림판을 돌려서 곰의 몸 부분이 나올 확률은 동일하다.

(4) 조건부 확률

다른 사건의 발생에 의해 확률 영향

조건부 확률(conditional probability)은 사건의 확률이 다른 사건의 발생에 의해 변화될 수 있다는 것이다. 조건부 확률은 조건이 제시된 비 복원 상황과 복원 상황에서 발생할 수 있는 확률의 가능성을 파악하는 것이 포함된다. 비복원(non-restoration) 상황은 한 번의 확률 실험 후에 나머지의 조건을 가지고 확률에 대한 결과를 예측하는 것이다. 예를 들면, 상자에 빨간색, 파란색, 노란색, 초록색의 공을 넣고 한 개의 공을 꺼낸다. 아이가 뽑은 색깔의 공은 제외하고, 다시 공을 꺼내도록 할 때 꺼낼 수 있는 공의 색깔을 인식하는 것이다. 복원(restoration) 상황은 한 번의 확률 실험 후에 다시 원래의 상태로 만든 뒤, 확률에 대한 결과를 예측하는 것이다. 예를 들면, 비 복원 상황에서 꺼낸 색깔 공을 다시 상자에 집어넣고, 꺼낼 수 있는 색깔 공의 결과를 예측하는 것이다. 조건부 확률은 조건 변화에 따른 사건의 발생 가능성을 판단해야 하므로 유아들이 어려워한다(홍혜경, 2008).

2) 발달과정

유아가 확률적 사고를 하기 위해서는 확률에 대한 기초적인 이해가 필요하다. 유아는 일상 속에서 다양한 경험을 통해 사건의 발생 가능성을 인식하며, 필연성과 우연성의 개념을 통해 확률적 사고가 발달된다. 유아는 처음에는 확률에 대해 주관적인 관점에서 판단한다. 불확실한 상황을 개인적 평가를 통해 잠정적 확률로 시작하여, 상황을 여러 번 관찰하고, 관련된 경험이 누적되면서 점차 정확한 확률적 추정을 하게 된다(박태학 · 김화라, 2004).

피아제와 인헬더의 확률적 사고발달 단계

유아의 확률적 사고발달을 최초로 다룬 연구는 피아제와 인헬더(Piaget & Inhelder, 1975)이다. 피아제와 인헬더는 아동의 확률적 사고발달 과정을 3단계로 제시하였다. 1단계는 7세 이하의 유아들로 필연적인 사건과 우연적인 사건을 구별할 수 없으며, 불확실성에 대한 개념이 전혀 없다. 2단계는 7~14세 아동들로 필연적 사건과 우연적 사건을 구별할 수 있으나, 가능성을 목록화하는 체계적인 접근이 어렵다. 3단계는 14세 이상의 아동들로 조합적 분석과 빈도의 한계로서 확률을 이해한다. 비율개념의 이해가 확률개념에 결정적 영향을 준다.

존스(Jones)과 그의 동료들은 확률적 사고의 구성요소를 표본공간, 사건의 확률, 확률 비교, 조건부 확률로 구분하고, 각 구성요소에 따라 4수준의 발달 단계를 제시하였다(Jones, Langrall, Thornton & Mogil, 1997). 1수준은 주관적 수준, 2수준은 전환적 수준, 3수준은 비형식적인 양적 수준, 4수준은 수치적 수준으로 단계를 구분할 수 있다. 구성요소에 따라 확률적 사고발달의 수준은 다르며, 전조작기 유아들은 대부분 1, 2수준에 머물러 있다(임미성, 2017).

3) 지도방법

유아에게 확률개념은 다른 수학개념보다 어려울 수 있다. 그러나 교사의 적절한 지도와 교육 경험을 통해서 유아의 확률적 사고능력을 향상시킬 수 있다. 유아의 확률적 사고능력을 발달시키기 위한 지도방법을 제시하면 다음과 같다.

① 교사는 유아에게 확률과 관련된 어휘나 단어를 자주 들려준다.

- "전혀, 항상", "~가 일어날 것 같다", "가능성이 전혀 없다"의 용어 들려주기(예 여름에는 전혀 눈이 내리지 않는다. 산타할아버지는 항상 크리스마스 이브에 오신다. 비 올 가능성이 많구나)

② 일상생활 속에서 확률을 경험할 수 있는 활동과 기회를 제공한다.

- 판게임에서 주사위 던지기 : 주사위를 던져서 1이 나올 확률 알아보기
- 게임에서 회전판 돌리면서 나올 확률 알아보기
- 가능성의 띠 놀이

가능성의 띠 놀이

사건의 발생 가능성 정도(가능 ── 불가능)에 따라 사건 카드를 부착해 보는 놀이. 전혀 일어나지 않는 사건(가능성이 0인 사건)에서부터 반드시 일어나는 사건(확률이 1인 사건)을 언어나 그림으로 제공하고, 사건의 발생 가능성을 확률적으로 추론해 보는 놀이이다.

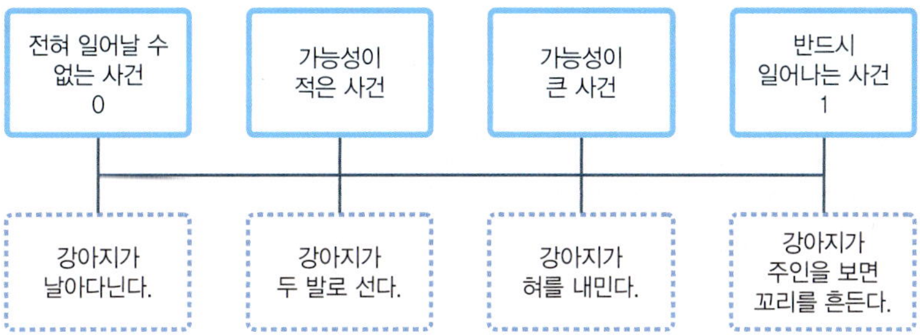

다음 〈표 7-2〉는 '우리반 친구들이 좋아하는 과일 그래프 만들기' 활동계획안이다. 사전활동으로 여름철 과일을 맛보고 관찰하는 과학활동을 한 후에 여름철 과일 사진과 실제 과일을 가지고 그래프 수업을 진행한다.

〈표 7-2〉 '우리반 친구들이 좋아하는 과일 그래프 만들기' 활동계획안

<table>
<tr><td colspan="2">생활주제</td><td>여름</td><td>주제</td><td>여름철의 과일</td><td>대상</td><td>만 5세</td></tr>
<tr><td colspan="2">소주제</td><td>내가 좋아하는 과일</td><td>활동명</td><td>우리반 친구들이 좋아하는
과일 그래프</td><td>집단
형태</td><td>대집단</td></tr>
<tr><td colspan="2">교육목표</td><td colspan="5">• 여름철의 과일에 대해 조사해 본다.
• 친구들이 좋아하는 과일 그래프를 작성하여, 결과를 해석해 본다.</td></tr>
<tr><td colspan="2">활동과정
(소요시간)</td><td colspan="5">내 용</td></tr>
<tr><td colspan="2">사전활동</td><td colspan="5">• 여름철의 다양한 과일을 먹어보고, 관찰해 본다.</td></tr>
<tr><td colspan="2">도입
(5분)</td><td colspan="5">• 궁금이 상자를 이용하여 퀴즈를 내면서 여름철 과일 3~4개 정도를 소개한다.
– 과일의 색깔, 향기, 맛, 씨의 모양에 대해 이야기를 나눈다.</td></tr>
<tr><td colspan="2">전개
(20분)</td><td colspan="5">• 여름철에 볼 수 있는 과일, 먹어본 과일에 대해 이야기를 나눈다.
– 과일의 이름, 과일의 맛, 과일의 색깔, 좋아하는 과일의 이유...
• 자신이 가장 좋아하는 과일을 1개 선택하여 그림 그래프를 작성해 본다.
– 그래프 작성 시 한꺼번에 모든 유아가 참여하지 않고, 순서를 정해서 참여하도록 한다.
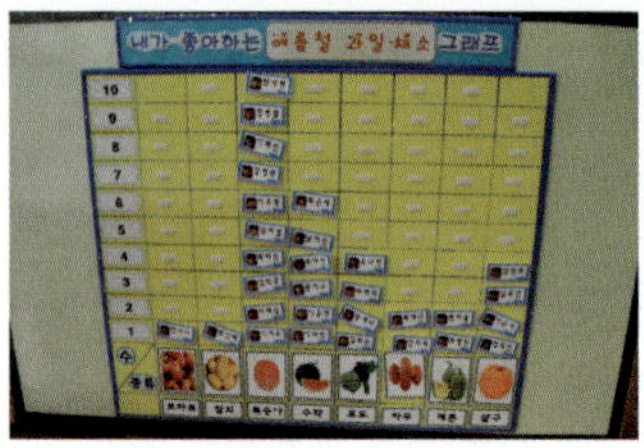
• 그래프에 나타난 결과를 보면서 우리반 친구들이 가장 좋아하는 과일에 대해 이야기나눈다.
– 어떤 과일을 가장 많이 선택했을까? 어떤 과일이 가장 적게 나왔니?
– 가장 좋아하는 과일의 순서부터 차례대로 말해볼 수 있겠니?
– 이 과일을 좋아하는 이유는 무엇이니?</td></tr>
<tr><td colspan="2">마무리
(3분)</td><td colspan="5">• 오늘의 활동에 대해 이야기를 나눈다.
– 가장 재미있었던 부분, 어렵거나 아쉬웠던 부분에 대해 이야기나눈다.</td></tr>
<tr><td>활동
평가</td><td>유아</td><td colspan="5">그래프 작성 규칙을 알고 자발적으로 참여하였는가?</td></tr>
</table>

8장 과정과 태도로서의 수학교육

과정으로서 수학교육 내용인 수학적 과정기술(mathematical process skill)은 영유아가 수학적 지식을 획득하고 이를 사용하는 방법을 의미한다. 영유아가 수학을 경험하는 과정에서 중요한 수학적 아이디어를 이해하고 수학적 능력을 확장시키는 데 필요한 기술이다. 이 장에서는 수학적 과정기술인 문제해결하기, 추론하기, 의사소통하기, 표상하기, 연계하기와 태도를 나타내는 호기심, 주의집중, 개방성, 적극성, 지속성에 대해 살펴보고자 한다.

1. 과 정

1) 문제해결하기

문제해결하기의 정의

문제해결하기(problem solving)는 실제 생활이나 문제 상황에서 요구하는 문제의 답을 찾아가는 과정이다. 영유아는 하루 일과 동안 많은 문제 상황에 직면하며, 새롭고 낯선 상황에 직면했을 때 호기심을 가지고 그 문제를 해결하기 위해 노력하여 자신만의 결론에 도달한다. 영유아는 각자 경험한 내용과 해결의 과정에 따라 문제해결 능력을 갖게 된다. 따라서 교사는 영유아가 일상생활에서 문제의 해결을 시도해 보고 그 결과를 경험할 수 있도록 노력해야 한다. 예를 들면, 소풍갈 때 필요한 준비물을 챙길 때, 금액 내에서 친구 생일선물을 살 때, 간식을 동일하게 나누어 먹을 때 유아들끼리 문제를 파악하고 문제해결을 위한 협의 과정을 경험하게 할 수 있다.

영유아가 경험할 수 있는 문제해결하기의 내용에는 문제해결을 통한 새로운 수학지식 구성, 수학과 그 이외의 상황에서 발생하는 문제해결, 다양한 전략을 사용한 문제해결과 다른 상황에의 적용, 수학적 문제해결 과정 주시와 반성이 있다(NCTM, 2000). 영유아의 문제해결력을 키워주기 위해 교사는 유아가 선천적으로 타고난 호기심을 발휘하여 문제를 탐색하고 문제를 해결하는 것을 가치 있게 느끼도록 격려해야 한다. 이를 위해 교사는 유아의 문제해결 과정을 관찰하고 이에 적절한 상호작용을 할 수 있어야 한다.

유아교육기관에서 문제해결하기를 경험할 수 있는 대표적인 수학활동으로 투표하기 활동이 있다. 투표하기는 일대일 대응 개념, 각 활동별로 몇 개의 이름표가 있는지 세어보기, 활동별 이름표의 높이 비교하기 등 유아의 자발적인 수학활동이 이루어질 수 있는 기회가 된다.

문제해결하기 지도

문제해결하기를 지도하기 위한 교사의 역할은 다음과 같다(이경민 · 이혜경 · 이은영, 2015; 양송이, 2019).

첫째, 영유아들이 문제해결하기 상황에서 나타내는 특징을 이해하고, 적극적으로 문제해결에 참여해 갈 수 있도록 지속적으로 안내한다.

둘째, 영유아가 문제해결하기에 참여하도록 의미 있고 다양한 수학적 문제 상황을 제공한다.

셋째, 유아교육현장에서 수학적 문제 상황이 발생할 때 교사가 해결해 주기보다는 영유아들이 스스로 해결해 볼 수 있도록 기회를 주고, 충분한 시간을 준다.

넷째, 영유아는 일상생활 속에서 다양한 문제를 경험하게 되므로 교사는 영유아가 문제해결에 도전하고 흥미롭게 참여할 수 있도록 풍부한 환경을 제공한다.

다섯째, 문제해결하기를 지도하기 위해 교사는 문제해결 과정에 포함된 수학적 내용 지식이 무엇인지를 인식할 수 있어야 하며, 다양한 맥락에서 수학적 문제해결이 가능하도록 이끌어 내는 능력을 지녀야 한다.

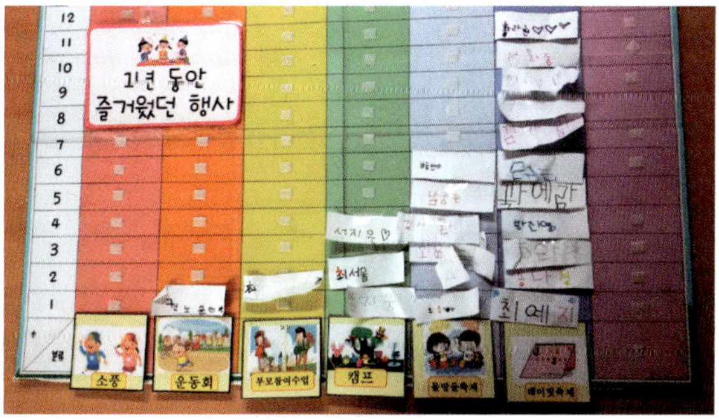

투표하기 활동은 유아교육기관에서 문제해결하기를 경험할 수 있는 대표적인 수학활동이다.

2) 추론하기

추론하기의 정의

추론하기(reasoning)는 영유아가 생활 속에서 수학적 사고를 이해하고 설명하기 위해서 다양한 상황 간에 관계와 규칙을 파악하여 수학적 문제 상황에 대해 논리적 결론을 내리는 것이다. 영유아들도 사물 간의 유사성과 차이점을 비교할 수 있으며, 사건이 연속적으로 발생하는 것을 관찰함으로써 사건, 사물, 자연현상 간의 관계를 인식할 수 있다. 예를 들면, 영아들도 쓰레기통에 분류된 쓰레기를 보고 그 준거를 추측하여 분리수거를 할 수 있으며, 점심시간이 되면 손을 씻어야 하고 점심을 먹은 뒤에는 양치를 해야 한다는 것을 안다. 이렇듯 영유아가 사물이나 물리적 현상에 대해 논리적으로 사고한 결과가 추론하기인 것이다.

NCTM(2000)은 추론하기 내용으로 추론하기를 포함하는 것, 수학적으로 추론하고 탐구하는 것, 수학적으로 토론하고 평가하는 것, 다양한 추론을 선택하고 활용하는 것을 제안하였다. 예를 들어, 감사할 분들에게 줄 선물을 10개 포장할 때 포장지가 얼마나 필요할지, 그 포장지를 어떻게 잘라야 할지 등에 대해 예상해 볼 수 있다. 각자 포장할 때 포장지가 최소 얼마나 필요할지에 대해 생각한 의견이 다양할 수 있고, 왜 자신이 그렇게 생각하는지 포장지의 재질, 포장하는 방법, 테이프를 붙이는 위치 등의 근거에 따라 논리적으로 말할 수 있다. 가장 효율적으로 포장할 수 있는 방법대로 포장지를 잘라보고, 포장을 해보면서 추론과정을 경험할 수 있다.

추론하기는 수학적 내용 지식을 구성하고 수학적 힘을 형성하기 위해 매우 중요한 수학적 과정기술이다. 영유아의 추론하기 능력을 키워주기 위해서 교사는 일상생활에서 경험하는 구체적인 사례들의 관계를 파악하여, 일반화하고, 이를 근거로 추론해 보는 경험을 제공해야 한다(Carpenter & Levi, 1999).

추론하기 지도

추론하기를 지도하기 위한 교사의 역할은 다음과 같다(이정욱 · 유연화, 2007; 양송이, 2019).

첫째, 영유아가 사물이나 물리적 현상의 유사성과 차이점을 비교하고, 관계와 규칙을 발견하는 습관을 갖도록 한다.

둘째, 교사는 '만약에~ 한다면', '왜냐하면', '아마도', '절대로'와 같이 추론적인 사고와 관련된 어휘를 사용하는 모델링을 해주고, 유아들이 추론하기 어휘를 사용하여 자신의 사고를 표현하며 추론하도록 격려한다.

셋째, 영유아들의 생각과 표현을 경청해 주고, 더 논리적으로 추론하도록 격려한다. 예를 들면, 집에서 마트까지 갈 때 어느 길로 가는 것이 가장 빠를지 예측할 수 있는데, 이때 왜 그렇게 생각하는지의 이유를 좀 더 논리적인 근거를 이용하여 설명하게 하고 그 결과를 함께 확인해 볼 수 있다.

넷째, 교사는 영유아에게 '왜 그렇게 생각하니?', '만약 ~한다면 어떤 일이 생길 것 같니?'와 같이 자신의 생각에 대해 다시 질문함으로써 추론하기 상황을 유도한다.

서원 : (벽돌블록을 병렬로 붙여 나열하고 있다)
영섭 : (서원이의 벽돌블록을 지켜본다) 나는 도미노 할 거야~ 노미노~~
(벽돌블록을 병렬로 붙여 나열한다) 이렇게~ 이렇게~

유아들은 벽돌블록을 병렬로 붙여 계속 나열한다.

영섭 : 도미노 완성~~ 얘들아 나 이거 봐라~~ 이제 한다~~ (병렬로 붙여 나열한 벽돌블록을 손으로 밀자 벽돌블록이 쓰러지지 않는다) 어? 아차차 다시 해야지~ (병렬로 붙여 나열한 벽돌블록을 다시 조금씩 띄어 나열한다)
서원 : (병렬로 붙여 나열한 벽돌블록을 밀었으나, 쓰러지지 않는다. 영섭이의 벽돌블록과 자신의 벽돌블록을 차례로 쳐다본다)
영섭 : (병렬로 띄어 나열한 벽돌블록 끝을 밀자 쓰러진다) 우와~~~~~
교사 : 영섭아, 블록을 쓰러트리는 법을 어떻게 알았니?
영섭 : 엄마가 알려줬어요. 집에서 도미노 해봤거든요.
교사 : 처음에는 잘 되지 않았는데 다음에는 쓰러트렸네. 어떻게 했니?
영섭 : (벽돌블록을 가리킨다) 처음에는 여기를 붙였는데, 생각해 보니까 띄어서 해야 잘 될 것 같아서 띄어서 했어요.

영섭이는 쓰러진 벽돌블록을 다시 세우고, 서원이는 붙여 나열한 벽돌블록을 다시 띄어 나열한다. 영섭이의 벽돌블록 간격이 서원이의 벽돌블록 간격보다 넓다.

영섭 : 서원아 우리 시합하자.

서원 : 좋아 좋아.

영섭 : (매트 끝을 가리킨다) 그럼 여기까지 하는 거다.

매트 끝까지 벽돌블록을 먼저 나열한 영섭이가 서원이를 기다리고 유아들은 모두 매트 끝까지 벽돌블록을 나열했다.

교사 : 매트 끝까지 똑같이 했는데 서원이의 벽돌블록이 조금 더 많구나. 왜 그랬을까?

영섭 : 여기가 작고, 여기는 크고.

교사 : 그래~ 영섭이의 블록 간격은 넓고, 서원이의 블록 간격은 좁구나. 그럼 한번 시작해 볼까?

유아들이 나열한 벽돌블록 끝을 밀자 벽돌블록이 쓰러지기 시작했고, 서원이의 벽돌블록이 먼저 쓰러졌다.

교사 : 서원이의 벽돌블록이 많은데 먼저 모두 쓰러졌는데, 왜 그럴까?

3) 의사소통하기

의사소통하기의 정의

의사소통하기(communication)는 영유아가 수학적으로 사고한 것을 상대방에게 말과 글로 이야기하는 것으로, 일상생활과 수학적 상황에서 사용하는 언어를 수학적 언어 및 상징과 관련시키는 것이다(Althouse, 1994). 즉, 수학교육에서 의사소통이란 수학적 언어와 상징을 사용하여 지신이 이해한 수학적 지식과 문제해결의 방법을 다른 사람과 나누는 것이다.

의사소통이 잘 이루어지기 위해서는 의사전달 체계가 일치해야 하는데, 영유아가 다양한 상징과 문화적 규칙을 포함한 상징체계를 이해하기 위해서는 오랜 과정이 요구된다. 특히 상징체계는 사회 구성원 간에 맺은 약속이며 사회 구성원들에 따라 달라지므로 영유아들이 경험을 통해 익혀야 한다.

영유아가 자신이 이해한 것을 수학적 의사소통으로 표현하는 방법은 기존의 사회적 약속과 다를 수 있으나, 영유아의 표현을 존중해 주고 점차 사회적 약속의 상징을 사용할 수 있게 해주어야 한다.

영유아가 의사소통하기 과정기술을 습득하기 위해 교사는 의사소통으로 자신의 수학적 사고를 조직하기, 수학적 사고를 또래 및 교사에게 분명하게 의사소통하기, 다른 사람의 수학적 사고와 전략을 분석하고 평가하기, 그리고 수학적 아이디어를 정확하게 나타내기 위해 수학적 언어 사용하기를 다루어야 한다(이경민 · 이혜경 · 이은영, 2015; NCTM, 2000).

의사소통하기 지도

의사소통하기를 지도하기 위한 교사의 역할은 다음과 같다(권유선 · 최혜진, 2010; 황의명 · 조형숙 · 서동미, 2009).

첫째, 교사는 영유아가 이해할 수 있는 수학적 언어를 사용하여 설명하고 질문한다.

둘째, 영유아의 의사소통을 증진시키기 위해서 유아들의 이야기를 귀 기울여 듣는다.

셋째, 교사는 수학적 언어를 사용하여 모델링을 하고, 서로 의사소통하는 분위기를 조성하며 영유아의 의사소통을 격려한다.

넷째, '어떻게 그렇게 생각했는지 말해줄 수 있니?', '어떻게 만들었는지 설명해 줄래?'와 같이 영유아가 수학적 상황에 대해 자신의 생각을 말로 이야기하거나, 확산적 사고를 할 수 있는 질문을 사용한다.

다섯째, 일상생활에서 수학적인 상황을 표시하는 달력, 간판, 표지판, 잡지, 신문, 상품에 기록된 가격, 날짜, 용량, 개수 등의 수학적 상징에 관심을 가지고 이해할 수 있도록 설명해 주고, 함께 해석해 보는 기회를 제공한다.

여섯째, 영유아가 수학적 상황에 대해 이해한 길이, 무게, 용량, 방향, 약도, 날짜, 가격 등을 그림이나 숫자로 기록하거나 말로 설명하도록 한다.

일곱째, 영유아 혼자 수학적 과제를 해결하게 하기보다는 소그룹 활동으로 문제를 해결할 수 있는 기회를 제공하여 각 그룹에서 해결한 방법에 대해 이야기해 보도록 한다.

> 교사 : (칠교조각을 보여주면서) 친구들처럼 여기에는 여러 가지 모양 친구들이 있는데 무슨 모양이 있는지 알아볼까요?
> 아이들 : 세모가 있어요 선생님! 침대 모양이 있어요. 선생님! 산 모양이 있어요.
> 교사 : 와! 정말 뾰족한 세모 산 모양, 정말 침대처럼 긴 네모도 있네요?
> 율이 : 선생님! 긴 네모 돌돌 말면 꼬마김밥이에요.
> 교사 : 정말 그러네? 그럼 같은 네모를 찾아볼까요?
> 지헌 : 네, 여기 있어요. 하나는 길고 하나는 작아요.
> 교사 : 그래요. 여기 보면 크기는 달라도 비슷한 모양 친구들이 있네요.

4) 표상하기

표상하기의 정의

표상하기(representation)는 영유아가 이해하고 있는 사물이나 사건에 관한 수학적 개념이나 사고를 말, 언어, 동작, 그림과 숫자 등의 다양한 매개물을 활용하여 표현하는 것이다. 이 수학적 과정기술은 수학적 사고나 그 사고과정을 다른 사람과 의사소통할 때 매우 유용하다. 영유아는 친구에게 생일카드를 만들기 위해 친구 얼굴과 하트를 그림으로 그리거나 자신이 만든 블록을 만지지 말라고 금지 표지로 표현하기도 한다. 마트 견학을 다녀온 후 물건의 종류와 크기를 그리고, 물건의 코너를 표시하는 상징이나 그림을 표상하기도 한다.

수학적 아이디어를 표상하기 위해서 그림, 구체물, 말하기, 관련된 상황, 상징의 다섯 가지 방법을 사용할 수 있는데, 이러한 표상방법 간에 상호 연계하는 것이 중요하다(Clement, 2004; Lesh, Post & Behr, 1987). 그림은 수학적 아이디어에 대해 유아가 직접 그림을 그린 것이나, 책이나 인쇄물에 그려진 그림을 의미한다. 구체물은 유아가 문제를 해결하기 위해 쌓거나 옮기거나 만질 수 있는 큐브나 블록 등이 있다. 말하기는 유아가 자신의 답을 말하는 것과 자신이 추론한 것을 말로 표현하는 것이고, 관련된 상황은 일상생활에서 유아들에게 의미 있는 상황으로 연계하는 것이다. 예를 들면, 과일을 6조각으로 나눈 후 1조각을 먹으면서 "주아가 6개의 사과 중 1개를 먹었네"와 같이 분수개념을 소개할 수 있다. 상징은 +, −, =와 같은 수학적 상징기호를 제시하는 것이다. "3개 쿠키가 있었는데 친구가 1개를 주어서 4개가 되었네. 이것을 사람들은 3+1=4라고 쓴대…" 하고 이해하기 쉬운 상황과 연계하여 수학적 상징을 소개할 수 있다(이정욱 · 유연화, 2007).

영유아는 자신의 생각과 경험을 구체화하기 위해 표상하는 과정을 통해 수학적 사고가 확장되고, 문제해결이 더욱 용이하게 된다. 교사가 영유아의 표상하기 과정을 가치 있게 생각하고 다양한 방식으로 표상하기를 격려할 필요가 있다.

표상하기 지도

표상하기를 지원하기 위한 교사의 역할은 다음과 같다(권유선 · 최혜진, 2010; 안진경, 2007; 양송이, 2019).

첫째, 영유아가 자신만의 수학적 사고를 표상할 수 있는 상황을 제공한다.

둘째, 영유아가 이야기한 것을 적어주거나 다양한 방향에서 동일한 물건을 그리는 활동 등의 친숙한 표상방법을 소개한다.

셋째, 영유아가 자신의 생각을 표상할 때 그 형태와 의미를 잘 살펴보고 인정하며, 영유아가 시도하는 표상을 격려한다.

넷째, 교사는 영유아가 일상생활과 사회에서 사용하는 표상체계를 이해하고 활용할 수 있도록 모델링을 제공하고 격려한다.

다섯째, 영유아가 자신의 경험을 기억하고, 생각을 정리하는 방법으로 그림을 그리거나 표를 사용하는 경험을 하게 한다.

여섯째, 교사는 일상생활에서 상징물, 지도, 표와 같은 표상방법을 소개한다.

일곱째, 조사활동의 결과를 표상하기 위해 막대 그래프, 벤다이어그램과 같은 다양한 표상방법을 활용한다.

시장놀이를 위해 교실을 여러 가게로 나누어 보는 경험은 공간을 표상하며 공간적 방향성을 경험하는 기회가 된다.

5) 연계하기

연계하기의 정의

연계하기(connecting)는 수학적 사고 경험들을 연계하고, 체계적인 수학적 지식과 경험을 연결하는 과정이다. 영유아가 경험을 통해 배운 비형식적인 수학 경험을 교육기관에서 학습하는 체계적인 학습내용과 연관시켜 수학능력 발달을 돕는 것이다(NAEYC & NCTM, 2002).

연계하기는 다양한 상황에서 이루어질 수 있다. 하나의 수학적 개념과 다른 수학적 개념을 연결할 수 있으며, 수학적 지식과 다른 교과의 지식을 연계할 수 있다. 예를 들어, 책상을 나무막대기로 측정할 때 몇 개의 막대기가 필요한지 적어보는 것은 측정과 수라는 수학적 개념 간의 연계이다. 유아들이 사는 동네를 조사한 후 같은 동네에 사는 친구가 몇 명인지, 제일 많은 친구가 사는 동네는 어디인지를 분석하는 것은 사회와 수학이라는 서로 다른 교과를 연계한 것이다.

또한 영유아가 새로운 수학적 사고를 경험할 때 이미 알고 있는 개념과 새로운 개념을 연결하는 것도 연계하기에 포함한다. 따라서 영유아가 새로운 수학적 경험을 할 때 교사는 영유아가 경험한 내용과 수학적 지식 정도에 관심을 가지고 이미 알고 있는 개념에 기초하여 새로운 수학적 지식을 경험하도록 접근해야 한다.

NCTM(2000)은 영유아기의 연계하기 내용으로 수학적 아이디어 간의 연결을 인식하고 사용하기, 수학적 아이디어들의 연결 이해하기, 실생활 맥락에서 수학을 인식하고 사용하기를 제안하였다. 교사가 영유아의 연계하기 과정기술을 돕기 위해서는 수학적 내용 지식의 체계를 이해하고 영유아의 수학적 경험에 포함된 수학석 개념 간에 연결을 격려해 주어야 한다. 교사의 역할은 다음과 같다.

연계하기 지도

'콩' 프로젝트 활동 중 콩의 이름, 특징 등을 조사하고 콩을 관찰하는 과학활동 후 확장활동으로 콩의 종류대로 분류하는 수학활동과 연계하였다.

첫째, 영유아의 경험을 수학과 연결시키는 기회를 제공한다. 영유아가 사는 아파트 동과 호수, 전화번호를 적어보고, 가족의 생일을 달력에 표시해 보는 것도 좋다.

둘째, 언어, 미술, 과학, 쌓기, 역할, 음악 등 다른 영역에서 한 활동을 수학활동과 연결시키는 기회를 제공한다. 요리활동을 할 때 요리의 순서를 소개하고, 요리에 필요한 재료의 수나 양을 알아볼 수 있다. 또한 '피터와 늑대' 음악극에 등장하는 인물을 순서대로 찾아보고, 등장인물과 인물을 표현하는 악기와 일대일 대응을 해보고 음악의 느낌과 빠르기를 동작과 시간과 연계해 볼 수 있다.

셋째, 수학교육의 내용을 다른 수학교육의 내용과 연계할 수 있도록 활동을 확장한다. 예를 들면, 유아는 제일 좋아하는 빵의 종류를 조사한 후 그래프 활동을 할 때 자료분석과 확률의 내용을 경험한다. 이때 교사는 우리 반 친구들이 가장 좋아하는 빵을 몇 명이 좋아하는지 수를 세어보고, 가장 적게 좋아하는 빵의 수와 얼마나 차이가 나는지 계산해 보는 수와 연산 활동으로 연계할 수 있다.

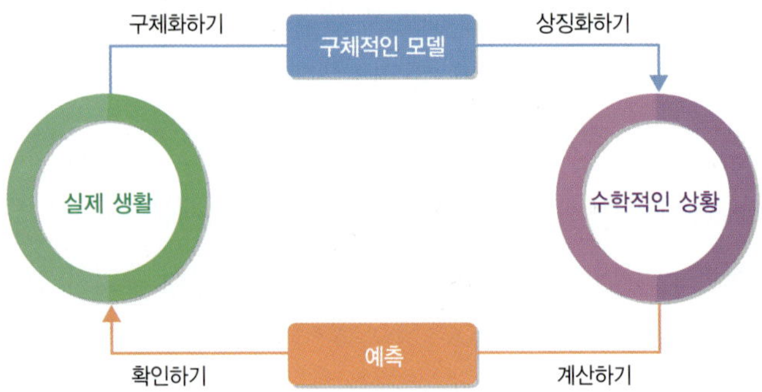

〈실제 생활과 수학적 상황 간의 관계〉

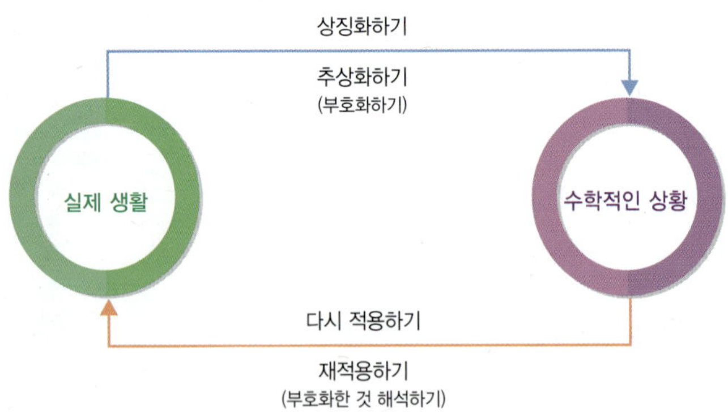

〈실제 생활과 수학적 상황 간에 확장된 관계〉

|그림 8-1| 실제 생활과 수학적 상황 간에 연계하기

출처 : Post, T.(1981). The Role of Manipulative in the Learning of Mathematical Concepts. In Selected Issues in Mathematics Education(pp. 109-131). Berkeley, CA : National Society for the Study of Education and National Council of Teachers of Mathematics. McCutchan Publishing. Corporation.

2. 태 도

1) 호기심

호기심의 정의

호기심(curiosity)은 사물이나 현상에 관심을 가지고 탐구해 보려는 태도로, 수학적 주제나 내용에 관심을 기울이는 행동이다. 영유아는 사물, 자연현상, 상황에 대해 호기심을 갖는데, 이는 상황에 대한 이해와 그에 기초한 수학적 문제해결의 출발점이 되며, 학습의 동기가 된다. 따라서 영유아 교사는 영유아가 보이는 호기심을 학습적 상황으로 이끌어 주어야 한다.

영유아는 흥미로운 사물과 상황을 관찰하거나 주의집중하고, 궁금한 것을 질문하는 등 자신의 호기심을 표현한다. 교사는 영유아가 수학적 상황에서 보이는 행동을 지속적으로 관찰하면서 수학적 탐구 상황을 민감하게 찾아야 한다.

교사의 역할

또한 영유아가 호기심을 갖는 대상이나 상황에 주의를 기울여 이를 의미 있는 학습상황으로 연계해 주어야 한다. "꽃잎을 관찰하고 있구나. 꽃잎이 모두 몇 개가 있니?", "친구가 블록으로 멋진 비행기를 만들었구나. 날개를 어떻게 만든 것 같니?"와 같은 질문을 통해 영유아가 호기심을 지속하고 수학적 사고를 경험하도록 하는 것이다. 교사가 영유아의 호기심에 민감하게 반응하고 적절히 상호작용해 줄 때 호

영아가 호기심을 가지고 반복해서 수학 교구를 탐색하고 있다.

기심의 태도가 가치 있다는 것을 느끼고, 호기심을 통해 수학에 대한 관심을 지속하는 태도를 형성하게 할 수 있다.

2) 주의집중

주의집중의 정의

주의집중(attention)은 영유아가 수학적 상황이나 활동의 과정에 주의를 기울이는 태도이다. 영유아는 대상을 자세히 관찰하고 문제에 대한 집중도를 높여, 많은 정보를 획득하고 정보를 활용하여 문제를 해결할 수 있게 된다.

영아기에는 주의집중 시간이 짧고 주의를 끄는 대상이 광범위하지만, 유아기에는 점차 주의집중해서 몰입하는 시간이 길어지고 집중하는 대상도 보다 구체화된다. 영유아는 호기심이 생기거나 의문이 드는 문제를 해결하기 위해 구체적 조작과 정신적 조작 행동을 하게 된다. 이러한 주의집중이 보다 발전되고 다양한 문제해결의 상황으로 연결되면 지속성으로 나타난다.

교사의 역할

교사는 영유아가 주의집중할 때 중단시키지 않도록 하고, 주의집중력을 길러주기 위해 구체적이고 명확한 상황을 제시해 주면 좋다. 영유아가 흥미를 보이는 수학적 상황이나 대상에 관심을 가져주고 영유아 혼자서 해결할 수 없는 경우 행동이나 단어로 문제해결을 위한 단서를 제공하도록 한다.

유아들이 블록영역에서 십자블록을 가지고 활동하고 있다.

서원 : (십자블록을 이어 바닥에 깔고 있다) 악당들이 오고 있어. 이걸 옆에 해야 해.
영섭 : 이렇게 열어 가지고? 악당들이 온다고?
서원 : 응 악당들이 오니까... 아! 여기도 막아야 해. (십자블록을 가리킨다) 나 한 개만 주라.
영섭 : 그럼 같이 하자.
서원 : 그래. 좋아.
교사 : 서원이와 영섭이가 힘을 합쳐 악당들로부터 피할 곳을 만들고 있구나.

유아들은 십자블록을 바닥에 이어 깔고는 오른쪽은 서원이가 왼쪽은 영섭이가 이어 올린다. 바구니 안에 있는 십자블록을 모두 다 사용한다.

서원 : 이제 없어.
교사 : 십자블록을 모두 사용해서 노력하고 있구나. 둘이 함께하는 모습이 정말 멋지구나.
영섭 : (유아들이 만든 십자블록을 가리킨다) 근데 여기는 짧고 여기는 커!
서원 : 그럼 내 것을 빼서 여기에 하자.
영섭 : 그래. 여기 빼?
서원 : 여기도 빼고, 여기에 넣고, 여기도...

유아들은 자유놀이 시간이 끝나 모든 유아들이 장난감 정리를 끝낸 후에도 양쪽을 번갈아 가며 쳐다본 후 높이를 맞추려 한다.

3) 개방성

개방성의 정의

개방성(openness)은 유아가 수학활동에 참여하며 또래 및 교사와의 상호작용에서 자신의 의견에 대한 다른 사람의 의견이나 비판을 듣고 수용하며, 모두 함께 의논하여 결정한 결과나 놀이의 승패를 그대로 인정하는 태도이다. 영유아는 문제를 해결하는 방법은 모두 다를 수 있음을 인정하며, 서로의 의견 교환을 통해 합리적인 방법을 제안받았을 때 이를 수용할 수 있는 태도를 가져야 한다. 즉, 개방성은 자신의 생각과 타인의 생각을 비교해 보고 다른 사람의 관점을 깨닫게 함으로써 보다 다양한 문제해결 능력을 기르는 데 도움이 된다(이경민 · 이혜경 · 이은영, 2015).

교사의 역할

교사는 영유아가 지닌 생각을 존중하고, 다른 방법으로 생각하고 다른 사람의 의견을 수용하는 태도를 갖도록 격려해야 한다. 또한 영유아가 자신의 생각만 주장하지 않고, "주한이의 생각도 멋지구나. 또 다른 방법은 없을까?"라고 질문함으로써 서로의 의견을 경청하고 합리적인 해결책을 모색하도록 해야 한다.

교사 : 우리 친구들은 칠교 모양친구들을 가지고 무엇을 만들 수 있을까요? 생각해 보고 종이 위에 올려보고 만들어 볼까요?

율이 : 루비 집 만들어 줄 거야.

지헌 : 루비는 집이 없어?

율이 : 응. 그래서 네모 방석 위에서 먹고 자.

지헌 : 겨울에 눈 오면 춥겠다.

율이 : 엄마가 옷을 입혀주니까 춥지 않아.

지헌 : 크게 만들어 줄 거야?

율이 : 아니 루비가 작으니까 작게 만들 거야.

지헌 : 율이야~ 나는 나비 만들 거야. 세모가 더 필요한데 나 좀 줘.

율이 : 그래, 내가 세모 더 잘라줄게.

4) 적극성

적극성의 정의

적극성(enthusiasm)은 수학과 관련된 활동에 적극적으로 참여하여 열심히 활동하는 태도이다(김소향, 2004). 영유아는 자신이 문제를 해결하려는 태도를 갖게 되면 자신이 직접 적극적으로 문제해결 전략을 시도하면서 해결방법을 찾을 수 있게 된다. 따라서 교사는 영유아가 자신이 처한 상황과 관련지어 문제를 해결해 보는 경험을 하도록 도와야 한다.

영유아가 집단활동을 통해 문제를 해결해야 할 때는 구성원 모두가 적극성을 발휘할 수 있도록 4~6명 정도의 소그룹으로 운영하고, 각자 문제해결 과정에서 역할을 맡을 수 있도록 도와주거나 문제해결 후 각자 활동했던 것을 발표하도록 할 수 있다.

교사의 역할

소극적인 영유아에게는 부담이 적은 역할을 주어서 친구들과 함께 협력하여 해결한 후의 만족감을 느낄 수 있게 지도한다. 활동에 적극적으로 참여하는 영유아는 격려하여 주지만, 혼자서만 주도하지 않도록 "다른 친구들은 어떻게 생각했는지 들어보자", "서로 다른 의견이 나왔구나"와 같이 각자의 의견을 제시하는 것이 중요하므로 이를 인식시켜 주어야 한다. 교사의 상호작용을 통해 영유아는 자신이 의견을 말하고 적극적으로 참여하는 것이 중요함을 느끼게 되며 점차 적극성을 발휘하게 된다.

영아가 숫자를 세면서 숟가락을 사용해 도토리를 열심히 옮기고 있다.

5) 지속성

지속성의 정의

지속성(perseverance)은 끈기성과 유사한 구성요소로 수학적 해결이 필요한 문제를 포기하지 않고 다양한 방법으로 지속적으로 해결해 보려는 태도이다. 영유아가 생활 속에서 경험하는 문제들은 쉽게 해결되지 않거나 다양한 요소를 동시에 고려해야 하는 경우가 많다. 따라서 영유아는 문제해결을 하고자 할 때 끝까지 방법을 찾아보아야 하고 관련된 여러 가지 요소를 고려할 수 있어야 한다.

교사의 역할

영유아는 친숙한 일상생활에서 경험하는 수학활동에 참여할 때 수학에 대한 흥미를 가지고 끈기 있게 지속하는 태도를 보여준다(백소영, 2005). 교사는 영유아가 문제해결 과정에서 지속성을 유지할 수 있도록 문제에 호기심과 흥미를 갖게 하고 영유아의 노력을 칭찬해 주어야 한다. 만약 영유아가 문제를 해결하려는 의지가 없거나 하나의 해결책만을 생각하고 포기해 버린다면 복잡한 문제를 해결하는 경우 힘들어하고 다양한 방법을 시도하지 못하게 되기 때문이다. 영유아가 문제를 해결하는 과정에서 문제의 초점을 잃지 않도록 단서를 제공하거나 "우리가 어떤 방법으로 해보기로 했지?", "아주 멋진 방법을 생각해 냈구나. 이렇게 하면 해결할 수 있겠는데"와 같이 격려할 필요가 있다.

한편 교사는 영유아가 활동에 참여할 때 지속적으로 관심을 가지고 자신을 지켜보고 있다는 것을 알 수 있게 해주어서 새로운 과제에 흥미를 가지고 도전할 수 있도록 도와야 한다. 활동 후에는 평가시간에 각 영유아가 문제를 해결하면서 보여준 끈기, 적극성, 열정 등을 상기시켜 주고 과제를 마치기 위해 얼마나 많은 노력과 시간을 들였는지 언급하고 긍정적으로 평가해 주는 것이 바람직하다.

유아들은 유치원 주변에 있는 작은 동산에서 여러 가지 모양과 크기의 나뭇잎을 탐색하며 주워온다.

주한 : 선생님, 이것 보세요. 나뭇잎이 빨간색이에요.
태희 : 이것 좀 보세요. 이건 강아지풀이죠? 엄청 길어요.
교사 : 그래, 강아지풀은 길이가 길어요. 길이가 짧은 나뭇잎도 있고 길이가 긴 나뭇잎도 있어요.
주아 : 내 나뭇잎은 좀 작지만 동그란 모양이에요. 귀엽지요?
교사 : 그래, 이 나뭇잎은 동그란 모양이네요. 태희가 가져온 풀보다는 길이는 짧아요.
은석 : 선생님, 그리면 제 나뭇잎이 유하 나뭇잎보다 더 길죠?
유하 : 아니야. 내 나뭇잎이 더 길어. 한번 볼래?
태연 : 이리 줘봐. 내 것이랑 네 것이랑 누가 더 기나 보자. (직접 나뭇잎을 겹쳐보며 길이를 비교해 봄)
수민 : 선생님, 누구의 나뭇잎이 가장 긴지 순서대로 놓아 봐요.
주한 : 이 나뭇잎보다 저 나뭇잎이 더 길잖아. (나뭇잎을 겹쳐보며 길이를 비교한 후) 순서를 바꿔야 해. (나뭇잎의 순서를 바꾸어 놓음)

유아들은 계속해서 자신의 나뭇잎과 친구의 나뭇잎의 길이를 비교하고, 자신의 손가락으로 길이를 재어보면서 나뭇잎을 순서대로 놓는다.

9장

국가수준 영유아 수학교육과정

우리나라 국가수준 영유아 수학교육과정은 누리과정과 표준보육과정에 제시되어 있다. 각 수학교육과정의 목표 및 주요 내용을 이해하고, 초등학교 수학교육과정과의 연계성을 파악하는 것이 영유아를 위한 수학교육 운영의 밑바탕이 된다.

표준보육과정의 수학교육 내용

1. 제4차 어린이집 표준보육과정의 수학교육

영아는 주변 사물과 자연환경을 지각하고 인식하는 수준에서 점차적으로 감각 경험을 통해 개인적 의미를 구성해 가는 탐색수준으로 이동한다. 유아는 탐구를 통해 자신의 이해를 정교화하고, 새로운 환경과 상황에 이를 적용할 수 있다.

제4차 표준보육과정의 자연탐구 영역의 내용은 탐구과정 즐기기, 생활 속에서 탐구하기, 자연과 더불어 살기로 구분된다. '탐구과정 즐기기'는 태도 및 기술과 관련되며, '생활 속에서 탐구하기'와 '자연과 더불어 살기'는 지식 구성과 관련된다. 이는 2019 개정 누리과정 자연탐구 영역의 내용과 일치하는 것이다.

1) 0~1세 자연탐구 영역의 수학적 탐구

(1) 목표

주변 환경과 자연에 관심을 가진다.

① 일상에서 탐색을 즐긴다.

② 주변 환경을 탐색한다.

③ 생명과 자연에 관심을 가진다.

(2) 내용

내용 범주	내 용
탐구과정 즐기기	• 주변 세계와 자연에 대해 호기심을 가진다. • 사물과 자연 탐색하기를 즐긴다.
생활 속에서 탐구하기	• 친숙한 물체를 감각으로 탐색한다. • 물체의 수량에 관심을 가진다. • 주변 공간과 모양을 탐색한다. • 규칙성을 경험한다.

2) 2세 자연탐구 영역의 수학적 탐구

(1) 목표

주변 환경과 자연을 탐색하는 과정을 즐긴다.

① 일상에서 탐색하는 과정을 즐긴다.

② 주변 환경에 관심을 가지고 탐색한다.

③ 생명과 자연에 관심을 가진다.

(2) 내용

내용 범주	내 용
탐구과정 즐기기	• 주변 세계와 자연에 대해 호기심을 가진다. • 사물과 자연을 반복하여 탐색하기를 즐긴다.
생활 속에서 탐구하기	• 친숙한 물체의 특성과 변화를 감각으로 탐색한다. • 물체의 수량에 관심을 가진다. • 주변 공간과 모양을 탐색한다. • 규칙성에 관심을 가진다. • 주변 사물을 같고 다름에 따라 구분한다. • 생활 도구에 관심을 가진다.

2. 2019 개정 누리과정의 수학교육

2019 개정 누리과정 자연탐구 영역은 '탐구과정 즐기기', '생활 속에서 탐구하기', 그리고 '자연과 더불어 살기'의 3개 내용 범주로 구성되어 있다. 이 중 수학교육과 관련되는 내용은 '탐구과정 즐기기'와 '생활 속에서 탐구하기'에 포함되어 있다.

2019 개정 누리과정 자연탐구 영역의 목표와 '탐구과정 즐기기' 및 '생활 속에서 탐구하기'의 내용은 다음과 같다.

1) 목 표

탐구하는 과정을 즐기고, 자연과 더불어 살아가는 태도를 가진다.

① 일상에서 호기심을 가지고 탐구하는 과정을 즐긴다.

② 생활 속의 문제를 수학적, 과학적으로 탐구한다.

③ 생명과 자연을 존중한다.

2) 내 용

내용 범주	내 용
탐구과정 즐기기	• 주변 세계와 자연에 대해 지속적으로 호기심을 가진다. • 궁금한 것을 탐구하는 과정에 즐겁게 참여한다. • 탐구과정에서 서로 다른 생각에 관심을 가진다.
생활 속에서 탐구하기	• 물체의 특성과 변화를 여러 가지 방법으로 탐색한다. • 물체를 세어 수량을 알아본다. • 물체의 위치와 방향, 모양을 알고 구별한다. • 일상에서 길이, 무게 등의 속성을 비교한다. • 주변에서 반복되는 규칙을 찾는다. • 일상에서 모은 자료를 기준에 따라 분류한다. • 도구와 기계에 대해 관심을 가진다.

생활 속에서 탐구하기

(1) 〈탐구과정 즐기기〉 내용 이해

- **주변 세계와 자연에 대해 지속적으로 호기심을 가진다.**

  유아가 물질, 물체, 동식물, 자연현상 등에 호기심을 가지고, 놀이에서 지속적으로 궁금한 것을 찾아가거나 표현하는 내용이다.

- **궁금한 것을 탐구하는 과정에 즐겁게 참여한다.**

  유아가 궁금한 것을 알아보기 위해 관찰, 비교, 분류, 예측, 실험 등의 다양한 탐구과정을 자발적으로 즐기는 내용이다.

- **탐구과정에서 서로 다른 생각에 관심을 가진다.**

  유아가 탐구하는 과정에서 자신의 생각을 또래나 교사와 함께 공유하고, 서로 다른 생각에 관심을 가지는 내용이다.

(2) 〈생활 속에서 탐구하기〉 내용 이해

- **물체의 특성과 변화를 여러 가지 방법으로 탐색한다.**

  유아가 주변에서 쉽게 발견할 수 있는 친숙한 물체나 물질의 크기, 모양, 색, 냄새, 소리, 질감과 같은 기본적 특성에 관심을 갖는 내용이다. 나아가 그 물체나 물질을 자르고 섞는 등 다양한 방법으로 변화시켜 보며, 변화되는 특성과 변화되지 않는 특성이 무엇인지 탐색해 보는 내용이다.

- **물체를 세어 수량을 알아본다.**

  유아가 일상에서 수에 관심을 가지고, 수량을 세어 많고 적음 및 수량의 변화를 알아보는 내용이다.

- **물체의 위치와 방향, 모양을 알고 구별한다.**

  유아가 자신과 물체를 기준으로 앞, 뒤, 옆, 위, 아래 등 공간 안에서 위치와 방향을 알아가는 내용이다. 유아가 주변 환경에서 네모나 세모, 둥근 기둥, 상자 모양 등을 찾고 다양한 모양에서 공통점과 차이점을 알아가는 내용이다.

- **일상에서 길이, 무게 등의 속성을 비교한다.**

  유아가 일상에서 길이나 무게 등 측정 가능한 속성을 알고, 이 속성을 기준으로 물체를 비교하여 순서 지어 보는 내용이다. 이 과정에서 유아는 자신의 신체를 비롯하여 다양한 물체를 활용하고, 다양한 비교 어휘를 사용하면서 순서를 지어보는 내용이다.

- **주변에서 반복되는 규칙을 찾는다.**

  유아가 생활 주변에서 사물이나 사건의 양상이 일정한 순서로 반복 배열되는 것에 관심을 갖고 즐기며, 반복되는 배열에 숨어 있는 질서와 규칙을 발견하여 다음에 올 것이 무엇인지를 예측하는 내용이다.

- **일상에서 모은 자료를 기준에 따라 분류한다.**

  유아가 일상생활에서 흥미와 관심에 따라 필요한 자료를 다양한 방법으로 모으고, 수집한 자료의 공통점과 차이점을 탐색하며, 이를 하나 또는 그 이상의 다양한 기준(예 모양, 크기, 색깔 등)에 따라 정리하고 조직해 보는 내용이다.

- **도구와 기계에 대해 관심을 가진다.**

  유아가 일상생활에서 사용하는 다양한 도구와 기계에 관심을 가지고 직접 사용해 보면서, 도구와 기계가 우리의 생활에 어떠한 도움을 주는지에 대해 관심을 가지는 내용이다.

3. 초등학교 수학과 교육과정

영유아를 위한 수학교육을 잘 수행하기 위해서는 초등학교 교육과정의 수학교과를 이해하여 유-초 저학년 간에 연계교육을 실시해야 한다. 연계성은 학년 사이나 학교수준 사이의 교육내용이 적절한 관련을 맺는 것으로, 교육내용의 조직에 있어 계속성과 계열성이 고려되어 편성 · 운영되어야 한다.

2019 개정 누리과정에서는 수학 관련 교육활동을 '자연탐구 영역'에서 다

루고 있으며, 「초등학교 교육과정」에서는 '수학교과'에서 다루고 있다.

초등학교 수학교사용 지도서는 교사들이 학교현장에서 수학수업을 성공적으로 할 수 있도록 하는 데 필요한 이론이나 교수-학습 실제, 참고자료 등을 제공하고 있다. 다음의 내용은 2022년 개정된 초등학교 1~2학년군 수학 교사용 지도서에 제시된 내용을 발췌 · 정리한 것이다(교육부, 2022).

초등학교 1~2학년군 수학

1) 성 격

수학과는 수학의 개념, 원리, 법칙을 이해하고 주변의 여러 가지 현상을 수학적으로 관찰하고 해석하며 논리적으로 사고하고 합리적으로 문제를 해결하는 능력과 태도를 기르는 교과이다. 수학은 오랜 역사를 통해 인류 문명 발전의 원동력이 되어 왔으며, 세계화 · 정보화가 가속화되는 미래 사회의 구성원이 지녀야 할 역량을 기르는 데 필수적이다.

초 · 중학교에서 학습한 수학은 기본적인 삶을 영위하고 일상생활을 포함한 다양한 맥락의 문제를 해결하는 데 도움이 되고, 고등학교 수학뿐만 아니라 여러 교과 학습의 토대가 된다. 수학 학습은 자연과학, 공학, 의학뿐만 아니라 사회과학, 인문학, 예술 및 체육 분야 등 다양한 분야의 직업에서 요구하는 수리 소양을 형성하는 데 기초가 되며, 나아가 미래 사회를 주도할 창의성을 갖춘 사람으로 성장할 수 있는 기반을 제공한다.

학생들은 수학 학습을 통해 수학 지식을 이해하고 수학적 사고 과정과 기능을 형성하며 수학의 가치를 인식하고 바람직한 수학적 태도를 갖추어 수학 교과 역량을 함양할 수 있다. 또한 수학을 학습하는 과정에서 협력하여 문제를 해결하고 성찰하는 경험을 통해 다른 사람에 대한 포용성을 갖춘 민주 시민이자 인간과 환경의 공존 및 지속가능한 발전을 추구하는 세계 공동체의 일원으로 성장할 수 있다.

2) 목 표

수학의 개념, 원리, 법칙을 이해하고 수학의 가치를 인식하며 바람직한 수학적 태도를 길러 수학적으로 추론하고 의사소통하며 다양한 현상과 연결하여 정보를 처리하고 문제를 창의적으로 해결하는 수학 교과 역량을 함양한다.

① 수학적 지식을 이해하고 활용하여 적극적이고 자신감 있게 여러 가지 문제를 해결한다.

② 수학적 사실에 대해 흥미와 관심을 갖고 추측과 정당화를 통해 추론한다.

③ 수학적 사고와 전략에 대해 의사소통하고 수학적 표현의 편리함을 인식한다.

④ 수학의 개념, 원리, 법칙 간의 관련성을 탐구하고 실생활이나 타 교과에 수학을 적용하여 수학의 유용성을 인식한다.

⑤ 목적에 맞게 교구나 공학 도구를 활용하며 자료를 수집하고 처리하여 정보에 근거한 합리적 의사 결정을 한다.

3) 내용체계와 성취기준

(1) 내용체계

① 수와 연산

범주 \ 구분	내용 요소		
	초등학교		
	1~2학년	3~4학년	5~6학년
지식 · 이해	• 네 자리 이하의 수 • 두 자리 수 범위의 덧셈과 뺄셈 • 한 자리 수의 곱셈	• 다섯 자리 이상의 수 • 분수 • 소수 • 세 자리 수의 덧셈과 뺄셈 • 자연수의 곱셈과 나눗셈 • 분모가 같은 분수의 덧셈과 뺄셈 • 소수의 덧셈과 뺄셈	• 약수와 배수 • 수의 범위와 올림, 버림, 반올림 • 자연수의 혼합 계산 • 분모가 다른 분수의 덧셈과 뺄셈 • 분수의 곱셈과 나눗셈 • 소수의 곱셈과 나눗셈
과정 · 기능	• 자연수, 분수, 소수 등 수 관련 개념과 원리를 탐구하기 • 수를 세고 읽고 쓰기 • 자연수, 분수, 소수의 크기를 비교하고 그 방법을 설명하기 • 사칙계산의 의미와 계산 원리를 탐구하고 계산하기 • 수 감각과 연산 감각 기르기 • 연산 사이의 관계, 분수와 소수의 관계를 탐구하기 • 수의 범위와 올림, 버림, 반올림한 어림값을 실생활과 연결하기 • 자연수, 분수, 소수, 사칙계산을 실생활 및 타 교과와 연결하여 문제해결하기		
가치 · 태도	• 자연수, 분수, 소수의 필요성 인식 • 사칙계산, 어림의 유용성 인식 • 분수 표현의 편리함 인식 • 수와 연산 관련 문제해결에서 비판적으로 사고하는 태도		

② 변화와 관계

구분 범주	내용 요소		
	초등학교		
	1~2학년	3~4학년	5~6학년
지식 · 이해	• 규칙	• 규칙 • 동치 관계	• 대응 관계 • 비와 비율 • 비례식과 비례배분
과정 · 기능	• 물체, 무늬, 수, 계산식의 배열에서 규칙을 탐구하기 • 규칙을 찾아 여러 가지 방법으로 표현하기 • 두 양의 관계를 탐구하고, 등호를 사용하여 나타내기 • 대응 관계를 탐구하고, □, △ 등을 사용하여 식으로 나타내고 설명하기 • 두 양의 관계를 비나 비율로 나타내기 • 비율을 분수, 소수, 백분율로 나타내기 • 비율을 실생활 및 타 교과와 연결하여 문제해결하기 • 비례식을 풀고, 주어진 양을 비례배분하기		
가치 · 태도	• 규칙, 동치 관계 탐구에 대한 흥미 • 대응 관계, 비 표현의 편리함 인식 • 비와 비율의 유용성 인식 • 변화와 관계 관련 문제해결에서 비판적으로 사고하는 태도		

③ 도형과 측정

구분 범주	내용 요소		
	초등학교		
	1~2학년	3~4학년	5~6학년
지식 · 이해	• 입체도형의 모양 • 평면도형과 그 구성 요소 • 양의 비교 • 시각과 시간(시, 분) • 길이(cm, m)	• 도형의 기초 • 원의 구성 요소 • 여러 가지 삼각형 • 여러 가지 사각형 • 다각형 • 평면도형의 이동 • 시각과 시간(초) • 길이(mm, km)	• 합동과 대칭 • 직육면체와 정육면체 • 각기둥과 각뿔 • 원기둥, 원뿔, 구 • 다각형의 둘레와 넓이 • 원주율과 원의 넓이 • 직육면체와 정육면체의 겉넓이와 부피

범주＼구분	내용 요소		
	초등학교		
	1~2학년	3~4학년	5~6학년
		• 들이(L, mL) • 무게(kg, g, t) • 각도(°)	
과정 · 기능	• 여러 가지 사물과 도형을 기준에 따라 분류하기 • 도형의 개념, 구성 요소, 성질 탐구하고 설명하기 • 평면도형이나 입체도형 그리기와 만들기 • 평면도형을 밀기, 뒤집기, 돌리기 한 모양을 추측하고 그리기 • 쌓은 모양 추측하고 쌓기나무의 개수 구하기 • 공간 감각 기르기 • 여러 가지 양을 비교, 측정, 어림하는 방법 탐구하기 • 측정 단위 사이의 관계 탐구하기 • 측정 단위를 사용하여 양을 표현하기 • 실생활 문제 상황에서 길이, 들이, 무게, 시간의 덧셈과 뺄셈하기 • 도형의 둘레, 넓이, 부피 구하는 방법 탐구하기 • 측정을 실생활 및 타 교과와 연결하여 문제해결하기		
가치 · 태도	• 평면도형, 입체도형에 대한 흥미와 관심 • 합동인 도형, 선대칭도형, 점대칭도형의 아름다움 인식 • 표준 단위의 필요성 인식 • 넓이와 부피를 구하는 방법의 편리함 인식 • 도형과 측정 관련 문제해결에서 비판적으로 사고하는 태도		

④ 자료와 가능성

범주＼구분	내용 요소		
	초등학교		
	1~2학년	3~4학년	5~6학년
지식 · 이해	• 자료의 분류 • 표 • ○, ×, ／를 이용한 그래프	• 그림그래프 • 막대그래프 • 꺾은선그래프	• 평균 • 띠그래프, 원그래프 • 가능성

<table>
<tr><th rowspan="3">범주 \ 구분</th><th colspan="3">내용 요소</th></tr>
<tr><th colspan="3">초등학교</th></tr>
<tr><th>1~2학년</th><th>3~4학년</th><th>5~6학년</th></tr>
<tr><td>과정 · 기능</td><td colspan="3">• 자료를 기준에 따라 분류하고 설명하기
• 탐구 문제를 설정하고 그에 맞는 자료를 수집하기
• 자료를 표나 그래프로 나타내고 해석하기
• 자료의 평균을 구하고 해석하기
• 자료를 수집하고 정리하여 문제해결하기
• 사건이 일어날 가능성을 비교하고 표현하기
• 실생활과 연결하여 사건이 일어날 가능성을 예상하기</td></tr>
<tr><td>가치 · 태도</td><td colspan="3">• 표와 그래프의 편리함 인식
• 평균의 유용성 인식
• 자료를 이용한 통계적 문제해결 과정의 가치 인식
• 가능성에 근거하여 판단하는 태도
• 자료와 가능성 관련 문제해결에서 비판적으로 사고하는 태도</td></tr>
</table>

(2) 성취기준

[초등학교 1~2학년]

① 수와 연산

[1] 네 자리 이하의 수

- 수의 필요성을 인식하면서 0과 100까지의 수 개념을 이해하고, 수를 세고 읽고 쓸 수 있다.
- 일, 십, 백, 천의 자릿값과 위치적 기수법을 이해하고, 네 자리 이하의 수를 읽고 쓸 수 있다.
- 네 자리 이하의 수의 범위에서 수의 계열을 이해하고, 수의 크기를 비교할 수 있다.
- 하나의 수를 두 수로 분해하고 두 수를 하나의 수로 합성하는 활동을 통하여 수 감각을 기른다.

2 두 자리 수 범위의 덧셈과 뺄셈

- 덧셈과 뺄셈이 이루어지는 실생활 상황과 연결하여 덧셈과 뺄셈의 의미를 이해한다.
- 두 자리 수의 범위에서 덧셈과 뺄셈의 계산 원리를 이해하고 그 계산을 할 수 있다.
- 덧셈과 뺄셈의 관계를 이해한다.
- 두 자리 수의 범위에서 세 수의 덧셈과 뺄셈을 할 수 있다.
- □가 사용된 덧셈식과 뺄셈식을 만들고, □의 값을 구할 수 있다.

3 한 자리 수의 곱셈

- 곱셈이 이루어지는 실생활 상황과 연결하여 곱셈의 의미를 이해한다.
- 곱셈구구를 이해하고, 한 자리 수의 곱셈을 할 수 있다.

② 변화와 관계

1 규칙 찾기

- 물체, 무늬, 수 등의 배열에서 규칙을 찾아 여러 가지 방법으로 표현할 수 있다.
- 자신이 정한 규칙에 따라 물체, 무늬, 수 등을 배열할 수 있다.

③ 도형과 측정

1 입체도형의 모양

- 교실 및 생활 주변에서 여러 가지 물건을 관찰하여 직육면체, 원기둥, 구의 모양을 찾고, 이를 이용하여 여러 가지 모양을 만들 수 있다.
- 쌓기나무를 이용하여 여러 가지 입체도형의 모양을 만들고, 그 모양에 대해 위치나 방향을 이용하여 말할 수 있다.

2 평면도형과 그 구성 요소

- 교실 및 생활 주변에서 여러 가지 물건을 관찰하여 삼각형, 사각형, 원의 모양을 찾고, 이를 이용하여 여러 가지 모양을 만들 수 있다.
- 삼각형, 사각형, 원을 직관적으로 이해하고, 그 모양을 그릴 수 있다.
- 삼각형, 사각형에서 각각의 공통점을 찾아 말할 수 있다.

3 **양의 비교**

- 구체물의 길이, 들이, 무게, 넓이를 비교하여 각각 '길다, 짧다', '많다, 적다', '무겁다, 가볍다', '넓다, 좁다' 등을 구별하여 말할 수 있다.

4 **시각과 시간**

- 시계를 보고 시각을 '몇 시 몇 분'까지 읽을 수 있다.
- 1시간과 1분의 관계를 이해하고, 시간을 '시간', '분'으로 표현할 수 있다.
- 실생활 문제 상황과 연결하여 1분, 1시간, 1일, 1주일, 1개월, 1년 사이의 관계를 이해한다.

5 **길이**

- 길이 단위 1cm와 1m를 알고, 이를 이용하여 주변 사물의 길이를 측정할 수 있다.
- 1m와 1cm의 관계를 이해하고, 길이를 '몇 m 몇 cm'와 '몇 cm'로 표현할 수 있다.
- 여러 가지 물건의 길이를 어림하고, 길이에 대한 양감을 기른다.
- 실생활 문제 상황과 연결하여 길이의 덧셈과 뺄셈을 할 수 있다.

④ 자료와 가능성

1 **자료의 정리**

- 여러 가지 사물을 정해진 기준 또는 자신이 정한 기준으로 분류하여 개수를 세어 보고, 기준에 따른 결과를 말할 수 있다.
- 자료를 분류하여 표로 나타내고, 자료를 표로 나타내면 편리한 점을 말할 수 있다.
- 자료를 분류하여 ○, ×, / 등을 이용한 그래프로 나타내고, 자료를 그래프로 나타내면 편리한 점을 말할 수 있다.

3부
영유아 수학교육의 방법 및 평가

10장

영유아 수학교육의 방법

이 장에서는 예비유아교사들이 실제 교육현장에 적용할 수 있는 수학교육 방법에 대해 제시한다. 먼저, 영유아 수학교육의 교수원리를 알아보고 다음으로는 학습경험을 계획하고 실행하는 방법을 알아볼 것이다. 마지막으로는 수학교육을 다른 영역과 통합하여 접근하는 방법에 대해 살펴보고자 한다.

1. 영유아 수학교육의 교수원리

1) 교수–학습 원리

영유아 수학교육에서는 영유아가 스스로 탐색하면서 수학적 지식을 구성해 나가는 과정을 중요시하기 때문에 영유아의 자발적 참여와 탐색이 강조되며 교사는 매우 중요한 역할을 담당하고 있다. 영유아 수학교육의 좋은 출발을 촉진하기 위한 교수–학습 원리를 제시하면 다음과 같다(NAEYC & NCTM, 2002).

일상생활 속에서의 수학 경험

첫째, 일상생활 속에서 수학을 경험하게 한다. 영유아가 일상생활 속에서 경험한 수학적 경험은 수학에 대한 태도를 형성하는 데 영향을 주므로 교사는 일상생활의 다양한 경험 속에서 유아가 수학적 감각과 흥미를 키우고 확장시킬 수 있도록 격려하고 안내해야 한다.

영유아의 기존 지식에서 출발

둘째, 영유아의 기존의 지식을 기초로 수학학습 경험을 계획한다. 영유아는 유아교육기관에 오기 전부터 가정에서 이미 수학적 경험을 시작하였으므로 풍부한 비형식적인 수학적 지식을 가지고 있다. 유아는 수학적 상황에 직면했을 때 먼저 자신이 알고 있는 수학적 지식을 적용하여 문제를 해결하려고 한다. 따라서 유아가 기존에 알고 있는 개념에 기초한 활동을 제공함으로써 유아가 새로운 개념을 습득하고 기존에 알고 있던 지식을 확장할 수 있도록 하는 것이 좋다.

영유아의 발달에 기초

셋째, 영유아의 발달에 기초하여 가르쳐야 한다. 교사는 수학적 기술과 개념뿐 아니라 유아의 인지발달, 수학적 발달과 관련 있는 사회적 · 정서적 신체적 발달도 고려해야 한다. 예를 들어, 퍼즐을 사용하기 위해서는 유아의 인지발달이나 영유아 발달을 모두 고려해야 하고 유아가 실수에 대해 좌절하지 않도록 교사가 민감하게 반응하는 등 정서적 발달도 함께 고려해야 한다.

또래 및 교사와의 상호작용

넷째, 또래나 교사와의 상호작용을 강조한다. 교사는 유아가 수학개념을 이해하도록 돕기 위해 심층적이고 지속적인 상호작용을 제공해야 한다. 따라서 "~한다면 무슨 일이 생길까?" 등과 같이 유아의 수학적 사고를 자극할 수 있는 질문을 할 필요가 있다. 또한 또래와의 상호작용을 통해 유아는 자신의 생각이 타인의 생각과 다를 수 있다는 것을 알게 되고, 자신의 생각을 객관적인 입장에서 봄으로써 수정 확장해 나간다. 이를 위해 공동 프로젝트 활동이나 소집단 활동이 유익할 수 있다.

구체적 조작 경험 제공

다섯째, 유아에게 구체적 조작 경험을 제공한다. 인지발달의 특성상 영유아기에는 지필식 학습보다 활동 중심의 학습이 바람직하다. 따라서 유아가 논리 수학적 지식을 습득하려면 실제 물체를 조작하는 것이 반드시 필요하다. 특히 물체를 단순히 손으로 만져보고 조작하는 것이 아니라 정신적 조작 활동이 수반되어야 한다.

결과보다 과정에 관심

여섯째, 결과보다 과정에 관심을 기울인다. 정답만을 강요하거나 승부에 집착하여 이긴 사람, 진 사람을 판정해 주거나, 몇 개 틀렸다는 것을 강조하는 등 결과를 중요시하면 유아에게 수학은 어렵고 지루한 것이라는 인식을 심어줄 수 있다. 따라서 유아의 답이 옳고 그른지 즉각적인 판단을 내려주기보다는 유아가 그러한 결과에 도달하게 된 과정에 관심을 갖고, 유아의 생각을 이야기해 보도록 하는 것이 좋다.

평가를 통해 영유아 지원

마지막으로, 교사는 평가를 통해 영유아의 학습을 지원해야 한다. 영유아 수학교육 평가는 영유아의 강점과 요구를 인식하는 데 도움이 되기 때문에 교사가 수학학습을 계획할 때 효과적이다. 그러므로 영유아 관찰, 영유아와의 대화내용의 기록, 면담, 영유아의 활동결과물 수집, 개방적 질문 등을 통한 적절한 수행평가를 통해 영유아가 가지고 있는 강점과 요구를 파악하여 학습에 도움을 줄 수 있다.

2) 교사의 역할

영유아는 타고난 학습자이다. 아주 어린 영아도 일상생활 속에서의 비형식적인 경험을 통하여 양 · 관계 · 상징에 대한 나름대로의 직관적인 이해를 한다. 이와 동시에 일상생활 중에 겪게 되는 여러 가지 사건들을 해결하기 위한 나름대로의 전략을 개발한다. 영유아의 이와 같은 비형식 수학에 대한 직관적 이해를 체계적인 개념으로 연결시키는 것이 교사의 역할이다. 교사는 영유아가 매일의 생활 속에서 갖게 된 막연한 수학적 관심에 대하여 적절한 환경을 제공하고 적절한 상호작용 기회를 마련함으로써 수학적 개념이 구성되도록 할 수 있다.

영유아교사의 역할은 수학적 개념 형성자, 과정기술 촉진자, 그리고 태도 및 성향 조성자 역할로 볼 수 있다. 이에 대한 구체적인 내용은 다음과 같다.

(1) 수학적 개념 형성자

수학적 개념 형성을 위한 교사의 역할

교사는 수학적 개념 형성자로서의 역할을 해야 한다. 영유아의 기하 관련 수학개념 형성을 위한 교사의 역할을 예로 들면 다음과 같다.

첫째, 영유아가 교실에서 쉽게 접할 수 있는 입체도형과 평면도형을 활용하여 2 · 3차원의 기하학적인 관계를 인식하게 한다. 도형의 유사성과 차이점, 그리고 관계를 구별하는 활동을 통해 도형의 특징과 도형들 간의 관계를 이해할 수 있도록 한다. 예를 들면, 교실에서 교사는 영유아들에게 다음과 같이 할 수 있다. "우리 줄기반에서 세모난 모양과 네모난 모양을 한 개씩 찾아와 보자. 찾아온 물건들은 같은 모양 그림 위에 갖다놓아 주세요." 영유아들이 각자 찾아온 세모난 모양과 네모난 모양의 블록, 그림, 카드 등을 분류해 모양이 그려진 전지 위에 놓도록 한 후 한 명 한 명 발표하며 도형의 특징에 대해 알아볼 수 있다.

둘째, 영유아가 사용하는 기하학적인 용어를 수용함으로써 모양에 따라 독특한 특징의 차이를 인식하게 한다. 이를 통해 도형의 형식적인 용어들을 자연스럽게 익힐 수 있도록 한다. 예를 들면, 다양한 도형들을 준비하여 관찰하고 탐색해 보게 하거나 교실에서 볼 수 있는 여러 가지 물건에 도형 이름카드를 붙여둔다.

셋째, 영유아가 크기, 모양, 위치, 방향이 다양한 도형에 관심을 갖고, 그 특징을 인식할 수 있도록 한다. 영유아가 도형에 대한 고정화된 시각에서 벗어나서 바람직한 기하개념을 형성할 수 있도록 한다. 예를 들면, 다양한 도형카드를 보고 삼각형과 삼각형이 아닌 카드를 찾아보고 이야기나눌 수 있다.

넷째, 영유아가 새로운 모양을 만들고, 모양을 여러 가지 모양으로 나누는 활동을 할 때, 그 필요성과 다양한 방법을 예측해 보게 한다. 예를 들면, 세모 모양 두 개를 더해서 네모 모양을 만들어 보거나 세모 모양 조각 케이크 여러 개를 붙여서 동그란 케이크를 완성해 보도록 할 수 있다.

다섯째, 영유아의 주변에 존재하는 모든 물건에서 대칭을 탐색하게 한다. 가장 쉽게 찾을 수 있는 수평대칭에서 시작해서 수직대칭, 회전대칭으로 점차 확장해 나간다. 예를 들면, 호수에 비친 산의 모습(수평대칭)을 보여주거나, 반쪽 모양 사과를 제시하고 나머지 반쪽을 채워보게 하고(수직대칭), 오렌지나 공 등(회전대칭) 유아에게 친숙한 물체를 활용해서 활동할 수 있다.

여섯째, 영유아가 일상생활 속에서 도형의 변환을 발견하게 한다. 예를 들면, 자유선택활동의 조작활동 시 밀기, 뒤집기, 돌리기 등의 다양한 기하학적 변환을 시도하고, 구체물을 직접 조작해 보도록 한다. 이때 영유아교사는 영유아가 물체의 변환과 변환의 결과를 예측하고 인식할 수 있도록 질문한다.

일곱째, 영유아가 공간 속에 있는 사물의 방향과 위치, 공간 내에서의 물체의 조망과 크기의 변화에 따라 모양이 어떻게 변화하는지를 경험하게 한다. 예를 들면, 신체를 회전해 보게 하거나 회전 물체를 타보도록 한 후 느낌을 그림이나 말로 표현해 보도록 할 수 있다.

여덟째, 영유아가 블록, 자동차, 나무 등의 구체물을 다양한 관점에서 관찰함으로써 차이점을 발견할 수 있도록 한다. 예로, 구체물에 대한 그림이나 사진의 일부분을 제시함으로써 어떤 물건의 일부인지 예측해 보게 한다.

(2) 수학적 과정기술 촉진자

수학적 과정기술 촉진을 위한 교사의 역할

교사는 수학적 과정기술 촉진자로서 다음의 역할을 해야 한다.

첫째, 교사는 문제해결의 과정에서 유아가 문제를 이해하고, 문제해결 방법을 계획하고, 계획을 실행하고, 문제해결 과정을 검토할 수 있도록 도움을 주어야 한다. 무엇보다도 유아가 문제를 해결해 가는 동안 충분한 시간과 허용적인 분위기를 조성하는 것이 중요하다. 또한 다양하게 질문함으로써 문제를 인식시키고, 광범위한 문제해결 방법을 개발하도록 격려한다.

둘째, 유아의 추론능력의 발달은 추론한 것을 설명하는 언어발달과 밀접한 관계가 있다. 그러므로 교사는 유아들이 추론하기를 할 때 관련된 어휘('만약에 ~한다면', '아마도')를 사용하여 자신의 생각을 표현하며 추론하도록 격려해 주어야 한다. 또한 교사는 유아가 교사의 권위에 의존하지 않고 추론하도록 심리적인 환경을 조성해 주어서, 유아들이 자유롭게 자신의 추리를 증명하거나 반증할 수 있는 기회를 갖도록 해야 한다.

셋째, 교사는 의사소통을 촉진할 수 있는 환경을 만들어 주어야 한다. 유아들이 다른 사람의 의견을 듣고 자신의 생각을 수정하고 보완할 수 있게 한다. 이를 위해서 유아에게 도전할 만한 수학적 문제를 제시하여 자신의 생각을 설명하도록 하고, 또래들과 그 문제에 대해 이야기하고 또래의 생각을 듣는 기회를 많이 주어야 한다.

넷째, 유아가 일상생활에서 경험을 통해 습득한 직관적이고 비형식적인 수학과 학교에서 배운 형식적인 수학을 연계하도록 해야 한다. 예를 들면, 입체도형 탐색을 위해서 일상생활에서 비슷한 모양을 찾아볼 수 있게 한다. 또한 수학적 개념과 다른 개념 간의 연계, 서로 다른 수학적 주제 간의 연계, 수학과 다른 분야 지식 간의 연계를 고려하여야 한다. 색종이 접기 활동 시각 모양의 종이를 접어보면서 도형과 분수의 개념을 알게 한다면, 서로 다른 수학적 주제인 기하를 수와 연산과 연계할 수 있다.

다섯째, 교사는 유아가 만들어내는 표상을 격려하고 자극해야 하며 점차 형식적인 표상의 사용으로 전이해 가도록 도와야 한다. 자연물, 말하기, 글쓰기, 신체적 제스처, 그림 등의 다양한 표상 수단을 사용하여 수학적 개념에 대한 자신의 생각을 나타낼 수 있도록 유도해야 한다. 그리고 적절한 표상을 사용하는 유아로 하여금 문제해결 과정을 학급의 유아들과 공유할 수 있는 시간을 제공한다.

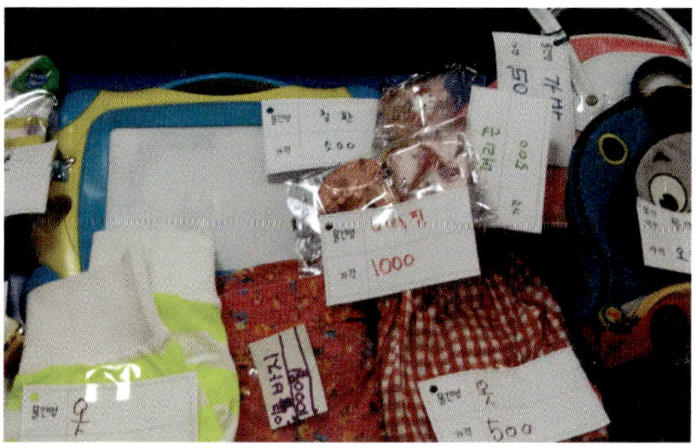

가게놀이를 하기 위해 가격표의 숫자를 쓰는 경험은 큰 수를 표상하는 기회를 제공하게 된다.

(3) 수학적 태도 및 성향 조성자

수학적 태도 및 성향 조성을 위한 교사의 역할

교사는 수학적 태도 및 성향 조성자 역할을 해야 한다. 유아는 서로 신뢰하고 존중하는 분위기 속에서 진정한 수학활동에 참여할 수 있다(한종화, 2003). 또한 이러한 분위기를 띤 학습공동체를 형성하기 위해서 사회적 규범이 형성되어야 한다.

따라서 교사는 사회적 규범이 형성된 학습 분위기 속에서 유아들이 긍정적인 수학적 태도 및 성향을 형성할 수 있도록 다음의 역할을 해야 한다.

첫째, 교사는 사회적 상호작용을 위한 규범을 확립하기 위해, 모든 유아들이 수학을 배울 수 있다는 깊은 믿음을 가지고, 유아의 생각을 존중해야 한다. 교사가 유아를 존중하면서 이야기를 듣고, 유아의 사고과정에 대해 진지하게 질문한다면, 유아도 자신의 생각을 설명하고, 정당화하고, 변호하는 것을 배우게 된다. 교사는 '어떻게 이런 걸 다 알았니? 대단하구나!'와 같은 말로 칭찬함으로써 유아에 대한 믿음과 존중을 나타낼 수 있다.

둘째, 교사는 유아들 각자가 서로의 의견에 대해 질문하도록 격려해야 하고, 서로 존중하도록 해야 한다. 상대방의 생각에 대해서 야유나 비웃음과 같은 태도를 취하는 유아에게는 엄격하게 반응해야 한다. 교사는 학습활동에서 중요한 것은 정확한 답을 찾는 것이 아니라 열심히 참여하는 태도임을 알려주어야 한다. 예를 들면, '열심히 생각하는 것이 가장 중요해', '와! ○○는 멋진 방법을 찾으려고 열심히 하는구나'와 같은 말을 사용할 수 있다.

셋째, 교사는 모든 유아들이 충분히 생각할 수 있는 분위기를 형성해야 한다. 일부 유아가 다른 유아들이 생각하거나 대답할 수 있는 기회를 빼앗는 것을 방지하기 위해서, 수학활동을 제시하면서 '아는 사람은 말로 하지 말고, 손을 들어주세요'와 같은 말로 사회적 규범을 상기시켜 줄 수 있다. 또는 '다른 친구들에게도 생각할 기회를 줄 수 있겠니?'와 같은 말을 사용하여, 모든 유아들이 의사소통에 참여할 수 있도록 해야 한다.

3) 유아수학교사로서의 자신 이해하기

효능감

다음은 예비유아수학교사를 위한 수학에 대한 불안감과 수학교수효능감에 대해 알아보는 검사도구이다(윤은정, 2017). 효능감이란 자신이 하는 일에 대하여 어느 정도로 수행할 수 있는 능력이 있는지를 평가하는 것을 의미한다.

일반적으로 수학에 대한 불안감이 낮고 수학교수효능감이 높은 교사들은 가르치는 일에 자신을 가지고 학습자의 입장을 잘 고려한다. 수학에 대한 불안감 검사는 총 34문항이고, 수학교수효능감 검사는 총 25문항이다. 각 문항에 대한 평가는 '전혀 아니다, 아니다, 보통이다, 그렇다, 매우 그렇다'의 5점 척도로 평정하게 되어 있으며 전체 항목에 대한 평균 점수를 계산하여 4.0점 이상은 '상', 3.1~3.9점은 '중', 3.0점 이하는 '하'로 평가한다. 문항 계산 방법은 *표시가 없는 문항은 그대로, *표시가 있는 문항은 역으로 계산한다(즉, ⑤ → 1점, ① → 5점).

활동 수학에 대한 불안감 검사

수학에 대한 불안감 검사

다음 각 문항을 읽으시고 해당란에 "V"표를 해주세요.

문 항	① 전혀 아니다	② 아니다	③ 보통 이다	④ 그렇다	⑤ 매우 그렇다
1. 수학적 재능을 가진 사람이 따로 있다고 생각한다.					
2. 쉬운 예와 관련지어 가르치지 않을 때 불안을 느낀다.					
3. 수학과 관계되는 게임을 할 때 불안을 느낀다.					
4. 수학은 재미있는 과목이라고 생각한다.*					
5. 여학생들은 남학생처럼 논리적으로 수학을 잘하지 못한다고 생각한다.					
6. 수학수업 중에 질문을 하고 싶지만 '엉뚱한 질문'이라고 면박을 당할까 봐 또는 친구들은 다 아는 내용일까 봐 질문하기가 두렵다.					
7. 수학에 대한 기초 지식이 부족하면 따라가기 힘들다.					
8. 대학에 진학하기 위해서는 수학 성적이 좋아야 한다는 말을 들을 때 불안을 느낀다.					
9. 수학 수업시간에 기초적인 내용은 가르쳐 주지 않아 불안을 느꼈다.					
10. 선생님이 질문한 것에 대해 설명하지 못했을 때 불안을 느꼈다.					
11. 물건을 산 후 거스름돈을 계산할 때 불안을 느낀다.					
12. 미래에는 수학적 지식을 많이 필요로 할 것이라고 생각한다.*					
13. 암기 위주로 배우면, 외운 것을 잊어버릴까 봐 불안하다.					
14. 수학 시험 시간이 부족할까 봐 불안했다.					
15. 다음 날 수학 시험을 친다고 생각하면 불안했다.					
16. 수학은 어려운 과목이라고 생각하기에 수학 교과에 대한 불안을 느꼈다.					
17. 수학의 응용문제를 풀 때 불안을 느꼈다.					

문 항	① 전혀 아니다	② 아니다	③ 보통이다	④ 그렇다	⑤ 매우 그렇다
18. 수학 선생님으로부터 체벌이나 비난을 받을 때 불안을 느꼈다.					
19. 수학 성적이 나쁘기 때문에 수학에 대해 불안을 느꼈다.					
20. 수학은 짧은 시간 안에 성적을 올릴 수 없는 과목이라 생각하기에 불안을 느꼈다.					
21. 결석 또는 수업 중에 딴짓을 하다가 수학수업을 제대로 듣지 못했을 때 불안을 느꼈다.					
22. 수학 용어만을 들어서는 전혀 그 의미를 알 수 없기 때문에 불안을 느꼈다.					
23. o.o% 세일하는 물건 값을 계산할 때 불안을 느낀다.					
24. 수학선생님이 마음에 안 들면 수학과목도 싫어진다.					
25. 풀이를 알고 있는 문제지만 단순한 계산과정이 틀릴까 봐 불안하다.					
26. 숫자 대신에 X, Y와 같은 문자를 포함한 식을 대할 때 더 불안하다.					
27. 다른 과목은 열심히 하면 잘할 수 있지만, 수학은 아무리 열심히 해도 잘할 수 없다는 생각에 불안을 느낀다.					
28. 조금만 어려워 보이는 문제를 보면 그냥 포기한다.					
29. 중고등학교를 졸업한 이후에는 수학을 접할 일이 거의 없다고 생각하기에 수학을 기피하는 경향이 있다.					
30. 초등학교 때 수학을 못한다고 야단맞은 적이 있기 때문에 수학에 대해 불안을 느낀다.					
31. 다른 과목에 비해 수학성적이 낮아 불안을 느꼈다.					
32. 수학교과 내용이 경직되고 딱딱하다는 생각에 불안을 느낀다.					
33. 다른 과목은 내용을 열심히 외우면 문제 풀기가 쉬운데, 수학은 아무리 외워도 문제 풀기가 어렵다고 생각한다.					
34. 수학은 고등학교 또는 대학교를 가기 위한 과목이지 일상생활에는 별로 필요하지 않은 과목이라고 생각한다.					
평균 점수					

* 역채점 문항

활동 수학교수효능감 검사

수학교수효능감 검사

다음 각 문항을 읽고 해당란에 "V"표를 해주세요.

문 항	① 전혀 아니다	② 아니다	③ 보통이다	④ 그렇다	⑤ 매우 그렇다
1. 나는 다른 과목보다는 수학을 더 잘 가르칠 자신이 있다.					
2. 나는 수학을 가르치는 보다 좋은 방법을 찾으려고 항상 노력하고 있다.					
3. 나는 유아들의 수학 질문에 대해 응답할 자신이 있다.					
4. 나는 수업에서 유아들의 수학활동을 효과적으로 관리하고 감독할 수 있을 것 같지 않다.*					
5. 나는 내가 수학을 가르칠 때 필요한 기술을 가지고 있다.					
6. 나는 유아들의 수학에 대한 좋지 않은 경험은 훌륭한 유아교사의 지도로 극복할 수 있다고 생각한다.					
7. 유아들이 평소보다 수학을 잘하게 되었다면, 유아교사인 내가 특별한 노력을 기울였기 때문일 것이다.					
8. 나는 유아교사로서 유아들의 수학 성취에 대해 책임이 있다고 생각한다.					
9. 유아들의 수학 성취도가 향상되었다면, 그것은 나의 수학 지도기술이 효과적이기 때문일 것이다.					
10. 유아들이 수학에 대해 관심이 많아졌다면, 그 이유는 유아교사인 내가 잘 가르쳤기 때문일 것이다.					
11. 나는 수학과 교육과정을 잘 이해하고 있다.					
12. 나는 내가 지도하려는 수학 수업내용이 다른 연령의 수학 내용과 어떻게 관련되어 있는지 이해하고 있다.					
13. 나는 유아들을 가르칠 수 있을 만큼 수학적 개념을 잘 이해하고 있다.					
14. 나는 유아들이 수학에 대해 물어보면 겁이 날 것 같다.*					
15. 나는 수학 수업에서 유아들의 이해를 돕기 위한 자료의 활용법을 알고 사용할 것이다.					

문 항	① 전혀 아니다	② 아니다	③ 보통 이다	④ 그렇다	⑤ 매우 그렇다
16. 나는 내가 학생일 때, 수학 학습에서 자신이 없었던 영역이나 문제는 지금도 잘 해결할 자신이 없다.*					
17. 나의 과거 수학 학습에서의 실패나 성공 경험은 유아들을 지도하는 데 도움이 될 것이다.					
18. 나는 대학에서 수학 지도를 위한 효과적인 교수방법을 배웠다.					
19. 나는 대학에서 '유아수학교육' 수업을 받은 적이 있기 때문에 유아들을 잘 가르칠 수 있을 것이다.					
20. 내가 어렸을 때 배우지 않은 수학 내용이 있다면, 수학을 가르치는 데 어려움을 느낄 것이다.*					
21. 만약 유아교육기관에서 나에게 수학 관련 수업을 공개하라고 하면 어려움을 겪을 것이다.*					
22. 공개수업은 다른 교사 또는 동료와 새로운 수업방법을 공유하는 데 도움이 된다고 생각한다.					
23. 나는 수학 수업을 위한 자료나 교구가 부족하면, 유아들에게 어떤 개념을 가르칠 때 어려움을 겪을 것이다.*					
24. 유아의 가정환경이 그들의 성취에 큰 영향을 미치므로 교사인 내가 유아들의 수학능력을 높이는 데에는 한계가 있을 것이다.*					
25. 수학 관련 강의나 연수는 내가 보다 더 능력 있는 교사가 되도록 하는 데에 필요한 기술과 지식을 제공해 줄 것이다.					
평균 점수					

* 역채점 문항

2. 학습경험의 계획과 실행

교사는 영유아의 지식과 개개인의 요구에 초점을 두어 수학학습 경험을 계획해야 한다. 수학학습 경험의 계획은 영유아의 발달과 학습에 대한 지식뿐 아니라 수학에 대한 지식, 영유아가 수학을 어떻게 이해하고 기술을 획득하는지에 대한 지식, 영유아의 흥미와 요구, 교실의 사회 문화적 배경과 맥락을 모두 고려해야 한다. 또한 교사는 영유아 개개인의 요구에 부합하기 위해 각기 다른 수준에서 수학적 경험을 계획하는 것도 필요하다.

1) 놀이와 학습주기를 고려한 교수-학습 방법

영유아 수학교육은 다른 학문 영역과는 달리 영유아의 학습주기를 고려하여 활동을 계획하는 것이 중요하다(Kilmer & Hofman, 1995). 유아들은 자신의 학습주기에 따라 스스로 수학적 태도를 가지고 지식을 구성한다(Beisenherz, Danton & Richardson, 2001). 또한 수학적 소양은 영유아기부터 능동적으로 참여하여 탐구하는 즐거움을 발견할 수 있는 놀이와 학습 주기에 적합한 교사의 질문과 안내를 통해 점진적으로 형성된다. 그러므로 학습주기와 연계된 놀이 중심의 영유아 수학교육을 통해 수학적 소양을 갖춘 인간으로 성장하도록 지원해야 한다.

(1) 학습주기

학습주기
인식, 탐색, 탐구 및 적용

영유아 수학교육에서 유아의 학습은 활동에 대한 인식, 탐색, 탐구 및 적용과 같은 학습주기로 순환된다. 학습주기란 학습이 구체적 개인적 이해 수준에서부터 객관적 사회적 지식을 이해하고 적용하는 단계에까지 지속적 반복적으로 이루어진다는 것을 말한다. 학습주기의 도입 과정인 인식 및 탐색의 단계에서는 주제에 대한 탐색놀이를 통해 문제를 인식하고 자료에 대한 탐색이 자연스럽게 이루어진다. 오감각을 활용한 탐색을 통해 사물의 구성요소나 속성을 파악하고 개인적 경험의 의미를 구성한다. 전개 과정의 탐구 단계에서는 수학적 탐구가 가능한 구성놀이나 게임의 수학적 문제해결을 위해 사물의 속성이나 관계에 대한 개념과 원리를 파악하기 위한 수학적 탐구가 이루어진다. 유아가 자신의 개념적 이해를 시험하고, 다른 사람의 생각이나 객관적 사실에 비추어 자신의 이해를 비교하는 과정이다. 이 단계에서는 유아의 탐구를 이끄는 교사의 핵심적 질문이 중요하다. 유아의 사고를 이끄는 교사의 의도적인 질문은 유아 스스로 지식을 구성하도록 유도할 수 있다. 마무리 과정의 적용 단계에서는 다른 영역에 적용할 수 있는 확장적 통합놀이로 전개될 수 있다.

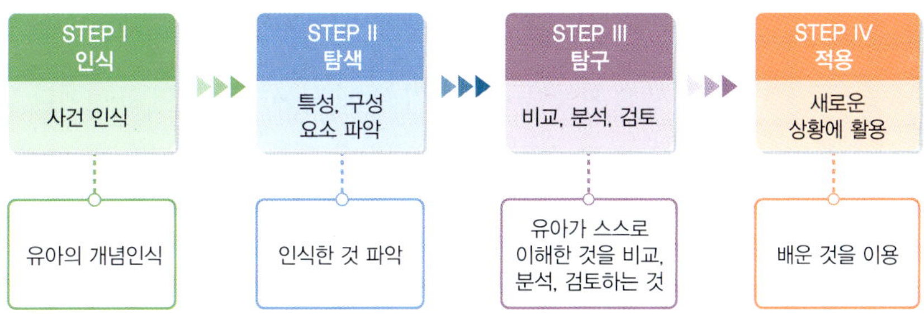

|그림 10-1| 학습주기에 따른 수학활동 과정

(2) 교사-유아 간 상호작용 유형

유아의 학습주기에 따른 교사-유아 간 상호작용 유형은 일반적으로 비지시적 유형과 지시적 유형으로 구분하여 제시된다. 가장 비지시적 유형으로는 인정하기(acknowledge)를 들 수 있고, 그 다음으로는 모델 보이기(model), 조성하기(facilitate), 지지하기(support), 비계설정하기(scaffold), 함께 구성하기(co-construct), 시범 보이기(demonstrate), 지시하기(direct)의 순서로 점차 지시적 정도가 증가되는 교수 유형으로 구분할 수 있다.

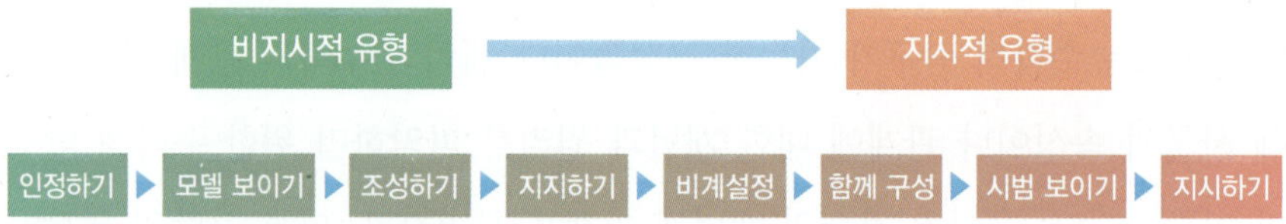

|그림 10-2| 교사-유아 간 상호작용 유형

(3) 발문의 유형

영유아와 교사의 상호작용을 위한 교사의 질문은 수업의 질과 유아의 사고를 자극하고, 생각의 수준을 결정한다.

질문과 발문의 의미

질문과 발문의 의미를 구분하면, 질문은 주로 유아가 자발적으로 제기한 의문 또는 대화 시 모르는 것을 묻는 물음이며, 발문은 주로 수업에서 교사가 학습활동을 목적으로 사고 활동을 촉진하기 위해 사용하는 언어 표현이다.

폐쇄적 발문

개방적 발문

교사의 발문은 사고유형에 따라 크게 폐쇄적(closed question) 발문과 개방적(open question) 발문으로 나눌 수 있다. 폐쇄적 발문은 교사가 답을 미리 결정해 놓고 발문하는 경우가 많다. 폐쇄적 발문의 역할은 유아의 구체적 사고에 초점을 두면서 유아의 지식이나 이해 정도를 알아보는 것이다(이경민, 2019). 반면 개방적 발문은 유아의 흥미를 자극하고 새로운 아이디어, 주제 등을 소개할 때 사용된다. 개방적 발문의 역할은 추상적, 창의적 사고에 초점을 두어 다양한 반응을 이끌어 내는 것을 목적으로 한다. 사고의 깊이 측면에서 볼 때 폐쇄적 발문은 낮은 수준의 발문이며 개방적 발문은 높은 수준의 발문이다(Ornstein & Lasley, 2004).

교사의 발문유형은 다음과 같다.

① 갤러거와 애쉬너(Gallagher & Aschner, 1963) 발문 유형

갤러거와 애쉬너의 발문 유형

- 인지 · 기억적 발문 : 이미 알고 있는 사실, 공식, 절차 및 중요한 정보를 기억하여 단정적으로 답변하기를 요구하는 발문

  예 이 강아지의 이름이 뭘까?
- 수렴적 발문(convergent question) : 하나의 정답을 얻기 위해서 여러 가지 사실들을 종합하는 지식이 필요하며 사실, 용어, 개념, 상호관계를 설명하여야 하는 발문

  예 어느 것이 더 길까? 가장 작은 컵은 누구 컵이니?
- 확산적 발문(divergent question) : 문제해결 방법에 따라 창의적이고 상상력이 발휘된 한 개 이상의 정답이 나오고 종합적 사고, 창조적 문제 해결과 통합된 수학적 과정을 촉진하며, 유아 스스로 생각하고 행동하도록 돕는 발문

  예 다음에는 어떤 일이 일어날까?
- 평가적 발문 : 유아들에게 선택하게 하고 판단하고 평가하고 비평하고 방어하고 옳다고 주장하기를 유도하는 발문

  예 ○○의 행동에 대해 어떻게 생각하니?

② 블룸(Bloom, 1956)의 인지적 과정에 따른 질문유형의 분류

블룸의 질문유형 분류

- 지식(knowledge) : 유아들이 단순한 회상을 하도록 발문
- 이해(comprehension) : 유아들이 어떤 정보를 다른 형태로 표현하도록 발문
- 적용(application) : 유아들이 사실, 원리를 선택하고 일반화를 통해서 특정 문제에 적용하도록 발문
- 분석(analysis) : 유아들이 어떤 과정의 요소들이나 부분, 의사소통이나

일련의 사건들을 규명하고 이해하도록 하는 발문

- 종합(synthesis) : 학생들의 창의적인 사고를 요구하는 발문
- 평가(evaluation) : 유아들이 개념이나 아이디어를 규범이나 가치에 밀접하게 일치하도록 결정하는 것을 요구하는 발문

③ 미니스와 쉬라블(Minnis & Shrable, 1970)의 분류

- 재생적 수준(data recall) : 학습했던 내용이나 경험한 사실을 알아보기 위한 발문

  예 지난 시간에 어떤 동화를 들었지요?
- 추론적 수준(inference) : 생각을 해서 답변을 해야 하는 문제해결 수준의 발문

  예 다음에는 어떤 이야기가 이어질까요?
- 적용적 수준(application) : 예측하고 이론이나 원리를 새로운 상황에 적용시키는 답변을 하도록 하는 발문

  예 바르고 고운 말을 사용하면 어떤 점이 좋을까요?

2) 수학 학습 유형에 따른 교수–학습 방법

유아의 학습 경험을 고려한 수학 학습을 위해서는 발달단계에 따라 자연적인 수학 학습, 비형식적인 수학 학습, 형식적인 수학 학습 등의 비중을 고려하여 학습경험과 균형을 이루도록 해야 한다.

(1) 자연적인 수학 학습

유아는 선천적인 호기심으로 인하여 자신을 둘러싼 환경에 관심을 나타내

고 탐색한다. 환경을 탐색하면서 유아가 습득하는 수학개념은 이후 형성하게 될 형식적인 수학 지식의 기틀을 이룬다. 따라서 유아를 둘러싸고 있는 일상생활은 수학 학습 현장이라고 할 수 있으며, 이와 같은 일상적인 활동을 하면서 유아들이 자발적으로 시작하는 학습활동을 자연적인 학습이라고 한다. 따라서 자연적인 학습은 유아교육기관에 가기 훨씬 전 아주 어린 영아 시기부터 가정에서 일어날 수 있다. 자연적인 수학 학습은 감각운동기에 있는 영아에게 특히 주요한 학습방법이지만 높은 연령의 유아에게도 귀중한 학습방법이 될 수 있다(한유미, 2013).

자연적인 수학 학습에서 교사의 역할은 흥미롭고 풍부한 환경을 준비하는 데 있다. 즉, 유아가 보고, 만지고, 듣고, 맛보고, 냄새 맡을 수 있는 물체들이 많이 있어야 한다. 또한 유아가 이 활동에서 저 활동으로 급히 옮겨 다니지 않고 한 자료를 충실하게 탐색하고 수학개념을 발견할 수 있도록 충분한 시간을 제공해야 한다. 가능하다면 시간 부족으로 작업을 끝내지 못한 유아가 그대로 놔두었다가 나중에 돌아와서 계속 작업할 수 있도록 여유 있는 공간을 제공하는 것이 좋다.

유아의 자연적인 수학 학습을 위해 교사는 풍부한 자료와 여유 있는 공간을 제공해 주어야 한다.

아울러 교사는 유아의 활동을 관찰하고, 활동이 어떻게 전개되고 있는지 기록하면서, 유아에게 눈 맞춤, 끄덕임, 미소 등으로 반응을 해주고 영유아의 행동을 말로써 표현해 주거나 영유아의 말을 쉬운 문장으로 다듬어 주거나 유아를 격려하기 위해 칭찬해 줄 수 있다(Gallenstein, 2003; Charlesworth & Lind, 2003).

자연적인 수학 학습의 예

자연적인 수학 학습은 유아가 선택과 행동을 스스로 통제하며 유아와 환경 간의 직접적 상호작용이 가장 강조되는 학습 유형으로서 사례는 다음과 같다.

- 2세인 혜진이가 쌓기영역에서 커다란 스펀지 블록 위에 또 다른 블록을 쌓으며 "크다"라고 하자 교사는 고개를 끄덕이며 "그래, 정말 높네"라고 말해준다.
- 3세인 민준이와 승빈이는 밀가루 반죽놀이를 하면서 자연스럽게 큰 덩어리를 아주 작은 덩어리로 나누어서 동그랗게 만들더니 다시 그것을 합쳐서 큰 덩어리를 만들었다.

(2) 비형식적인 수학 학습

비형식적인 수학 학습은 유아가 자연적 경험을 하는 동안 교사가 주도적으로 안내하여 시작되는 학습경험을 의미한다. 즉, 교사가 수학 학습을 위해 특별한 시간을 미리 계획하는 것이 아니라 교사가 경험이나 직관에 의해 스캐폴딩을 할 시간이 되었다고 판단할 때 일어나게 된다. 이는 주로 유아가 도움을 필요로 하거나 문제해결을 잘하고 있기는 하지만 힌트나 격려를 필요로 하는 상황에서 적절하다. 혹은 교사가 특별히 가르치고 싶은 개념이 있거나 가르칠 좋은 기회가 왔다고 생각했을 때 비형식적 학습이 일어날 수 있다. 비형식적 학습은 우연히 일어난 수학 상황을 교사가 유아의 요구와 흥미, 사전개념을 강화시키기 위해 판단 검토하여 활동으로 확대하는 것으로, 다음 예와 같이 적절한 교사의 적절한 언어적 상호작용이나 개입을 요구한다(Forston & Reiff, 1995).

- 4세 유아 민준이가 선생님에게 손가락 3개를 펴고 "나는 4살이에요"라고 말하자 교사는 "민준아, 손가락을 함께 세어볼까? 하나, 둘, 셋, 넷. 민준이는 4살이야"라고 말하였다.

일과에 따른 비형식적 수학 학습의 예

비형식적인 수학 학습은 일상생활 속에서 수학을 문제해결의 도구로 인식하게 하며 교사의 상황포착을 통해 이루어질 수 있다. 하루 일과에 따른 비형식적인 수학 학습의 예는 다음과 같다.

- 등원 및 인사 나누기 시간에 시간 관련 어휘를 사용하여 상호작용한다.
  예 아침에 뭘 먹고 왔니? 일찍 도착했네.
- 자유선택활동 시간에는 유아의 주도권을 인정하면서 유아를 지도하고 격려한다.
  예 소꿉놀이 영역에 집을 구성하고 있는 유아에게 가서 "대문은 어디에 만들면 좋을까?", "블록이 몇 개 필요할까?" 완성 후에는 "딩동! 옆집에서 놀러 왔어요."
- 간식 및 점심시간에는 일대일 대응과 수의 개념, 수학적 용어를 자연스럽게 익히는 시간이 되도록 한다.
  예 "도우미는 친구들 수만큼 접시를 가져가자."
- 정리정돈 시간에는 분류의 기준을 교구장 표시를 통해 세부적으로 정해주고 놀잇감 정리를 통해 분류하기 활동, 일대일 대응, 시계 보기 등의 수학경험이 일어나도록 돕는다.

예 긴 바늘이 9자에 있네! 긴 바늘이 10자에 오면 정리를 시작하자.

- 귀가지도 시간에는 하루 일과를 회상하며 순서지어 보면서 수학적 용어로 상호작용한다.

예 가방을 메고 귀가를 위해 모두 모였을 때 교사는 "오늘 유치원에 와서 가장 먼저 무엇을 했지요?", "산책 다녀온 다음에는 무엇을 했더라?"

(3) 형식적인 수학 학습

형식적인 수학 학습은 교사가 사전에 수업을 계획하고 자료를 준비하여 유아에게 제공하는 구조화된 학습경험을 말한다. 교사는 교육적 의도와 내용에 맞게 학습을 계획하고 활동에 적합한 집단유형을 선정하여 유아들을 대집단 · 소집단으로 구성하여 활동에 참여시킨다.

교사는 누리과정에 근거하여 생활주제를 중심으로 수업을 계획할 때 각 생활주제의 특성에 따라 적절한 수학활동을 계획하여 실행하게 된다. 즉, 다루고자 하는 생활주제에서 유아들이 알아야 할 교육적 개념을 추출하고 수학교육 내용이 고루 다루어지도록 해야 한다. 또한 연령별, 발달수준별로 다루고자 하는 수학교육 내용이 생활주제에 따라 고르게 배치되어 있는지 미리 편성해 봄으로써 보다 체계적인 수학교육 계획을 수립할 수 있다.

형식적 수학 학습의 단계

형식적 수학 학습은 도입–전개–마무리의 세 단계를 통해 이루어진다. 각 단계는 세부적으로 다시 각각 세 단계로 나누어진다(김인식 · 최호성 · 최병옥, 2000; 윤경선, 2008).

먼저, 도입 부분에서는 첫째, 주의 획득하기를 통해 학습동기를 유발하고 둘째, 사전경험의 회상 자극하기를 통해 기존 지식과 연결시킨다. 셋째, 목표 제시하기를 통해 오늘 할 활동을 소개한다.

전개 부분의 첫 번째 단계는 자극 제시하기이다. 교사가 준비한 자료나 교구를 유아들이 탐색하게 함으로써 새로운 경험에 흥미를 갖게 되어 자극을 받도록 하는 단계로, 이 과정에서 유아들은 기존 지식을 활용해 보고 인지적 갈등을 경험해 보도록 하는 과정이 포함되도록 한다. 두 번째는 학습안내 제시하기이다. 본 활동의 활동방법에 대해 유아들과 함께 다양한 방법으로 안내한다. 이때 유아들 간의 상호작용이 활발하게 일어나도록 촉진하고, 유아의 생각을 다양한 방법으로 표현해 볼 수 있도록 격려해 준다. 세 번째는 수행 유도하기로 유아가 실제로 활동을 해보는 단계이다. 유아들이 활동을 할 때는 유아가 스스로 새로운 아이디어를 제시하거나 교사가 제안함으로써 새로운 활동이 진행되도록 할 수도 있다.

마무리 부분의 첫 번째 단계는 피드백 제공하기이다. 개별 유아의 활동 결과에 대해 발표나 전시를 하게 되고 교사는 피드백을 제공해 준다. 두 번째는 수행평가하기이다. 유아들이 활동을 수행하면서 느낀 점 등을 회상하며 이야기나누고 정서적인 피드백을 해주는 단계이다. 세 번째 단계는 파지와 학습전이 높이기이다. 본 활동과 연계된 다음 활동으로 확장하게 되며 유아는 활동 결과에 대한 지식과 기억을 공고히 다지게 된다.

〈표 10-1〉 형식적인 수학 학습의 단계별 세부내용과 수학교육의 예 : 마트놀이(분류)

단계	세부내용	수학교육의 예
1단계 도입	세부 1단계 : 주의 획득하기	카트를 보여주며 흥미를 유발시킨다. – "이게 무엇일까요?"
	세부 2단계 : 사전경험의 회상 자극하기	마트에 가본 경험을 이야기해 본다. – "마트에 가본 적 있니?"
	세부 3단계 : 목표 제시하기	오늘 놀이할 활동을 소개한다. – "오늘은 마트놀이를 할 거예요."
2단계 전개	세부 1단계 : 자극 제시하기	본 교구(마트놀이판과 돌림판)를 보여주며 탐색해 보도록 한다. – "이 안에는 무엇이 있을까?"
	세부 2단계 : 학습안내 제시하기	활동방법에 대해 이야기나눈다. – "어떻게 하는 놀이일까?"
	세부 3단계 : 수행 유도하기	유아가 직접 마트놀이를 해보도록 한다.
3단계 마무리	세부 1단계 : 피드백 제공하기	개별 유아의 활동 결과물에 피드백을 제공한다. – "과일 코너에는 어떤 과일들이 있었니?"
	세부 2단계 : 수행평가하기	활동을 하고 난 후의 소감을 이야기나눈다. – "마트놀이 하면서 뭐가 가장 재미있었니?"
	세부 3단계 : 파지와 학습전이 높이기	연계된 다음 활동을 소개하며 마무리한다.

3. 영유아 수학교육을 위한 접근법

통합은 유아의 학습에 하나 또는 더 많은 교과나 학습목표를 연계하여 유아들이 탐색 · 해석 · 몰입할 수 있도록 주제나 개념을 조직하는 것(Bredekamp & Rosegrant, 1995)을 뜻한다. 교육과정 통합은 교육과정의 분리되어 있는 다양한 요소들을 관련지어 통합하고, 의미 있는 체계로 만들어 가는 과정(민용성, 2005)이다. 유아교육과정에서 통합의 개념은 듀이의 아동중심 교육철학에 기초하며, 전인적인 인격체로 성장하도록 유아들에게 보다 의미 있는 교육과정을 제공하는 것으로(교육부, 2000), 유아교육의 통합적 접근은 유아가 일상생활, 문학활동, 요리활동, 음악활동, 미술활동 등을 통하여 전체적 맥락에서 학습이 이루어진다고 볼 수 있다. 따라서 영유아 수학교육의 지도방향은 유아교육과정의 통합을 통해 유아에게 더욱 의미 있는 교육과정을 실시할 수 있도록 해야 할 것이다.

1) 미술활동을 통한 접근법

(1) 교육적 의의

미술은 색, 형태, 공간, 원근, 패턴, 균형 등과 같은 많은 수학개념이 시각적으로 구현되는 활동으로서 수학과 밀접한 관련을 가지고 있다. 특히 언어표현이 미숙한 영유아가 미술활동을 통해 수학과 관련된 새로운 지식을 습득하고 표현하는 것은 매우 효과가 높다. 예를 들어, 색종이를 접으면서 도형에 관심을 갖거나 감자와 같은 야채로 만든 모양 도장을 번갈아 가며 찍어보는 활동을 통해 패턴을 이해할 수 있다. 또한 활동 결과물을 다른 사람과 공유하는 과정에서 자연스럽게 작품 속에 담겨 있는 수학개념에 대해 이야기하며 인식하는 기회를 갖게 된다. 미술활동은 개별활동뿐만 아니라 그룹으로 공동작품을 완성해 나갈 때 유아들 간 상호작용 속에서 수학개념이 활발하게 일어날 수 있다. 또한 표현활동뿐 아니라 명화 감상활동을 통해서도 수학교육을 실시하는 것이 효과적이다.

(2) 미술을 통한 수학교육의 장점

미술을 통한 수학교육의 장점

미술을 통한 수학교육의 장점은 다음과 같다. 첫째, 미술은 영유아가 자발적으로 참여하는 활동으로 친숙하고, 자연스럽고, 표현의 제약성이 적다. 둘째, 영유아의 시각적 능력을 발달시키고 색 · 형 · 공간에 대해 자유롭게 탐색해 나가는 데 도움이 된다. 셋째, 수학 활동 경험을 즐거운 경험으로 만든다. 넷째, 영유아의 발달에 적합한 활동 중심의 학습이다. 영유아의 미술작품을 분석하여 영유아의 수학에 대한 수준을 이해하고 평가할 수 있다. 다섯째, 유아중심의 능동적 학습이다. 미술활동을 통해 영유아는 주도성을 가지고 창의적으로 수학활동을 할 수 있다. 마지막으로 미술을 통한 수학교육은 긍정적인 정서발달에 도움이 된다. 따라서 교사는 유아가 미술영역에서 수학 학습을 경험할 수 있도록 적절한 자료와 상호작용을 제공해야 한다.

〈표 10-2〉 미술을 통한 수학교육활동

<table>
<tr><th>생활주제</th><td>계절</td><th rowspan="2">활동명</th><td rowspan="2">신사임당
'수박과 들쥐'</td><th>대상</th><td>만 5세</td></tr>
<tr><th>소주제</th><td>계절에 볼 수
있는 곤충</td><th>집단형태</th><td>소집단</td></tr>
<tr><th>교육목표</th><td colspan="5">• 자연의 아름다움을 느낀다.
• 공간에 대해 관심을 갖는다.
• 공간 구성의 변화를 가지며 초충도를 다양하게 표현한다.</td></tr>
</table>

활동과정	내 용
사전활동	• 실외로 나가 꽃, 곤충, 들풀 등 관찰해 보기
감상활동	 〈수박과 들쥐〉 신사임당 조선 16C, 지본채색, 34×28.25cm(팔폭 병풍의 각 폭), 국립중앙박물관 소장 • 미술의 요소 및 원리(공간감)에 대해 이야기나누기 – 그림에서 하늘과 땅이 어디인지 알 수 있니? – 땅은 어디일까? 어떻게 알 수 있니? (쥐하고 벌레가 기어 다니니까요) – 하늘은 어디 있지? 어떻게 알 수 있니? (나비가 날아다녀요) – 이렇게 그림에서 하늘과 땅을 전부 그릴 수 있구나.
조형활동	〈초충도 만들기〉 ① 도화지에 식물과 곤충을 그리면서 하늘과 땅을 그린다. ② ①을 상자의 안쪽 바닥에 붙인다. ③ 상자 윗부분에 코팅지를 겹쳐 놓고 더 첨가하고 싶은 것들을 생각한다. ④ 코팅지 위에 유성펜이나 사인펜으로 그림을 그려 넣는다. ⑤ 상자 위에 ④를 붙여 작품을 완성한다. ⑥ 완성된 작품이 원근에 따라 어떻게 보이는지 이야기나누어 본다.   
가정연계 활동	잡지에서 그림(꽃, 풀, 곤충)을 오려서 신사임당처럼 초충도를 만들어 볼까요? 점선 부분을 땅이라고 생각하고 알맞은 곳에 그림을 붙여보세요.

출처 : 교육부(2005). 유아를 위한 명화감상활동자료. 교육인적자원부, pp. 54-55.

2) 문학활동을 통한 접근법

(1) 교육적 의의

문학을 통한 수학교육은 유아에게 흥미로운 이야기책 상황을 자연스럽게 수학교육 상황으로 전환시켜 준다. 또한 수학에 대한 내용을 다루면서 문학적, 예술적, 교육적 가치를 지닌 문학작품을 활용하여 수학교육활동을 실행하는 교수방법으로 유아들이 좋아하고 즐기는 문학을 통한 수학교육은 교육적 가치가 높다.

문학을 통한 수학교육은 듀이의 경험중심교육 사상에 근간을 두고 있으며, 유아에게 수학교육을 하는 데 있어 수학개념을 분리하여 단순히 반복 전달하는 것이 아니라, 유아의 발달과 흥미를 반영, 유아와 관련된 맥락적 상황에서 진정한 교수-학습이 이루어지도록 하는 데 문학을 활용하자는 접근법이다(이경우 · 홍혜경 · 신은수 · 진명희, 1997).

문학활동을 통한 수학교육의 의의

문학활동을 통한 수학교육의 의의는 다음과 같다. 첫째, 유아의 발달에 적합하다. 둘째, 유아의 흥미와 호기심을 유발한다. 셋째, 일상생활의 의미 있는 맥락에서 수학을 경험할 수 있다. 넷째, 수학적 어휘를 자연스럽게 익힐 수 있다. 다섯째, 다른 영역 활동으로의 전이가 용이하다.

동화 속에는 의미 있게 특정 개념을 경험할 수 있는 맥락이 제시되어 있다. 따라서 유아의 수학적 개념의 구성이 용이하다. 이러한 수학동화를 통해서 수학과 다른 교과 간의 연결, 수학의 특정 개념과 다른 개념 간의 연결이 자연스럽게 이루어질 수 있다. 특히 여러 가지 유용한 자료를 함께 제시함으로써 동화에서 익힌 개념이 확고하게 구성될 수 있는 기회를 제공할 수 있다.

(2) 문학을 통한 수학교육의 장점

문학을 통한 수학교육의 장점은 다음과 같다. 첫째, 그림책을 읽는 것을 통해 유아는 실생활의 맥락에서 수학적 경험을 할 수 있다. 유아가 한 번쯤 경험해 봄직한 이야기들이 그림책 속에 담겨 있기 때문이다. 둘째, 유아의 흥미를 유발하고 유지할 수 있다. 그림책 속 이야기는 흥미진진하여 유아들을 상상의 나래로 빠져들게 한다. 셋째, 수학적 개념을 시각적으로 보여준다. 그림책 속 그림을 통해 수학을 접하는 것은 유아의 인지발달 단계에 매우 적합하다. 넷째, 수학용어를 친숙하게 익힐 수 있다. 그림책 속에 나오는 어휘들은 수학적인 용어도 많이 포함되어 있어 다양한 어휘를 익히는 데도 효과적이다. 마지막으로 정의적 측면에서도 바람직하다. 유아는 그림책을 읽으면서 마음을 치유하고 성장하게 된다.

수학교육을 위한 문학작품의 선정 기준

수학교육을 위한 문학작품의 선정 기준은 다음과 같다. 첫째, 유아의 호기심, 흥미, 탐구심을 유발해야 한다. 둘째, 유아에게 의미 있는 수학적 경험을 제공해야 한다. 셋째, 유아의 다양한 창의적 사고를 가능하게 해야 한다. 넷째, 수학과 자연스럽게 연결되어야 한다. 다섯째, 제시하고 있는 정보가 정확해야 한다. 여섯째, 다른 교과영역과의 다양한 통합활동이 가능해야 한다. 마지막으로, 문학적으로 가치 있어야 한다.

〈표 10-3〉 문학을 통한 수학교육의 방법

수학동화 읽기	수학적 개념이 포함되어 있는 그림책을 선택하여 읽는다. 어떤 그림책이든 수학과 관련된 상황은 연결되어 있다.
수학적 상황을 교실에서 재현하기	수학 상황을 제공하는 책을 읽고 책 속에 담긴 수학 내용을 유아가 직접 시도하고 그 결과를 관찰해 보거나 등장인물들의 행동을 재현해 본다. 『99센티미터 한스』를 읽고 난 후, 유아들에게 '키 재기'는 매우 좋은 수학놀이가 될 수 있을 것이다.
수학책 속 재료로 놀이하기	그림책의 내용상 수학과 직접적인 관련이 없는 문학작품이더라도 문학작품 속에 나오는 물체를 수학교육을 위한 자료로 사용함으로써 유아의 흥미와 학습 동기를 유발할 수 있다. 예를 들어, 『눈 오는 날』을 읽고 눈을 활용한 활동을 하거나 손바닥이나 발바닥 찍기 활동을 통해 패턴이나 측정활동과 연결해 볼 수 있다.  그림책 『눈 오는 날』  그림책 『99센티미터 한스』
문제 해결해 보기	문제 상황을 담고 있는 문학작품을 제시하고 유아에게 책에서 나온 방법을 확장하거나 새롭고 창의적인 해결책을 찾아보게 하는 방법이다. 예를 들어, 『학과 여우』를 들려준 후 사탕이 든 요구르트병을 준비하여 책과 유사한 상황을 제공한 후 내가 학(여우)이라면 어떻게 먹을지 생각해 보고 토론하도록 한다.
수학과 관련된 책 만들기	유아 스스로 수학 경험을 글로 쓰거나 수학이 포함된 이야기책을 만드는 것이다. 예를 들어, 가정연계활동을 통해 유아가 나와 관련된 숫자를 알아보고 적어오게 하여 발표 후, 유아들의 활동지를 묶어 '줄기반의 숫자 이야기'라는 제목을 붙여주고 도서영역에 꽂아 놓는다. 이러한 경우 상업화된 책보다 훨씬 더 유아들이 책을 즐겨 보도록 돕는다.

〈표 10-4〉 수학적 개념이 포함된 문학작품의 예

번호	제 목	수학교육 내용	저 자	출판사
1	100층짜리 집	수와 연산	이와이 도시오 글/ 그림	북뱅크
2	사과가 쿵!		다다 히로시 글/ 그림	보림
3	장바구니		존 버닝햄	보림
4	열까지 셀 줄 아는 아기염소		알프 프로이센 글/ 하야시 아키코 그림	한림
5	마들린느와 쥬네비브		루드비히 베멀먼즈 글/ 그림	네버랜드
6	커다란 무	기하	알렉세이 톨스토이 글/ 헬린 옥슨버리 그림	시공사
7	로지의 산책		팻 허친스 글/ 그림	한국몬테소리
8	알록달록 동물원		로이스 엘러트 글/ 그림	시공주니어
9	경복궁 이야기		아이코리아	아이코리아
10	달리서 좋아요		후세 야스코 글/ 그림	대교출판
11	곰사냥을 떠나자	측정	마이클 로젠 글/ 헬린 옥슨버리 그림	시공주니어
12	꿈틀꿈틀 자벌레		레오 리오니 글/ 그림	파랑새어린이
13	일곱 마리 눈 먼 생쥐		애드 영 글/ 그림	시공주니어
14	깊은 밤 부엌에서		모리스 샌닥 글/ 그림	시공주니어
15	작은집 이야기		버지니아 리 버튼 글/ 그림	네버랜드
16	곰 세 마리		짐 아일스워스 글/ 바바라 매클린톡 그림	베틀북
17	99센티미터 한스		안네테 후버 글/ 마누엘라 올텐 그림	토마토하우스
18	숲속에서	규칙성	마리 홀 에츠	시공주니어
19	모자 사세유		에스퍼 슬로보드키나	시공주니어
20	배고픈 애벌레	자료분석	에릭 칼 글/ 그림	한국몬테소리

〈표 10-5〉 그림책을 활용한 수학화 활동

<table>
<tr><th>생활주제</th><td>나와 우리 가족</td><th>주제</th><td>소중한 가족</td><th>대상연령</th><td>만 3~4세</td></tr>
<tr><th>동화제목</th><td>돼지책
(앤서니 브라운 글 · 그림)</td><th>활동명</th><td>기분 측정 놀이</td><th>활동 유형</th><td>이야기나누기</td></tr>
<tr><th>활동목표</th><td colspan="5">동화 속 주인공의 감정을 수량화할 수 있다.</td></tr>
<tr><th>활동자료</th><td colspan="5">기분 측정기 교구, 연결 큐브 블록</td></tr>
<tr><th>단계</th><th colspan="4">활동내용</th><th>자료 및 유의점</th></tr>
<tr><th>사전활동</th><td colspan="5">그림책 『돼지책』을 들려준 후, 언어영역에 비치한다.</td></tr>
<tr><th>동화 회상하기</th><td colspan="4">동화 내용을 회상해 본다.
–이야기에서 엄마의 집안일은 얼마만큼 많았니?
–'돼지책'이라는 동화에서 엄마는 왜 화가 났을까?
–엄마는 왜 가족들에게 돼지라고 했을까?</td><td>동화책 『돼지책』</td></tr>
<tr><th>수학화 활동</th><td colspan="4">1. 기분 측정기 교구와 연결 큐브 블록을 탐색해 본다.
–이게 무엇일까요? 어떻게 가지고 놀까요?

2. 수학화 활동을 통해 이야기를 나눈다.
① 등장인물의 감정의 정도를 수학적 어휘로 표현하기
–엄마는 얼마만큼 많이/ 적게 화가 났을까?
② 등장인물의 감정을 기분 측정기로 수량화하기
–엄마의 화난 감정을 기분 측정기로 측정한다면 어떤 숫자에 화살표를 향하게 할까?
③ 등장인물의 감정을 연결 큐브를 이용해 수량화하기
–가족들이 아무도 집안일을 도와주지 않았을 때 엄마의 기분은 어땠을까? 블록을 사용해 엄마의 기분을 표현해 보자.
–엄마는 블록 몇 개만큼 화(슬픔, 짜증, 우울)가 났을까?
–엄마가 없었을 때 아빠와 아이들은 얼마나 힘들었는지 여기 20개의 연결 큐브를 사용해 표현해 보자.</td><td>

[기분 측정기로 수량화하기]

[연결 큐브로 수량화하기]</td></tr>
</table>

		- 블록 몇 개만큼 힘들었을까? - 얼마만큼 길게/ 짧게 연결해 보았니? - 엄마가 다시 돌아왔을 때 가족들은 어떤 기분이었을까? 블록 몇 개만큼 기뻤을까? 3. 유아들이 직접 활동해 본다. - 그럼 조별로 기분측정놀이를 해볼까요? - 연결한 큐브 블록을 그림으로 그려보자.	
평가하기 및 공유하기		1. 조별로 수학화 활동 결과물에 대해 발표하고 이야기나눈다. - 우리 반 친구들이 가족들의 마음을 연결 큐브 블록으로 표현했는데 얼마만큼 많았니? 가장 적은 수의 블록은 몇 개였니? 2. 활동 후 느낀 점에 대해 이야기나눈다. - 놀이하면서 뭐가 가장 재미있었나요? 3. 수학화 활동 결과물을 친구들과 공유하며 마무리한다. - 활동 결과물을 어디에 전시해 놓을까요?	
활동 평가	유아	동화 속 주인공의 감정을 수량화하여 표현할 수 있었는가?	
	교사	유아의 수학적 의사소통을 돕기 위해 유아가 탐색하고 있는 수학적 개념과 과정을 언어로 들려주고 유아들 스스로 수학적 사고를 표현하도록 도왔는가?	

출처 : 최진숙(2019). 감정이입적 동화를 활용한 수학화 활동이 유아의 이야기 내용이해도 및 감성지능, 수학능력에 미치는 효과. 원광대학교 대학원 박사학위논문, pp. 112-113.

3) 음악활동을 통한 접근법

(1) 교육적 의의

음악과 수학의 공통점

음악과 수학은 겉으로 보기에는 많이 달라 보이지만 많은 공통점을 지니고 있다. 예를 들어, 피아노의 건반 자체도 순서짓기와 패턴으로 이루어져 있으며 규칙적인 박자, 리듬, 템포, 볼륨, 멜로디, 하모니 등과 같은 음악적 요소들은 공간, 순서, 세기, 일대일 대응 등과 같은 수학적 특성을 포함하고 있다(Geist, 2009). 또한 유아의 음악활동은 처음에는 음악을 탐색 · 모방 · 실험해 보는 것으로 시작하여 음악을 식별 · 조직화 · 창조하고 나아가서는 그것을 재조직 · 생산 · 개념화해 보는 활동으로 발전해 나가는데, 이러한 과정은 수학을 하는 방법적 측면과 닮아 있다.

유아가 즐겨 부르는 수학과 관련된 노래는 수학 지식을 쉽게 습득하게 도와준다. 시간, 숫자, 동식물의 특성 등과 관련된 노래는 수학 지식을 쉽게 습득하게 해주며 긍정적인 정서를 갖도록 하여 유아들이 즐겁게 활동할 수 있다. 음악을 통한 수학교육 활동을 통해 유아들은 박자를 헤아릴 수 있으며, 음의 높낮이를 구분하고 이를 공간에 표시할 수 있다. 또한 악기 연주나 노래 부르기를 통해 음의 빠르기나 셈여림 등을 경험하고 소리를 비교할 수 있다. 리듬이나 음색을 탐색하며 같거나 다른 규칙성을 찾을 수도 있다. 악기 다루기, 서로 다른 양의 물을 담은 컵 두드리기를 통해 소리의 높낮이를 비교하고 순서짓기 등과도 관련이 된다.

(2) 음악을 통한 수학교육의 장점

음악을 통한 수학교육의 장점은 다음과 같다. 첫째, 유아에게 즐거움과 기쁨을 선사한다. 둘째, 감각적 인식능력을 증진시켜 활동에 몰입하게 한다. 셋째, 수학적 개념을 더 잘 기억하게 한다. 넷째, 창의적 문제해결 능력을 향상시킨다. 다섯째, 다양한 표상능력을 기른다. 교사는 음악활동에서 수학 학습이 효과적으로 일어날 수 있음을 인식하고 유아들에게 음악활동을 통한 수학교육을 위해 다양한 기회를 제공해 주어야 한다.

〈표 10-6〉 '더 빠른 것 더 느린 것' 게임을 통한 수학활동계획안

<table>
<tr><th>생활주제</th><td>교통기관</td><th>주제</th><td>육상 교통기관</td><th>대상연령</th><td>만 3세</td></tr>
<tr><th>소주제</th><td>교통기관을
알아보아요</td><th>활동명</th><td>더 빠른 것
더 느린 것</td><th>활동유형</th><td>게임</td></tr>
<tr><th>활동목표</th><td colspan="5">• 노랫말에 따라 순서를 짓는다.
• 비교 용어를 사용한다.</td></tr>
<tr><th>활동자료</th><td colspan="5">활동판(융판), 펠트인형, 글자카드, 『딩동댕~』 책(교통기관 책)</td></tr>
<tr><th>단계</th><th colspan="4">활동내용</th><th>자료 및 유의점</th></tr>
<tr><th>사전활동</th><td colspan="5">'더 빠른 것 더 느린 것' 새노래를 배우고 자유선택활동 시간에도 틀어준다.</td></tr>
<tr><th>노래
회상하기</th><td colspan="4">1. '더 빠른 것 더 느린 것' 동요를 들려주어 흥미를 유발시킨다.

–더 빠른 것 더 느린 것–
1. 자전거보다 더 빠른 것은 자동차 (자동차)
자동차보다 더 빠른 것은 비행기 (비행기)
비행기보다 더 더 빠른 것은
빠른 것은 로 로 로 로켓트
2. 로켓트보다 더 느린 것은 비행기 (비행기)
비행기보다 더 느린 것은 자동차 (자동차)
자동차보다 더 더 느린 것은
느린 것은 자자자 자전거

2. 동요 가사와 교통기관의 사전 경험을 떠올려 본다.
– 동요 속에 어떤 것들이 나왔었나요?
– ○○이는 그럼 자전거, 자동차, 비행기, 로켓 중에 어떤 걸 타 봤나요?

3. 오늘 할 활동을 소개한다.
– 오늘은 선생님과 함께 '더 빠른 것 더 느린 것'이라는 활동을 해볼 거예요.</td><td>동요(더 빠른 것 더 느린 것) 음악</td></tr>
</table>

<table>
<tr>
<td colspan="2">수학화 활동</td>
<td>1. '빠르다-느리다'에 관련된 그림카드를 하나씩 보며 탐색해 본다.
-따르릉 따르릉 비켜나세요~ 지금 뒤에서 열심히 달려오고 있는 게 무엇일까요?

2. 놀이방법에 대해 이야기나눈다.
('느리다-빠르다' 펠트인형 자전거와 자동차를 활동판에 붙인다.)
-○○아, 자전거랑 자동차가 달리기 시합을 하면 누가 더 빠를까?
-그럼 우리 달리기 시합을 한번 해볼까요? ○○이가 자동차를 들고 선생님은 자전거로 시합을 할 거예요~ 출발선을 어디로 하면 좋을까?

3. 유아들이 직접 활동해 본다.
-그럼 같이 게임을 해볼까요?</td>
<td></td>
</tr>
<tr>
<td colspan="2">평가하기 및 공유하기</td>
<td>1. 활동에 대해 피드백 제공하며 이야기나눈다.
-오늘 어떤 활동을 했나요?
-맞아요. 자전거보다 더 빠른 것들을 알아보았어요. 어떤 차가 가장 빨랐나요? 그 다음에 빠른 것은 누구 차였지요?

2. 활동 후 느낀 점에 대해 이야기나눈다.
-놀이하면서 뭐가 가장 재미있었나요?

3. 연계된 다음활동 소개하며 마무리한다.
-화장실 다녀와서 '야! 우리 기차에서 내려' 동화를 들려줄 거예요.</td>
<td></td>
</tr>
<tr>
<td rowspan="2">활동 평가</td>
<td>유아</td>
<td colspan="2">비교용어를 사용하여 순서지을 수 있었는가?</td>
</tr>
<tr>
<td>교사</td>
<td colspan="2">유아의 수학적 의사소통을 돕기 위해 유아가 탐색하고 있는 수학적 개념과 과정을 언어로 들려주고 유아들 스스로 수학적 사고를 표현하도록 도왔는가?</td>
</tr>
</table>

4) 게임활동을 통한 접근법

(1) 교육적 의의

게임을 통한 수학교육은 유아가 좋아하는 게임을 통해 수학교육의 내용을 효과적으로 담을 수 있으므로 게임활동과 수학교육의 연계는 교육적 효과가 높다. 유아는 게임을 하는 과정에서 수학적 개념을 이해할 뿐만 아니라 또래와 의사소통을 하고 주도적으로 게임에 참여하며 상호작용 능력과 문제해결력, 예측하고 추론하는 능력을 증진시킴으로써 수학적 과정기술을 증진시킬 수 있다. 또한 운동능력을 발달시키고 자제력이나 자신감을 기르며 올바른 운동정신을 가지게 하며, 생활 속에서 생기는 억압이나 갈등을 해소하고 정서적으로 만족감을 가질 수 있게 됨으로써(교육부, 2000) 수학에 대한 긍정적인 태도를 기르는 데에도 도움을 준다.

(2) 게임을 통한 수학교육의 장점

게임을 통한 수학교육의 장점은 다음과 같다. 첫째, 영유아는 의미 있는 상황 속에서 분류, 서열화, 수개념, 측정, 공간, 도형 등에 관한 기본 개념을 습득하고 수학적 개념과 지식을 적용하게 된다. 둘째, 유아 중심의 학습 상황이다. 교사의 지시에 의해서가 아니라 자신이 주체가 되어 수학적 경험을 하게 된다. 셋째, 수학적 어휘를 풍부하게 사용하게 된다. 같은 편끼리 또는 상대편과 게임의 방법이나 규칙과 관련된 대화가 촉진되므로 자연스럽게 수학 용어를 습득하게 된다. 넷째, 유아들 간의 또래 간 상호작용을 증진시키게 된다. 대부분 집단으로 게임이 이루어지기 때문에 편끼리 협력하는 과정에서 탈중심화 능력이 발달될 수 있다. 다섯째, 내재적 보상을 경험할 수 있다. 게임은 게임 자체로서 영유아에게 내적 보상을 주므로 게임을 통해 영유아는 흥미, 도전감 즐거움을 느끼게 되어 더욱 능동적인 학습자가 될 수 있다.

게임의 유형

게임의 유형은 목표물 맞추기 게임, 경주, 쫓기 게임, 숨기기, 알아맞히기, 언어적 지시 게임, 카드게임, 판게임 등으로 분류할 수 있으며(이경우 외, 1997), 이 중 전반적으로 수에 관한 합리적 사고를 가장 많이 하도록 하는 것은 카드게임과 판게임이다. 게임을 활용한 수학교육활동 시 유의점은 유아의 준비도에 적절한 난이도를 고려하여 게임의 규칙과 방법을 변형할 수 있도록 하며, 게임의 짝 또는 집단 구성에 신중을 기해야 한다. 가능한 한 유아들이 게임을 주도할 수 있도록 하고 책략과 운 중에 운이 차지하는 비중을 높여 결과에 상처를 덜 받도록 하는 게 좋다. 그리고 대집단 게임을 계획하여 선의의 경쟁을 통해 참여자가 함께 즐기며 동기유발이 되도록 한다.

〈떡 하나 주면 안 잡아먹지 게임판(수세기)〉
주사위를 굴려 나온 숫자만큼 말을 움직여 초가집에 먼저 도착하면 이기는 게임이다.

〈표 10-7〉 게임유형에 따른 수학적 개념

게임유형		게임명	수학적 개념
목표물 맞추기 게임		볼링, 과녁 맞추기, 비석치기, 구슬치기, 자치기, 눈싸움, 제기차기, 팥주머니 던지기	수세기, 더하기, 빼기, 공간
경주	여러 과업하기	주걱으로 공 나르기, 머리에 책 얹고 달리기	물리적 지식
	시공간 관련	의자 뺏기	일대일 대응
	릴레이	다리 묶고 달리기, 불어서 나르기, 가마타기, 굴렁쇠	탈중심화
쫓기게임	표적 없음	술래잡기	탈중심화, 분류하기, 공간
	표적 있음	수건돌리기	
	술래를 막음	꼬리잡기, 색깔찾기, 고양이와 쥐	
숨기기 게임		숨바꼭질, 보물찾기, 강아지 먹이 찾기	탈중심화, 공간, 거리
알아맞히기 게임	촉각	만져서 알아맞히기, 비밀주머니	탈중심화, 공간, 분류하기
	청각	소리 맞히기	
	시각	팬터마임	
	언어	경찰놀이	
언어적 지시 게임		사이먼가라사대, 무궁화꽃이피었습니다, 코코코	탈중심화
카드게임	같은 것 짝짓기	짝맞추기, 동물 가족 만들기	분류하기
	순서대로 배열	카드 도미노	순서짓기
	집합 분배	합해서 5 만들기	수의 조합
판게임	숫자만큼 나감	윷놀이, 돌차기	일대일 대응, 수세기, 도형
	판에 형태 만들기	틱, 탁, 토	공간
	물건 모으기	앵두 따기	수세기

5) 요리활동을 통한 접근법

(1) 교육적 의의

요리를 통한 수학교육은 유아들이 직접 요리에 참여함으로써 수학교육의 내용 및 과정을 경험하게 하는 것이다. 요리활동을 통해 유아들은 요리 재료를 오감을 통해 탐색하면서 색깔, 모양, 냄새, 크기, 촉감, 무게감, 단단한 정도 등 다양한 물질의 특징이나 속성을 발견하게 된다(정연희, 2003). 또한 재료의 개수를 세고, 정확한 양을 알기 위해 재료의 무게와 부피를 측정하고, 요리 순서표에 따라 요리를 하는 동안 시간의 흐름을 이해하며, 완성된 요리를 똑같이 나누어 먹기 위해 부분과 전체의 개념을 인식하는 등 다양한 수학적 개념을 터득하게 되고 관찰하기, 비교하기, 예측하기 등의 탐구기술 활용하기를 경험하게 된다.

요리의 전 과정은 수세기, 비교하기, 분류하기, 어림하기, 측정하기 등과 관련 있으며 요리 과정은 비교와 관찰의 기회 제공, 특히 시간과 온도의 측정을 경험할 기회가 많다. 요리활동 후에는 요리 과정을 회상하며 요리 장면 그림을 순서대로 배열하는 활동을 통해 순차적 시간개념을 촉진할 수 있다. 따라서 교사는 생활주제와 관련 있고, 화학적 변화가 뚜렷한 요리활동을 선정하고, 요리활동 시에는 요리순서표를 제작하여 활용할 수 있도록 한다.

(2) 요리를 통한 수학교육의 장점

요리를 통한 접근은 다음과 같은 점에서 매우 효과적이다. 첫째, 오감의 발달을 증진시켜 유아의 흥미를 자극하고 학습의 효과를 높인다. 둘째, 유아에게 친숙한 재료를 활용하여 수학적 개념을 확장시킨다. 셋째, 추상적인 수학적 개념을 직접적인 경험에 의해 구체적인 것으로 인식한다. 넷째, 요리활동 전 과정에 직접 참여하여 성취감과 자신감을 기르며 수학에 대한 긍정적인 태도를 형성하도록 한다. 다섯째, 가정과의 연계가 용이하다.

〈표 10-8〉 '화채 만들기' 요리활동을 통한 수학활동계획안

<table>
<tr><th>생활주제</th><td>여름</td><th rowspan="2">활동명</th><td rowspan="2">골라먹는 재미
화채 만들기</td><th>대상</th><td>만 5세</td></tr>
<tr><th>소주제</th><td>여름 음식</td><th>집단형태</th><td>소집단</td></tr>
<tr><th>교육목표</th><td colspan="5">• 화채에 넣고 싶은 과일을 종류를 선택하고 조각 수를 계획할 수 있다.
• 자기만의 화채를 만들어 보며, 수세기, 더하기, 빼기를 경험해 볼 수 있다.</td></tr>
<tr><th>활동자료</th><td colspan="5">• 파인애플, 사과, 참외, 수박, 사이다와 오렌지 주스 혼합액</td></tr>
<tr><th>활동과정</th><th colspan="5">내 용</th></tr>
<tr><th>활동방법</th><td colspan="5">1. 준비된 요리 재료를 적당한 크기로 썰어 종류별로 그릇에 남아둔다.
– 사과, 참외, 파인애플은 먹기 좋은 크기로 썰어둔다.
– 수박은 스쿠프를 이용해 동그란 모양으로 파서 준비한다.
– 화채주스는 주스 1통과 약간의 사이다를 섞어 미리 만들어 둔다.

2. 하루 일과를 계획하는 시간에 이야기나눈다.
– 화채를 먹어본 경험과 화채가 무엇인지에 대해 이야기를 나눈다.
– '화채를 만들어요' 개인별 요리 계획표를 소개한다.
– 자기가 먹고 싶은 과일을 개수만큼 넣어 화채를 만들어 먹기로 한다.

3. 실내 자유선택활동 시간에 '개인별 요리 계획표'에 표시한다.
– 내가 넣고 싶은 과일의 조각 수만큼 그려 넣거나 숫자로 적는다.
– 내가 화채에 넣을 과일의 조각 수가 모두 몇 조각인지 합해본다.

4. '개인별 요리 계획표– 화채를 만들어요'에 표시한 대로 각자 화채를 만들어 먹는다.

〈활동방법〉
개인별 요리 계획을 하며 화채에 넣을 과일 조각의 수를 세어본다.
• 화채에 넣을 과일 조각의 수를 합해본다.

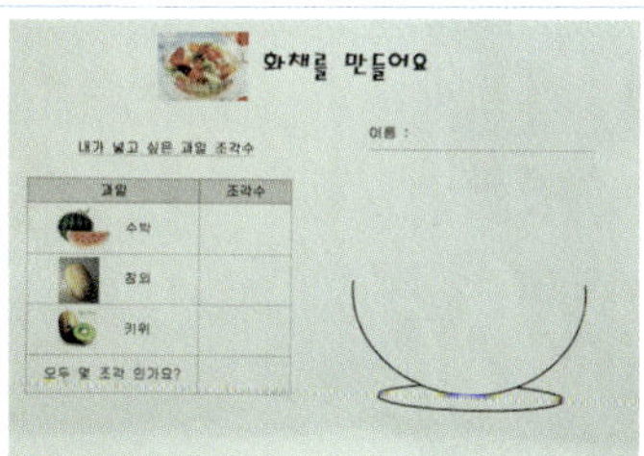
</td></tr>
<tr><th>참고사항</th><td colspan="5">유아의 수준에 따라 개별적으로 과일의 개수를 조정해 볼 수 있다.
예 과일의 합한 조각 수가 15쪽 혹은 20쪽이 되도록 하기, 15~20쪽 사이가 되도록 하기, 20쪽을 넘지 않도록 하기 등</td></tr>
</table>

출처 : 아이코리아연수원(2006). 수학으로 떠나는 첫 번째 여행, p. 134.

6) 일상생활을 통한 접근법

(1) 교육적 의의

수학은 단지 우리의 지적 능력을 키우기 위해 반복적으로 익혀야 하는 지식체계가 아니라 일상생활 능력을 키워주는 매우 실용적인 것이다. 영유아는 형식적인 수학교육을 받기 이전부터 이미 실제 생활 속에서 비형식적으로 다양하게 수학적 경험을 하고 있고 이러한 과정을 통해 자연스럽게 수학적 개념을 학습하고 수학적 사고를 증진시켜 나가는 적극적인 수학자이다. 일상생활 속 다양한 수학적 경험은 유아들이 수학을 발견하는 과정에 참여하고 자연스럽게 수학을 이해하고 인식하게 해준다.

(2) 일상생활을 통한 수학교육의 장점

일상생활을 통한 수학교육의 장점은 다음과 같다. 첫째, 영유아의 발달적 특성에 적합하다. 둘째, 현대사회의 요구에 부합한다. 셋째, 쉽게 접근 가능하고 일상의 모든 것이 교재 · 교구로 활용될 수 있다. 넷째, 영유아의 적극적인 의사소통을 촉진할 수 있다. 다섯째, 수학의 실용적 측면을 이해하여 긍정적인 수학적 태도를 기를 수 있다.

〈표 10-9〉 하루 일과를 통한 수학적 경험

하루 일과	수학적 경험	
등원 및 인사 나누기	인사 나누기	시간
	출석카드 도장 찍기	시간의 순서와 달력의 날짜를 읽는 경험, 숫자의 상징을 읽는 기회
	출석 확인하기	수의 부분들과 그 합을 비형식적으로 경험
	날짜와 요일 알아보기	시간의 순서와 달력의 날짜를 읽는 경험, 수를 손가락으로 표상하는 기회
	일과 계획하기	시간의 순서, 일과의 패턴, 수 세기, 요일에 따라 활동을 예측해 보는 경험
자유선택활동	조작영역	도형과 패턴에 대한 수학적 지식과 추론하기와 문제해결하기의 수학적 과정
	역할놀이 영역	가게놀이(돈의 단위와 수의 크기 비교, 비형식적인 수의 연산과 수 표상하기)
	미술과 쌓기놀이 영역	공간, 도형, 수 세기, 패턴 등의 수학적 지식과 놀이과정에서 문제해결하기, 의사소통하기, 표상하기 등을 경험
바깥놀이	줄서기	수 세기, 수의 조합
	마당놀이	공간의 위치, 측정, 마당에서 수집한 물건을 수를 세고 나누는 경험
정리정돈	분류, 시간 등의 수학적 지식, 의사소통하기의 수학적 과정	
점심시간	수 세기와 분류, 순서짓기, 시간과 공간 등의 수학적 지식과 의사소통하기, 표상하기, 연계하기 등의 수학적 과정	
귀가지도	순차적 시간개념	

11장 영유아 수학교육을 위한 환경구성

이 장에서는 수학영역의 배치 및 환경구성, 발달단계에 따른 수학교육 자료의 준비에 대해 알아보고, 수학 외 기타 다른 영역을 통한 수학교육의 방법 등을 살펴보고자 한다.

1. 수학영역의 환경구성

영유아는 자신을 둘러싼 주변 환경을 마음껏 탐색하고 지속적인 상호작용을 통해 수학개념을 학습한다. 발달에 맞는 다양하고 풍부한 자료가 있는 물리적 환경 속에서 영유아는 다양한 지식, 기술, 태도 등을 스스로 배우고 경험할 수 있다. 대다수의 유치원과 어린이집은 영유아가 많은 시간을 능동적으로 놀이할 수 있도록 교실을 흥미영역으로 구성한다. 흥미영역은 영유아가 적극적이고 독립적으로 수학적 아이디어를 탐색하는 환경으로 구성하여 유아의 수학 학습에 효과적이어야 한다. 영유아 수학교육을 위한 환경구성을 위해 고려할 점은 다음과 같다.

1) 수학영역의 배치

영유아교육기관에서 수학영역은 영아반의 경우 과학, 수학, 조작영역이 탐색영역에 함께 제시되어 있는 경우가 많다. 유아반의 경우에는 수학영역이 단독으로 제시되거나 수학, 과학영역이 통합되는 경우, 또는 조작영역에 통합되어 제시되는 경우도 있다. 그 밖에 과학, 조작, 수학 영역이 모두 분리되어 각각의 영역으로 제시되기도 한다.

수학영역은 정적 활동이 많이 이루어지므로 음률영역, 블록영역, 역할영역 등과 같이 동적이고 소음이 많은 영역과 먼 곳에, 그리고 언어영역이나 조작영역 등의 조용한 영역과 가까운 곳에 배치하는 것이 좋다.

수학영역의 공간은 영유아가 개별 혹은 소집단으로 함께 교구 및 자료를 펼쳐놓고 활동할 수 있는 충분히 넓은 공간이 바람직하나 상황에 따라 공간의 크기나 위치는 융통성 있게 조정할 수 있다. 공간의 융통성을 위해 고정된 가구보다는 이동식 가구를 사용하는 것이 바람직하며 영유아가 마주 보고 상호작용하기 좋은 작은 탁자나 탁자 없이 바닥에 앉아 활동할 수 있도록 카펫을 깔아주거나 방수나 세척이 용이하고 교체 가능한 바닥재를 사용하는 것이 편리하다.

융통성 있는 수학영역의 배치

유치원 활동실의 수학영역 환경구성

소음방지를 위해 바닥에 카펫을 깐 블록놀이 영역

2) 교구 및 자료

(1) 상업용품

영유아 수학교육을 위한 상업용 자료는 매우 다양하게 개발, 판매되고 있다. 상업화된 자료는 가격이 비싸다는 단점이 있지만 제작 시간이 들지 않는다는 장점이 있으므로 가능한 예산 안에서 경제적으로 구매를 계획해야 한다. 따라서 평소 영유아 교육용품 관련 회사의 카탈로그를 살펴보거나 정기적으로 개최되는 유아 교재 교구 박람회를 방문해 보는 것도 좋다.

(2) 일상용품

일상생활용품이나 재활용품의 활용

영유아들을 위한 수학 자료로 일상생활용품이나 재활용품을 활용하는 것은 매우 효과적이다. 예를 들어, 계란 판, 휴지심, 호일심, 냄비, 페트병 등은 그래프, 도형, 측정 등을 다룰 때 효과적으로 이용될 수 있다. 이러한 자료들의 장점은 비용이 들지 않는다는 경제적 이점과 환경보호의 차원에서도 가치가 있으며 무엇보다도 일상용품은 영유아가 수학 학습을 더욱 친근한 것으로 느낄 수 있기 때문에 최고의 교구라고 할 수 있다. 따라서 학부모들에게 가정에서 손쉽게 구할 수 있는 재활용품이나 폐품 등을 기증받는 것은 가정과의 연계활동으로도 매우 효과적이며 유아교육기관 자체에서도 재활용품을 보관하여 활용하는 것이 바람직하다.

일상용품 수학교육자료

(3) 교사 제작 교구

최근 영유아교육기관에서는 수학활동을 위한 교재 · 교구를 구입하는 경우가 점차 증가하고 있지만, 아직도 교사가 교구를 직접 제작해야 하는 경우가 있고 더 효과적일 때가 많다. 교사가 창의적으로 개발한 활동은 그에 적합한 상업용 교구를 발견하기 쉽지 않기 때문이다. 또한 교사가 교구를 제작하는 것은 비용 면에서도 훨씬 경제적일 수 있다. 그러나 교구 제작에 지나치게 시간이 소요된다거나 일회용으로 만들어 반복 사용이 불가능하다면 오히려 비경제적일 수 있다. 따라서 수학활동 자료 제작 시에는 교사는 제작에 너무 많은 시간이 소요되지는 않았는지, 방법이 너무 복잡하지는 않은지, 재활용품을 활용하여 제작과정을 축소할 수는 없는지 등 효율성을 고려해야 한다.

교사가 제작한 수학교육자료

3) 발달단계에 따른 수학환경 구성

(1) 영아를 위한 수학환경

다양한 감각기능을 활용한 탐색

영아기에는 다양한 감각기능을 활용한 탐색을 통해 즐거움을 느끼고 사물과 환경에 대한 지식을 발달시키게 된다. 그러므로 수학영역에서는 구체적인 실물과의 상호작용을 통해 수와 모양, 크기, 색 등에 관한 개념의 기초가 되는 실제적인 경험이 가능하도록 자료를 준비한다. 영아를 위한 수학영역은 과학영역과 함께 통합하여 탐색영역으로 배치하게 된다. 탐색영역에서는 영아가 자유롭게 탐색할 수 있도록 다양한 사물을 제공하되, 모든 자료가 안전하고 위생적으로 관리되도록 특히 주의해야 한다. 깨지거나 삼킬 염려가 있는 재질과 크기의 자료는 피하고, 입에 넣어도 유해하지 않은 안전한 소재인지 확인하여야 한다.

① 0~1세 감각 및 탐색영역

밝은 원색이나 색상 대비가 분명하여 시각적인 변별이 용이한 자료를 제공한다.

- 모빌, 딸랑이, 손에 쥘 수 있는 놀잇감, 오뚝이
- 건드리면 다양한 소리 나는 놀잇감
- 다양한 질감의 인형, 여러 가지 재질과 크기의 공
- 모양 블록, 모양 끼우기 통, 고리 끼우기

② 2세 감각 및 탐색영역

- 큰 조각 퍼즐, 모양 찾아 맞추기, 크기 순으로 고리 끼우기 등 조작 놀잇감
- 분류하기용 조작 놀잇감
- 다양한 일상생활 속 실물자료(계란판, 휴지심 등)
- 실내에서 키울 수 있는 동식물, 돋보기
- 교구대와 바구니, 쟁반

(2) 유아를 위한 수학환경

유아를 위한 수학영역은 수학을 자유롭게 탐색하고 탐구할 수 있도록 구성되어야 한다. 유아는 생활 속에서 짝짓기, 분류, 서열, 패턴 등의 규칙을 발견하고 수세기를 경험하며 기본적인 수학개념을 형성해 간다. 유아기에는 수학적 지식 습득보다는 주변의 다양한 사물과 상호작용하며 구체적으로 탐색하는 과정을 통해 자연스럽게 수학개념이 습득되고 탐구하는 태도를 가지게 하는 게 중요하다. 교사는 유아가 호기심과 흥미를 가질 수 있는 일상생활 속 친숙한 실물자료 등을 다양하게 제공하도록 한다.

유아를 위한 수학영역은 주로 조작영역과 통합하여 운영된다. 수 · 조작영역은 수학 학습을 위한 다양한 게임, 조작, 수학적 탐구자료 등을 제시하여 유아가 개별 혹은 소집단으로 다양한 사물, 일상생활 속 현상 등의 관계를 탐색하고 탐구할 수 있는 영역이다.

- 수조작 영역 활동자료(3~5세)
  - **구성활동 자료** : 레고블록, 코코블록, 끼우기블록, 다목적블록 등
  - **수 활동 자료** : 일대일 대응, 수세기, 분류, 비교, 서열 등
  - **조작활동 자료** : 퍼즐, 고리 끼우기, 자물쇠 맞추기, 볼트와 너트 등
  - **일상생활 활동 자료** : 곡식, 돌, 나뭇잎, 바느질, 구슬, 단추, 병뚜껑, 지퍼 올리기, 끈매기, 달력이나 시계, 전화기, 체중계, 양팔저울 등

구성활동 자료

조작활동 자료

수 활동 자료

그 밖에 유아수학교육을 위한 교수자료는 〈표 11－1〉과 같다.

〈표 11－1〉 유아수학교육을 위한 교수자료

수학교육 내용	교수자료
수와 연산	게임판과 주사위, 수카드, 수세기 막대, 자석숫자, 수 퍼즐, 수 막대와 구슬, 숫자도장, 셀 수 있는 물체, 수놀이 책, 숫자가 적힌 일상용품 등
공간과 도형	다양한 블록, 미로, 지오보드, 여러 가지 도형, 도형퍼즐, 모양 맞추기, 탱그램, 3차원 나무블록, 다양한 모양의 용기들, 모양책 등
측정	자, 끈, 테이프, 여러 가지 막대, 여러 가지 크기의 다양한 용기, 요리용 측정도구, 양팔저울, 체중계, 시계, 모래시계, 모눈종이, 비커, 스톱워치, 리본테이프 등
규칙성	패턴카드, 패턴블록, 패턴 게임자료, 여러 가지 패턴이 있는 물건, 폼 큐브, 유니픽스 큐브 등
자료분석	단추, 조개, 동전, 병뚜껑, 열매, 분류카드와 분류판, 다양한 모양 · 크기 · 색깔의 블록, 다양한 천, 그래프활동을 위한 재료, 다양한 접시 등

2. 수학 외 기타 영역에서의 환경구성

수학 학습은 언어영역, 미술영역, 역할영역, 쌓기영역, 요리영역, 음률영역, 과학영역 등 교실 내의 다른 영역과 통합되어 이루어질 수 있고 실외영역에서도 수학활동이 이루어질 수 있다. 따라서 교사는 다양한 수학 학습 기회를 제공하기 위해 기타 영역에서도 수학 학습과 통합이 되도록 구성, 운영할 수 있도록 한다.

1) 언어영역과의 연계

유아는 언어를 통해 수학과 관련된 지식을 받아들이고 사고를 확장하게 된다. 언어는 유아의 수학 학습이 이루어지게 하는 중요한 원동력이다. 최근 수학개념 발달을 목적으로 고안된 수학동화, 과학동화 등이 다양하게 출판되고는 있지만 수학개념을 포함하기 위해 억지로 상황을 설정하여 이야기를 구성한 경우도 많이 나타난다. 이러한 전집류 도서들은 일반적인 문학작품들보다 훨씬 흥미가 떨어져 아이들에게 외면당하는 경우가 많다. 기존의 다양한 문학작품(그림책)도 수학개념을 주제로 한 것이 많이 있기 때문에 교과서식의 딱딱한 문체나 학습지보다는 유아의 흥미를 더욱 유발할 수 있는 그림책을 활용하여 수학개념을 탐색하는 것이 효과적이다.

수학 관련 그림책의 활용

문학작품은 실제와 유사한 상황에서 수학 문제를 보여주기 때문에 유아로 하여금 수학이 우리 주변에 있다는 사실을 깨닫고, 문학작품에서 수학적 개념을 추출하여 실생활의 경험으로 확장할 수 있게 해준다. 따라서 교사는 유아가 수학과 관련된 그림책을 읽으며 자연스럽게 수학개념을 탐색하고 수학과 관련된 활동을 즐길 수 있도록 언어영역을 구성해야 한다.

'꿈틀꿈틀 자벌레' 동화읽기 – 측정활동

동극활동으로 수학적 상황을 재연하기–수개념

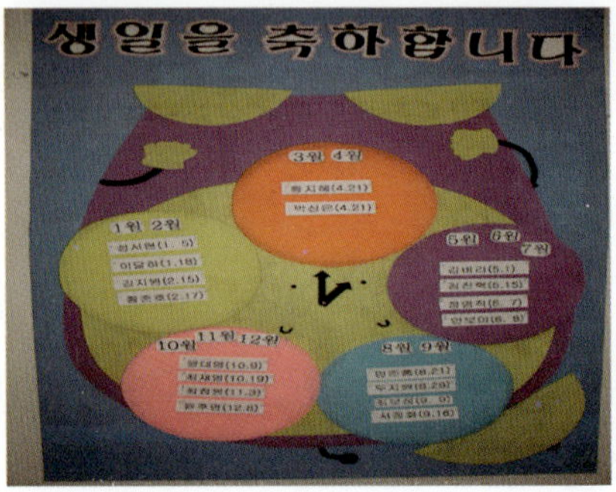

동화 속 내용으로 환경 구성하기–시간개념

동화 속 내용과 연계하기–그래프활동

2) 미술영역과의 연계

미술은 색, 형태, 공간, 원근, 패턴, 균형 등과 같은 많은 수학개념이 시각적으로 구현되는 활동으로서 수학과 밀접한 관련을 가지고 있다. 특히 언어 표현이 미숙한 영유아가 미술활동을 통해 수학과 관련된 새로운 지식을 습득하고 표현하는 것은 매우 효과가 높다. 예를 들어, 색종이를 접으면서 도형에 관심을 갖거나 감자와 같은 야채로 만든 모양 도장을 번갈아 가며 찍어보는 활동을 통해 패턴을 이해할 수 있다. 또한 활동 결과물을 다른 사람과 공유하는 과정에서 자연스럽게 작품 속에 담겨 있는 수학개념에 대해 이야기하며 인식하는 기회를 갖게 된다. 미술활동은 개별활동뿐만 아니라 그룹

활동 결과물 공유를 통한 수학교육

으로 공동작품을 완성해 나갈 때 유아들 간 상호작용 속에서 수학개념이 활발하게 일어날 수 있다. 또한 표현활동뿐 아니라 명화 감상활동을 통해서도 수학교육을 실시하는 것이 효과적이다.

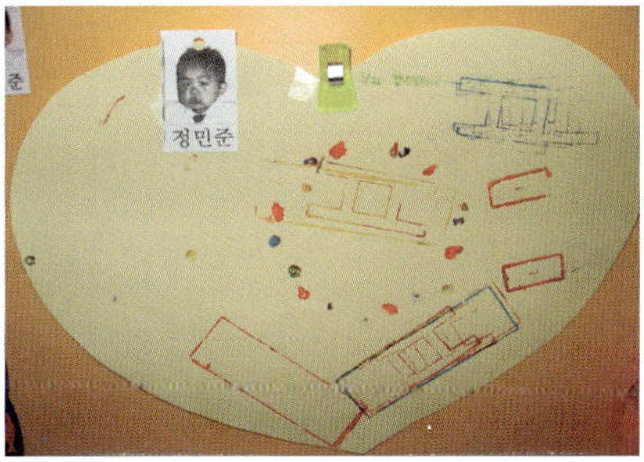

모양찍기 활동을 하는 가운데 규칙성을 인식하게 된다.

색깔국수놀이에서 옷의 안쪽을 꾸미면서 기하능력이 발달하게 된다.

다양한 모양의 재료로 나 꾸미기를 하며 눈, 코, 입 등 위치개념이 발달하게 된다.

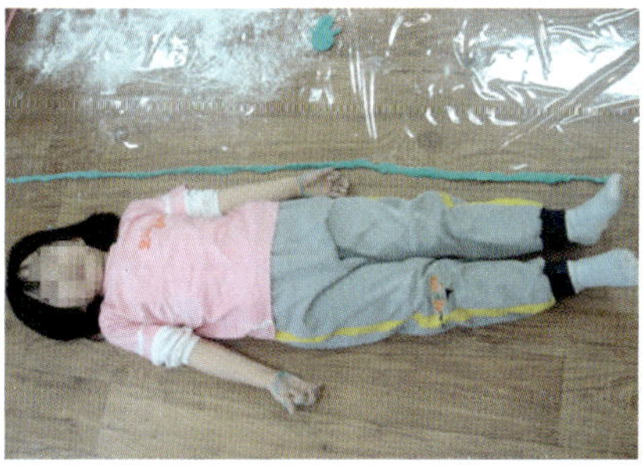

색깔지점토로 키 재어보는 놀이를 통해 측정능력이 발달하게 된다.

3) 역할놀이 영역과의 연계

역할영역은 유아로 하여금 수학을 축소된 실제 세계인 역할놀이 안에서 직·간접적으로 경험하게 한다. 유아는 역할놀이를 통해 일상적인 경험을 다양하게 재연함으로써 자연스럽게 주변 세계를 모방하고 새로 배운 기술과 지식을 연습하고 공고화하게 된다. 예를 들어, 마트놀이를 하는 유아는 놀이를 통해 자연스럽게 장난감 돈을 사용하면서 수에 대한 개념과 더하기, 빼기 등의 연산개념을 익히게 된다. 또한 음식점 놀이를 위해 다양한 재료와 도구를 이용하여 음식모형을 만들면서 일대일 대응이나 도형, 패턴, 분류 등의 수학개념을 학습하게 된다. 이와 같이 역할영역 놀이를 통하여 유아는 친숙한 상황에서 돈, 음식, 컵 등과 같은 구체물을 사용한 직접경험을 반복해서 하면서 문제해결 상황에서 자연스럽게 수학과 관련된 원리를 이해할 수 있게 된다. 따라서 교사는 유아의 역할놀이를 촉진할 수 있는 환경을 마련해 주고 구체적인 활동을 통해 수학적 경험으로 확장될 수 있도록 적절한 질문 및 개입을 해줄 필요가 있다.

다양한 역할놀이를 통한 수학적 경험의 확장

역할영역에서 크기순으로 교구를 정리하거나 종류별로 그릇을 분류해 볼 수 있다.

마트놀이를 하면서 수세기, 더하기, 빼기를 해볼 수 있다.

4) 쌓기놀이 영역과의 연계

쌓기놀이는 유아가 다양한 종류의 모양, 색, 크기의 블록을 이용하여 일상생활에서 보거나 상상하는 것을 구성해 볼 수 있는 놀이이다. 쌓기놀이는 유아의 눈과 손의 협응력 및 손과 손가락의 조작능력 발달뿐 아니라 일대일 대응, 수세기, 분류하기와 공간구성 능력 등을 증진시킨다.

블록으로 집 만들기 놀이를 하면서 블록을 결합했다가 다시 분할해 보기도 한다.

구성물을 같은 모양끼리 정리하거나 크기순으로 전시한다.

5) 요리영역과의 연계

요리영역은 과학영역과 통합되어 운영되거나 일시적으로 운영되는 영역이지만 요리 재료를 탐색하는 과정에서 비교나 관찰의 기회를 제공한다. 또한 요리활동에는 부피나 양의 측정 개념뿐 아니라 시간과 온도의 측정을 경험할 기회가 많기 때문에 수학과 아주 밀접한 관계가 있다. 요리활동 후 요리 과정을 회상하며 요리 장면 그림을 순서대로 배열하는 활동은 순차적 시간의 학습을 촉진할 수 있다. 이와 같이 요리의 전 과정은 수세기, 비교하기, 분류하기, 어림하기, 측정하기 등 수학과 관련이 있다.

요리순서도에 따라 요리활동하기

요리순서도 배열하기

6) 음률영역과의 연계

음률영역에서는 수학과 관련된 노랫말이 적혀 있는 가사판을 게시하고 리듬악기 연주방법을 유아들과 함께 만들어 악기를 연주하도록 하거나 서로 다른 양의 물을 넣은 컵을 두드리면서 소리의 높낮이를 비교하거나 순서짓게 할 수 있다.

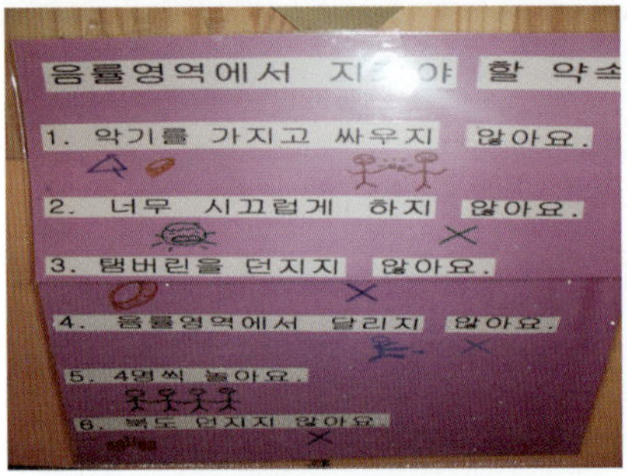

수나 모양 활용하여 규칙 만들기

악기 정리 및 악보 만들어 합주하기

7) 과학영역과의 연계

과학영역에는 수과학 관련 그림책과 함께 생활주제와 연관된 자료를 제시하여 관찰할 수 있도록 하고 관찰기록지를 작성하거나 길이를 측정하여 크기 변화 등을 기록하면서 그래프를 작성하는 등 수학활동과 연계되도록 한다.

탐색, 관찰하기

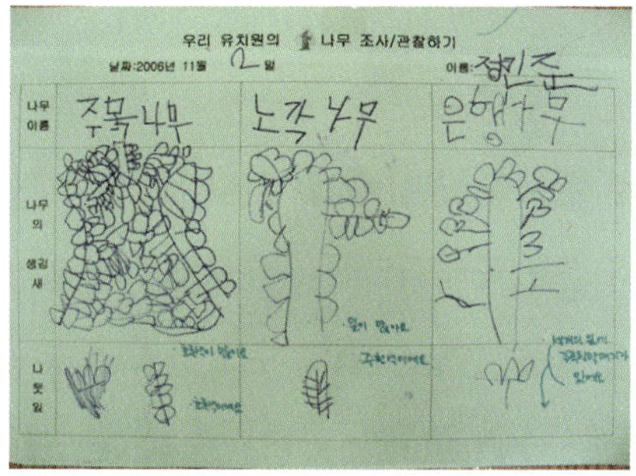

관찰기록지 작성하기

관찰기록지 전시하기

성장 과정 그래프 만들기

8) 실외영역과의 연계

실외놀이 영역은 실내영역 못지않게 유아의 수학학습에 효과적인 공간이다. 풍부한 자연환경과 열린 공간은 영유아의 수학경험을 확장시켜 준다. 실외영역에는 신체놀이 영역, 물놀이 영역, 모래놀이 영역, 목공놀이 영역, 동식물 기르기 영역 등이 있다. 신체놀이 영역에서는 기어오르기, 매달리기, 달리기, 구르기, 뛰기, 그네 타기, 시소 타기 등의 신체활동을 하면서 균형, 방향, 속도, 공간 등을 경험할 수 있다. 물놀이 영역에서는 부피, 측정 등의 개념을 학습할 수 있고 모래놀이 영역에서 유아는 더 자유롭고, 마음껏 흙을 파고, 나뭇잎, 돌멩이 등을 자유롭게 탐색하면서 나뭇잎으로 분류하기를 하거나, 돌멩이로 수세기를 하며 자연스럽게 수학활동이 이루어진다. 목공놀이 영역에서는 유아가 실제 연장을 이용하여 나무의 질감이나 길이, 무게, 부피 등을 경험할 수 있다. 동식물 기르기 영역에는 동물의 특성을 관찰하고 다양한 형태의 식물, 꽃, 채소가 있는 정원을 마련해 줌으로써 유아들이 직접 물을 주고 키워보며 식물의 성장 측정, 서로 다른 식물의 특성 비교, 패턴 등의 수학적 경험을 할 수 있다. 따라서 가급적 넓은 실외공간을 구성하고 실외활동의 기회를 충분히 제공하는 것이 바람직하다.

모래놀이 영역

식물 기르기 영역

12장 영유아 수학교육 평가

영유아 수학교육에서 평가는 학습자의 발달수준을 파악하여 수학 교수계획을 세우고 수학교육의 효과를 검증하여 교육의 질을 향상시키기 위한 필수적인 과정이다. 교사는 평가를 통해 유아가 무엇을 알고 있고, 어떠한 도움을 필요로 하는지 발견할 수 있다. 또한 교사 자신이 계획하고 실행한 교육과정을 점검하고, 교수-학습 방법을 개선하여 교사의 전문성 향상을 위한 자료로도 활용 가능하다. 즉, 수학교육 평가는 영유아를 이해하는 창(窓)이며 교육계획을 세우기 위한 기초 자료인 동시에 교사의 교수능력을 신장하기 위해 필요한 과정이다. 이 장에서는 영유아 수학교육 평가의 목적 및 기본 방향, 수학교육 평가방법, 가정환경 요인 평가와 활용방안에 대해 살펴보고자 한다.

1. 영유아 수학교육 평가의 목적 및 방향

1) 영유아 수학교육 평가의 목적

정보 수집과 문서화과정

유아교육기관에서의 평가는 영유아의 발달과 교육 프로그램의 목적을 달성하기 위해서 영유아가 무엇을 할 수 있는지에 대한 정보를 수집하고 문서

평가의 다양한 기능

화하는 과정이다(McAfee, Leong & Bodrova, 2004). 평가는 교육에서 필수적인 과정으로, 교육의 환류 체계 역할을 담당한다. 따라서 영유아 수학교육에서 평가는 영유아의 수학능력을 판단하는 근거이며, 평가 자료를 통해 영유아의 수준에 적절한 교수계획을 세우고, 교육목표의 달성 여부를 판단하는 자료로 활용할 수 있다.

NCTM(2000)은 평가의 원리로서 "학습자의 학습을 향상시키고 교수에 관한 결정을 내리는 데 가치 있는 도구가 되어야 한다"고 제시하였다. NCTM(1991)에서 제시한 수학교육 평가의 목적을 살펴보면 다음과 같다. 첫째, 유아의 진보에 대한 자료를 수집하여 유아가 수학 학습에 있어서 어느 정도에 도달했는지를 결정하는 근거로 삼는다. 둘째, 평가는 교사가 질 높은 학습을 제공하기 위한 교수에 관한 결정을 돕는다. 셋째, 유아의 성취를 평가하고 의사소통을 위한 자료로 활용한다. 넷째, 유아 수학교육 평가는 프로그램의 질과 효율성을 알아보기 위한 목적을 가진다. 다섯째, 평가는 교사 자신의 수행에 대한 정보를 제공하여 수업 기술에 대한 반성 및 전문성을 개선하도록 돕는다.

따라서 수학교육 평가의 주 목적은 영유아의 현재 수학능력을 파악하고, 교사의 교수활동에 필요한 정보를 제공하여 학습자의 수학 성취를 돕는 데 있다. 또한 수학 프로그램의 적절성과 교사의 교수능력에 대한 검증을 통해 영유아의 수학 성취와 교사의 전문성 함양을 돕는 것이다.

2) 영유아 수학교육 평가의 방향

유아교육에서 평가의 영역은 전통적으로 소홀히 간주되었다. 특히 수학은 영유아가 이해하기 어려운 교과로 여겨 영유아의 수학능력을 측정하는 평가가 과소평가 되었다. 또한 영유아의 수학능력을 측정하는 평가도 주로 준비도 검사, 지능검사와 성취 정도를 측정하는 표준화 검사가 제한적으로 사용되었다. 그러나 이러한 평가방법은 유아가 현재 '알고 있는 것'만을 측정할 수 있을 뿐이지 문제해결과정, 자발성 및 동기, 잠재적인 발달 가능성은 배제한 '결과 중심의 평가'로 볼 수 있다. 표준화 평가도구는 평가도구로 측정 가능한 제한된 수학 지식은 알 수 있으나, 비형식적 수학능력과 평가영역에 포함되지 않은 수학능력은 알아낼 수 없다. 또한 평가는 교수–학습 과정과 분리된 단계에서 일회성으로 이루어지고, 평가결과를 교육계획을 위한 기초 자료로 활용하는 부분도 적었다. 이러한 영유아 수학교육 평가의 문제점을 토대로 유아수학교육 평가의 기본 방향을 제시하면 다음과 같다.

결과 중심의 평가

바람직한 수학교육 평가의 방향

첫째, 성취 중심의 결과평가보다는 변화과정을 진술하는 과정평가가 이루어져야 한다. 유아가 지닌 현재의 수학능력과 교육목표 달성 여부만을 평가하기보다는 수학활동 속에서 나타난 유아의 발달 정도와 변화 과정을 평가한다. 유아의 수학능력은 어느 한순간에 획득되는 것이 아니라 시행착오를 통해 오랜 시간에 걸쳐 형성된다. 또한 유아가 지닌 비형식 수학능력은 표준화 검사도구로는 측정할 수 없으며, 문제해결과정에서 사용하는 전략과 수학과정기술도 포함하여 평가되어야 한다. 따라서 체계적인 평가 계획을 세우고 유아의 수행에 기초한 자료를 수집하여 유아의 발달적 진보와 변화 과정을 진술하는 평가가 이루어져야 한다.

과정 중심의 평가

둘째, 유아의 수학 지식과 개념, 과정기술, 태도를 포함한 다면적인 평가가 이루어져야 한다. 바람직한 평가는 교육목적과 일치하는 내용을 측정해야 한다. 유아수학교육의 목적은 수학적인 힘(mathematical power)과 수학적 소양(mathematical literacy)을 기르는 것이다. 수학적인 힘은 문제를 해결하기 위해 자신이 가진 수학 지식을 이용하여 추론하고 탐구하고 수학 절차를 수행할

수학교육의 목적에 적절한 평가

수 있는 능력을 말한다. 수학적인 소양은 일상생활의 문제를 수학적으로 해결하기 위해 탐구하고 즐기는 태도를 의미한다. 영유아는 자신이 알고 있는 수학개념과 수학 절차를 적용하여 수학문제를 풀고, 문제에 몰입하여 수학에 대한 즐거움과 자신감을 갖는다. 따라서 유아의 수학능력을 평가하기 위해서는 형식적인 검사도구와 수학과정기술과 수학에 대한 태도도 포함되어야 한다. 이를 위해서는 형식적인 평가도구 외에 비형식적인 방법과 다양한 평가도구가 활용될 수 있다.

체계적인 계획에 의한 평가

셋째, 체계적인 계획에 의한 평가가 이루어져야 한다. 영유아를 위한 수학교육은 체계적인 방법으로 운영되듯이 수학교육의 효과, 유아의 수학능력을 측정하는 평가도 체계적인 절차에 따라 실시되는 것이 바람직하다. 구체적으로 연간 · 월간 · 주간 교육계획 시 효율적인 수학평가를 위해 평가시기, 평가방법, 평가내용, 평가횟수 등을 포함한 수학평가 계획을 수립할 필요가 있다. 즉, 영유아를 위한 수학교육 계획과 운영에 부합하는 평가계획을 수립하여 준거에 타당한 평가를 실시하도록 한다.

일과 속에서 평가 실시

넷째, 평가는 교수–학습 상황과 분리하지 않고 일과 속에서 이루어지도록 한다. 영유아는 교사가 계획한 수학활동을 통해 수학 학습이 이루어지기도 하지만 일과 속에서 비형식적인 경험을 통해 수학능력이 향상된다. 평가는 교육과정의 가장 마지막 단계에서 실시되는 총괄평가도 있지만, 영유아를 위한 평가는 교수–학습과 분리되지 않고 상시적으로 이루어지는 것이 바람직하다. 최근에는 교육과정과 평가 간의 구분을 없애고 상황적 맥락을 고려한 프로젝트 스펙트럼이 활용되기도 한다. 유아를 위한 평가는 일과 속에서 비형식적 · 형식적인 방법을 활용하여 지속적으로 이루어지는 것이 바람직하다.

평가 결과의 활용

다섯째, 평가 결과는 영유아, 교사, 부모를 위해 효과적으로 활용한다. 평가는 평가 자체로 끝나는 것이 아니라, 교육의 질을 향상하기 위한 자료로 활용될 때 진정한 의미를 갖는다. 교사는 평가 결과를 수학교육의 개선을 위한 정보로 활용한다. 또한 영유아의 수학발달 수준과 수학능력을 이해하는 자료로 사용되기도 하고, 부모 면담 시 자녀에 대한 이해를 돕는 데 활용될 수도 있다. 이처럼 평가결과는 영유아의 수학능력을 이해하고, 발달에 적절한 수학교육을 수행하기 위해 활용되어야 한다. 즉, 평가는 교육의 개선을 위한 환류적 기능을 담당할 수 있어야 하며, 교육 참여자에게 공동의 이익이 될 수 있도록 활용해야만 진정한 가치가 있다.

2. 영유아 수학교육 평가내용

영유아 수학교육 평가의 목적을 달성하기 위해서는 수학교육의 목적, 교육내용, 교수-학습 방법, 평가가 상호 연계되어 일관성 있게 이루어져야 한다. 유아를 위한 수학교육의 궁극적 목적은 유아의 수학적 소양을 증진하는 데 있다. 수학적 소양을 갖춘 인재로 성장하기 위해서는 수학 지식, 수학과정기술, 수학적 태도를 함양해야 한다.

수학 지식

수학과정기술

수학 태도

수학 지식은 수학에 대해 알고 있는 개념으로 수학에 대한 인지적인 측면이다. 유아는 학습 경험과 수학활동을 통해 수학 지식을 형성한다. 수학과정기술은 문제를 해결하기 위해서 사용하는 전략 및 과정을 의미한다. 유아가 수학활동에서 사용하는 과정 기술로는 문제해결하기, 추론하기, 의사소통하기, 연계하기, 표상하기가 있다(NCTM, 2000). 수학 태도는 수학에 대한 일반적인 감정적 성향이며, 수학활동 과정에서 나타나는 특별한 행동양식을 의미한다. 특히 유아기에는 수학에 대한 흥미, 호기심, 성향과 같은 수학 태도

형성이 매우 중요하다. 결국 수학교육의 목표와 연계된 평가가 실시되기 위해서는 수학능력뿐만 아니라 탐구하는 과정과 수학에 대한 태도도 평가 요소에 포함되어야 한다. 이와 관련하여 존스(Jones, 2004)는 다음과 같은 내용을 평가영역에 포함할 것을 제시하였다.

〈표 12-1〉 영유아의 수학능력 평가내용

수학능력	평가내용
수학적 지식	수학개념의 획득과 관련된 지식 수학적 탐구나 수학적 기초 능력 기르기에 제시된 내용의 획득 정도 예 수세기, 도형의 특성과 이름 알기
추론적 사고	추상적 사고나 정보처리 능력 공통성이나 규칙 찾기, 관계성 찾기, 타당한 예측 등의 사고 예 결과 예측하기, 벤다이어그램 만들기
수행 기술	구체적인 수행에 요구되는 절차나 기술의 사용능력 예 옮기거나 지적하며 물체 세기, 시작점부터 재기
결과 산출	구성이나 그리기 등을 통해 표상할 수 있는 능력 예 우리 동네 지도 그리기
수학적 태도 및 성향	수학적 탐색을 즐기고 지속하고자 하는 태도나 성향 예 수학영역에 참여하는 빈도, 수학적 과제에 지속적 집중 정도

출처 : 홍혜경(2015). 영유아를 위한 수학교육. 경기 : 공동체, p. 154.

3. 영유아 수학교육 평가방법

유아의 실제적인 수학능력과 잠재적인 능력을 측정하기 위해서는 다양한 평가방법을 활용해야 한다. 유아의 수학능력을 평가할 수 있는 방법은 다양하다. 각 평가도구마다 장점과 단점이 있고, 평가의 신뢰성을 확보하기 위해서는 체계적이고 다면적인 평가방법을 활용해야 한다. 유아수학교육에서 활용하는 평가방법으로는 관찰법, 면접법, 검사법, 포트폴리오 평가 등이 있다.

1) 관찰법

관찰은 영유아의 능력을 측정할 수 있는 역사적으로 가장 오래된 평가방법이다. 관찰은 영유아가 일상생활 속에서 자연스럽게 행동하는 장면을 주의 깊게 객관적으로 살펴보는 과정이다. 관찰은 전문적인 훈련을 거치지 않아도 누구나 쉽게 사용할 수 있고, 장소 · 시간 · 상황에 구애받지 않고 활용할 수 있다. 또한 유아의 수학능력, 수학문제 해결방법, 수학에 대한 태도를 자연스러운 상황에서 평가할 수 있는 장점이 있다. 그러나 관찰자의 주관적인 관찰이 이루어질 수 있고, 관찰내용을 기술할 때 관찰자의 편견이 기록될 수 있는 단점이 있다.

가장 오래된 평가방법

객관적인 관찰

관찰을 통해 평가가 이루어지려면 다음과 같은 과정을 거친다. 첫째, 관찰의 목적에 부합한 객관적인 관찰이 필요하다. 둘째, 관찰한 내용을 객관적으로 기록한다. 셋째, 기록을 보고 영유아의 행동을 추론한다. 넷째, 기록과 추론을 통해 영유아의 행동을 평가하고 추후 활동을 위한 교수계획을 세운다. 즉, 관찰자는 객관적인 시각으로 관찰하고 다의적인 의미의 용어는 피하여 기술한다. 기술된 자료를 보고 교사의 추론, 유아의 행동평가, 평가에 근거한 교수 계획을 세운다.

관찰 평가의 과정

관찰은 영유아에 대한 정보를 수집하는 과정으로, 관찰한 내용을 기록화하는 방법에는 일화기록법, 체크리스트, 평정척도법 등이 자주 사용된다.

(1) 일화기록법

특정 사건에 초점

일화기록법(anecdotal records)은 영유아의 수학능력이 향상되었음을 보여주는 행동이나 특정 사건에 초점을 맞추어 구체적이고 사실적으로 기록하는 것이다. 교사가 특별한 준비나 계획 없이 특정한 목적에 초점을 둔 사건이나 또는 가치 있게 여겨지는 장면에서 관찰한 내용을 기록하는 방법이다. 일화를 기록하는 과정은 특정한 형식이나 절차가 필요하지 않다. 관찰 유아의 특정 행동이나 사건에 초점을 맞추어 언제, 어디서, 어떻게 일어났으며 그 장면에서 무슨 말을 하고 어떻게 행동했는지를 사실적으로 기록한다.

글로 묘사된 사진

일화기록은 그 장면을 보지 않은 사람도 기록된 자료만을 보고도 이해할 수 있을 정도로 사실적이고 객관적으로 기록해야 한다. 따라서 일화기록은 짧은 사건에 대한 서술적인 기록으로 사건이나 행동의 서술이 마치 사진을 보는 것 같아 글로 묘사된 사진(word picture)이라고 한다(이은해 · 이미리 · 박소연, 2006). 일화기록은 사건이나 행동이 발생된 상황이나 사건 직후에 기록하는 것이 바람직하지만, 상황이 여의치 않을 경우에는 핵심어를 기록하였다가 유아의 행동 직후에 기록한다. 또한 관찰 장면에서 모든 상황을 기록하기 어려운 경우, 접착용 메모지에 관찰 장면에 대한 내용을 간단히 기록해 두었다가 사건이 종료된 직후에 세부적인 내용을 기록한다.

일화기록은 사전 준비나 계획 없이 진행할 수 있어서 다른 관찰 기록방법보다 실시하기 용이한 장점이 있다. 그러나 기록하고 해석하는 데 시간이 많이 소요되며, 정확하고 객관적인 기록이 아닐 경우에는 유아에 대한 잘못된 평가를 할 수 있다는 단점이 있다. 따라서 사실적인 관찰과 기록 자료만이 유아에 대한 올바른 평가 자료가 될 수 있기 때문에 객관성을 유지하는 것이 중요하다. 일화기록이 영유아의 행동 및 언어적 상호작용에 대한 기록만으로 끝난다면 가치가 없다. 기록한 자료를 통해 영유아의 행동 및 언어에 대한 추론과 해석의 과정을 거쳐서 유아의 특성과 발달수준에 대한 정보를 찾아내어야만 의미가 있다. 일화기록 작성 시 참고할 수 있는 유의사항을 다음과 같이 요약할 수 있다(서소정 · 문혁준 · 김정희 · 부성숙 · 신희이 · 강인숙, 2017).

〈표 12-2〉 일화기록 작성 시 유의사항

- 발달상의 한 가지 중요한 사건이나 행동에 대해 기록한다.
- 관찰 시간, 장소, 장면, 활동 등 상황적인 자료가 기록에 포함되어야 한다.
- 핵심 단어를 사용하여 관찰한 직후 가능한 한 간결하게 작성한다.
- 관찰 대상 영유아의 행동과 말뿐만 아니라, 그 대상자와 상호작용하는 또래와 교사의 행동과 말을 기록한다.
- 기록은 객관적이고 사실적이어야 하며, 추론과 해석은 배제되어야 한다.
- 발달영역 또는 누리과정 영역의 중요 포인트를 작성한다.

다음 〈표 12-3〉은 블록영역에서 있었던 유아의 행동을 일화기록으로 작성한 사례이다.

〈표 12-3〉 일화기록의 사례

관찰대상 : 김○○ 생년월일 : 2015. 3. 10. 성별 : 여 관찰일 : 2018. 6. 28.
관 찰 자 : 김○○ 교사 관찰장면 : 쌓기놀이 영역 관찰시간 : AM 9:45~9:53

기록

김○○ 앞에 벽돌블록이 한 줄로 놓여 있다. ○○이가 오른쪽 왼쪽 어깨를 위로 번갈아 움직이며 "칙칙 폭폭 칙칙 폭폭"이라고 말한다. 교사가 "○○이가 기차를 만들었구나. 어디가 기차 앞이에요?"라고 묻는다. ○○이가 자신이 앉아 있는 방향에서 왼쪽 첫 번째에 있는 블록을 가리키며 "여기요"라고 말한다. 교사가 "기차가 몇 칸이에요?"라고 하자 ○○이는 왼쪽에 있는 블록부터 차례대로 블록을 한 개씩 가리키면서 "한 칸 두 칸 세 칸 네 칸 다섯 칸 여섯 칸 일곱 칸 여덟 칸 아홉 칸 열 칸 하나 둘 셋 넷"이라고 말한다. 교사가 "모두 몇 칸이에요?" 하자 ○○이는 양쪽 손가락을 모두 쫙 펴며 "10개요"라고 말한다. 교사가 "어떤 기차에 ○○이를 태워 줄래요?"라고 묻자 제일 앞에 있는 블록을 손가락으로 가리키며 "여기요"라고 말한다. 그리고는 "엄마는 두 번째, 아빠는 세 번째, 동생은 네 번째, 할머니는 다섯째, 할비는 여섯째"라고 말한다. 교사가 "다 태웠으면 이제 갈까요?"라고 묻자 ○○이는 "나는 늑대도 태우고 싶은데..." 라고 말한다. 교사가 "그래?? 늑대도 태우세요"라고 말한다. ○○이가 손가락으로 일곱 번째 블록을 가리키며 "늑대도..."라고 말한다. 여덟 번째 블록을 손가락으로 가리키면서 "사자도..." 아홉 번째부터 차례대로 가리키며 "호랑이도, 거북이도, 토끼도, 생쥐도, 뱀도, 왕비도"라고 말한다. 교사가 "왕비? 어떤 왕비요?"라고 묻자 ○○이는 "착한 왕비요"라고 말한다. ○○이는 양쪽 어깨를 번갈아 움직이면서 "칙칙폭폭 칙칙폭폭 다 왔습니다 내리세요"라고 말한다.

발달영역

인지발달 – 수개념

평가

○○는 합리적인 수세기(고유어로 세기)를 10까지 할 수 있다.

○○는 서수(여섯 번째)에 대한 개념이 있다.

○○는 일대일 대응을 할 수 있다.

○○는 물체에 부여하는 수량적 어휘(기차 : 칸)를 안다.

교수계획

10 이상의 수세기 이름과 합리적인 수세기의 기회를 제공한다. 또한 언어적으로 정확한 용어(할아버지)를 들려주고, 사용할 수 있도록 교육활동을 제공한다.

(2) 체크리스트

행동의 출현 여부 체크

체크리스트(checklist)는 영유아의 수학능력에 대한 질문을 미리 선정하고, 일정 시간 영유아의 행동을 관찰하여 관찰 특정 행동 및 능력의 출현 여부를 표시하는 방법이다. 행동목록에 적힌 내용을 보고 영유아의 행동 출현 여부에 따라 '예/ 아니요'에 체크(V)하는 것으로서 체크리스트 혹은 행동목록법이라고도 불린다. 체크리스트에 진술된 행동이 관찰되지 않을 경우에는 비고란에 '관찰되지 않음'으로 기입한다. 체크리스트에 포함된 행동목록은 외현적으로 관찰이 가능하며, 세부적이고 구체적인 내용으로 진술되어야 한다. 예를 들어, '수개념이 있다'는 수세기, 덧셈, 뺄셈, 숫자쓰기, 숫자읽기 등 측정할 수 있는 내용이 다양하므로 적절한 문항이라고 볼 수 없다. 수개념의 평가 문항으로는 '물체를 가지고 10까지 수를 셀 수 있다' 혹은 '1부터 10까지 합리적인 수세기를 할 수 있다'와 같이 구체적인 실문이 바람직하다. 문항의 내용이 포괄적이면 관찰하기 어렵고 관찰자에 따라 평가가 달라질 수 있기 때문이다.

체크리스트는 다른 관찰기록 방법보다도 기록하기 쉽고 사용하기 용이한 장점이 있다. 또한 교사가 특별한 훈련을 받지 않아도 간편하게 사용할 수 있다. 하지만 체크리스트에 제시되지 않은 관찰 항목은 평가하기 어려우며, 행동의 빈도나 질적인 수준에 대한 정보를 얻을 수 없다는 단점이 있다. 따라서 교사는 동일한 체크리스트를 가지고 시간 간격을 두어 2~3회 사용한다면, 시간의 경과에 따른 유아의 행동 결과를 비교할 수 있어서 유아에게 나타나는 변화를 분석해 볼 수 있다.

〈표 12-4〉 체크리스트의 예시

유아명	윤○○	성별	남	생년월일	2015. 1. 20.
관찰자	서○○ 교사	관찰일시	2019. 4. 17.	관찰횟수	1회

문 항	예	아니요	비 고
1~10까지 숫자를 보고 읽을 수 있다.	V		
1~10까지 숫자를 정확하게 쓸 수 있다.		V	2, 5의 숫자에서 거꾸로 쓰기
숫자 10까지 기계적으로 셀 수 있다.	V		
10개 정도의 물체를 헤아리고 수량을 이해한다.		V	
수와 숫자를 연결할 수 있다.	V		
두 물체의 개수를 '같다/ 더 많다/ 더 적다'의 단어를 사용하여 비교할 수 있다.	V		

(3) 평정척도법

유아의 행동을 수준별로 분석

평정척도법(rating scales)은 영유아의 행동 특성을 수행 정도에 따라 단계를 나누어 평가하는 방법이다. 평정척도법은 행동의 출현 여부만을 평가하는 것이 아니라, 행동의 질적 특성과 발생 빈도에 따라 점수를 부여한다. 교사는 영유아의 행동을 관찰하여 행동의 수준과 정도에 따라 평가한다.

평정척도법은 영유아의 행동에 대한 질적 수준의 정보를 얻을 수 있고, 서술식 관찰평가보다 사용하기 용이한 장점이 있다. 하지만 영유아의 수행 수준만을 평가하기 때문에 행동에 대한 원인과 전후 상황에 대한 정보를 제공할 수 없다는 단점이 있다. 평정척도법의 종류로는 기술평정척도, 숫자평정척도, 도식평정척도, 표준평정척도가 있다. 유아교육현장에서 주로 사용하는 평정척도법은 기술평정척도와 숫자평정척도이다. 기술평정척도는 특정 항목에 대해 다양한 수준으로 기술한 문장에서 유아의 성취 정도를 가장 잘 드러낸 문장에 점수화하는 것이다. 기술평정척도의 진술문은 각 수준이 동

기술평적척도

숫자평정척도

일한 급간의 내용으로 기술하는 것이 바람직하다. 숫자평정척도는 특정 항목에 대해 성취 정도에 따라 점수를 부여하는 방법이다. 점수화 방법은 3점, 4점, 5점, 7점 등 다양하며, 주로 5점 리커트(Likert) 척도와 4점 리커트 척도가 사용된다. 그러나 5점 평정척도법을 사용할 때 주로 중앙값에 점수를 부여하는 경향이 많아서 중앙 집중의 오류 혹은 중심화의 오류가 생기기도 한다.

유아의 수학능력을 평가하기 위해서 이미화 외 연구진(2014)에 의해 개발된 5세 누리과정 유아관찰척도의 수학적 탐구하기의 일부 내용을 제시하면 다음과 같다.

〈표 12-5〉 기술평정척도의 예시

관찰유아				생년월일/ 성별	(남, 여)
관찰자				관찰일	
내용	세부내용	평가문항 (평가 요소)	수준	평가준거	
수와 연산의 기초개념 알아보기	생활 속에서 사용되는 수의 여러 가지 의미를 안다.	물체를 세어서 20까지의 물체의 수량을 안다. (수의 순서, 수량인식)	1	10까지 수를 순서대로 말하고, 이에 해당하는 수량을 안다.	
	스무 개가량의 구체물을 세어보고 수량을 알아본다.		2	20까지 수를 순서대로 말하고, 이에 해당하는 수량을 부분적으로 안다.	
			3	20까지의 수를 순서대로 말하고, 이에 해당하는 수량을 안다.	
	구체물 수량의 부분과 전체 관계를 알아본다.	구체물을 가지고 더하기와 빼기를 한다. (더하기와 빼기 능력)	1	10개의 구체물을 가지고 더하기는 하지만 빼기는 어려워한다.	
	구체물을 가지고 더하고 빼는 경험을 해 본다.		2	10개의 구체물을 가지고 더하기와 빼기를 모두 한다	
			3	20개의 구체물을 가지고 더하기는 하지만 빼기는 어려워한다.	

출처 : 이미화 · 이정림 · 여종일 · 김경미 · 김명순 · 이경옥 · 이완정 · 이정욱 · 최일선 · 최혜영(2014). 5세 누리과정 유아관찰척도. 육아정책연구소, pp. 52-53.

다음 〈표 12-6〉은 유아의 수학에 대한 태도를 측정할 수 있는 숫자평정척도의 일부 문항을 제시한 것이다.

〈표 12-6〉 숫자평정척도의 예시

구성요소	평가문항	전혀 그렇지 않다	그렇지 않다	그렇다	매우 그렇다
		1	2	3	4
자신감	또래나 교사와 수학에 관련된 아이디어를 나누는 데 자신감을 보인다.				
	또래들이나 동생들에게 수학활동을 설명하거나 가르쳐 주는 데 적극적으로 참여한다.				
	처음 접하거나 어려워도 주저없이 참여한다.				
	수학활동이 다른 활동들보다 쉽다고 생각한다.				
	다른 사람의 도움 없이 혼자서도 수학활동을 잘한다고 생각한다.				
	초등학교에 가서도 수학을 잘할 수 있다고 생각한다.				

출처 : 윤세은(2011). 유아의 수학적 성향 검사도구 개발 연구. 전남대학교 대학원 박사학위논문, p. 199.

2) 면접법

면접의 정의

면접(interview)은 교사가 유아와의 언어적 상호작용을 통해서 필요한 정보를 수집하여 평가하는 방법이다. 관찰로는 찾아내기 어려운 유아의 사고과정이나 문제해결전략을 알아내기 위해서 질문을 통해서 자료를 수집하는 방법이다. 면접법에서는 면접자와 피면접자 간의 정서적인 친밀감(rapport)이 필요하며, 면접자의 질문을 피면접자가 잘 파악하고 답변해야 정확한 정보를 얻을 수 있다. 면접법은 영유아의 수학적 사고과정과 수학에 대한 태도 등 관찰로는 발견하기 어려운 정보를 찾아낼 수 있는 장점이 있다. 다만, 면접을 진행하는 데 많은 시간이 소요되며, 면접자의 질문에 대해 피면접자가 이해하지 못했을 경우 정확한 정보를 얻을 수 없는 제한점이 있다.

면접은 일상생활 속에서 자연스럽게 이루어지는 비형식적인 면접과 특별히 계획된 시간에 미리 정해진 질문을 통해 자료를 수집하는 형식적인 면접이 있다. 유아교육현장에서 면접은 계획된 상황에서뿐만 아니라 즉흥적이고 자연스러운 상황에서 이루어지는 비형식적인 면접도 자주 이루어져야 한다. 다음 〈표 12-7〉과 〈표 12-8〉은 비형식적인 면접과 형식적인 면접을 통해 유아의 수학능력을 평가한 사례이다.

비형식적 면접과 형식적 면접

〈표 12-7〉 비형식적 상황의 유아 면담 사례

<table>
<tr><td>유아명 : 김○○</td><td colspan="2">생년월일 : 2014. 8. 21.</td><td>성별 : 여</td></tr>
<tr><td colspan="2">면담자 : 박○○ 교사</td><td colspan="2">관찰일시 : 2018. 10. 18.</td></tr>
<tr><td colspan="4">면담장면 : 자유선택활동 시간 수 · 조작영역</td></tr>
<tr><td colspan="4">면담내용</td></tr>
<tr><td colspan="4">책상 위에 채소와 어류 그림카드가 놓여 있다. ○○가 그림카드를 보고 분류한다. 교사는 ○○이가 분류한 그림카드(고등어, 당근, 오이는 한쪽으로 양파는 다른 쪽으로 분류)를 보면서...

교사 : ○○아. 이것을 어떻게 모았는지 선생님한테 말해줄 수 있니?
유아 : 네. (고등어, 당근, 오이 그림을 가리키며) 이것은 모두 길쭉해요. 이것만 동그래요.
교사 : 그런 생각을 했구나. 그래서 모양끼리 묶은 것이구나.

잠시 후, 교사가 다시 질문한다.

교사 : ○○야, 모양 말고도 다시 같은 것끼리 모아볼 수 있겠니?
유아 : 네. (잠시 생각하더니... 고등어와 오이는 한쪽으로, 당근과 양파는 다른 쪽으로)
교사 : 이렇게 모은 이유는 무엇이니?
유아 : (고등어와 오이 그림카드를 가리키며) 이건 내가 좋아하는 음식이고요, 저건 내가 안 좋아하는 거예요.

교사가 다시 질문한다.

교사 : (고등어 그림카드를 가리키며) 이것은 어디서 살까?
유아 : 바다.</td></tr>
</table>

<table>
<tr><td>교사 : (당근 그림카드를 가리키며) 이것은 어디서 살까?
유아 : 마트.
교사 : (오이 그림카드를 가리키며) 이건?
유아 : 마트.
교사 : (양파 그림카드를 가리키며) 이것은?
유아 : 마트.</td></tr>
<tr><td>평가
○○는 주관적인 분류 준거(자신이 좋아하는 것)와 사물의 외형상의 모양을 기준으로 분류할 수 있다. 그러나 물건의 생산지(바다와 땅)에 따른 논리적인 분류 준거는 아직 발달되지 않았다.</td></tr>
</table>

〈표 12-8〉 형식적 상황의 유아 면담 사례

<table>
<tr><td colspan="3">유아명 : 김○○</td><td>생년월일 : 2014. 6. 20.</td><td>성별 : 남</td></tr>
<tr><td colspan="3">면담자 : 김○○ 교사</td><td colspan="2">면담날짜 : 2019. 9. 14.</td></tr>
<tr><td colspan="5">면담장면 : 수세기에 대한 유아의 인식을 알아보기 위한 상황</td></tr>
<tr><th colspan="3">면담내용</th><th colspan="2">유아 반응</th></tr>
<tr><td rowspan="7">질문 내용</td><td rowspan="2">숫자에 대한 인식</td><td>숫자를 본 적이 있니?</td><td colspan="2">예.</td></tr>
<tr><td>숫자를 어디에서 보았니?</td><td colspan="2">자동차 번호판, 엘리베이터, 핸드폰 숫자...</td></tr>
<tr><td>합리적인 수세기 능력</td><td>이 바구니에 있는 사탕을 셀 수 있니? (100개의 사탕이 있음)</td><td colspan="2">네, 백보다 더 많이 셀 수 있어요. 하나, 둘, 셋, 넷, 다섯, 여섯... 열, 열하나, 열둘, 열셋... 스물, 스물하나, 스물둘... 삼십, 삼십일, 삼십이... 백</td></tr>
<tr><td>수세기의 목적에 대한 인식</td><td>사람들은 왜 숫자를 세는 걸까?</td><td colspan="2">몇 개가 있는지 알려고요.</td></tr>
<tr><td>기수능력</td><td>선생님한테 사탕 13개를 줄 수 있니?</td><td colspan="2">네. (사탕 열세 개를 세어서 교사에게 건넨다)</td></tr>
<tr><td>수에 대한 상상</td><td>이 세상에 숫자가 없어지면 어떤 일이 발생할까?
좋은 점과 나쁜 점을 이야기해 보세요.</td><td colspan="2">나쁜 점 : 번호를 누를 수 없어서 집에 못 들어가요.
좋은 점 : 수학공부 안 해도 돼요.</td></tr>
<tr><td>교사의 견해</td><td colspan="4">○○이는 수를 잘 셀 수 있다고 대답하였으며, 기수능력과 100까지의 합리적인 수세기를 할 수 있다. 또한 수세기의 이유를 수세기의 본질적인 의미로 생각하였으며, 숫자가 있어서 좋은 점과 나쁜 점을 말한 답에서는 유쾌함을 찾을 수 있다.</td></tr>
</table>

출처 : 이지현 역(2002). 어린이 수학교육, p. 34 수정 · 보완.

3) 검사법

검사(test)는 객관적인 측정도구를 사용하여 영유아의 발달을 평가하는 방법이다. 검사법에는 신뢰성과 타당성이 검증된 표준화 검사와 교사에 의해서 제작된 검사로 나눌 수 있다.

(1) 표준화 검사

표준화 검사(standardized test)는 구성된 항목별 측정값을 표준조사를 통해 측정된 값의 평균과 대비하여 점수를 비교하여 평가하는 방법이다. 표준화 검사는 개별 유아의 수학능력을 모집단의 점수와 비교하여 유아의 수준을 평가하는 것이다. 따라서 영유아가 획득한 수학능력에만 초점을 두는 결과지향 평가이며, 개인의 능력을 집단의 평균 점수와 비교하는 규준지향적 검사이다.

결과지향 평가

규준지향 검사

표준화 검사는 검사의 목적, 내용, 실시 절차, 자료, 채점 및 결과 해석이 객관적으로 명시되어 있다. 따라서 신뢰도와 타당도가 검증된 도구로서 영유아에 대한 객관적이고 신뢰성 있는 자료를 얻을 수 있다. 또한 훈련받은 검사자가 검사를 실시하며, 영유아의 수학능력을 규준집단과 비교하기 쉽다는 장점이 있다. 반면 표준화 검사도구에 포함된 수학영역만 측정할 수 있고, 검사는 주로 탈맥락적인 상황에서 실시하므로 영유아가 지닌 모든 수학능력을 측정하기에는 어려움이 있다. 따라서 표준화 검사만으로 영유아의 수학능력을 평가하는 것은 위험하므로 다른 평가도구와 함께 사용하는 것이 바람직하다. 영유아의 수학능력을 평가할 수 있는 내표적인 표준회 검사 도구를 제시하면 다음과 같다.

〈표 12-9〉 표준화 검사도구

검사도구	대상연령 (표준화)	하위 검사	내 용
한국 웩슬러 유아지능검사 4판 (K-WIPPSI Ⅳ)	만 2세 6개월~ 7세 7개월 (박혜원 · 이경옥 · 안동현)	토막짜기, 상식, 행렬추리, 동형찾기, 그림기억, 공통성, 공통그림찾기, 선택하기, 위치찾기, 모양맞추기, 어휘, 동물짝짓기, 이해, 수용어휘, 그림명명	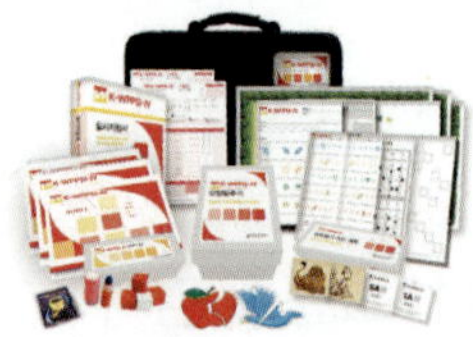 출처 : http://inpsyt.co.kr/psy/item/view/WPPSI_CO_TG
카우프만 아동용 개별지능검사 (K-ABC)	만 3~18세 (문수백)	수회생, 단어배열, 손동작, 블록세기, 관계유추, 얼굴기억, 빠른길 찾기, 이야기완성, 삼각형, 형태추리, 이름기억, 암호해독, 표현어휘, 수수께끼, 언어지식	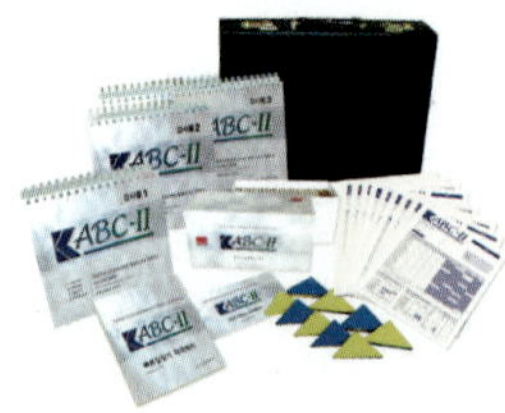 출처 : http://inpsyt.co.kr/psy/item/view/KABC2_CO_TG

표준화 검사도구 외에도 유아교육 전문가에 의해서 유아의 전반적인 수학능력을 측정할 수 있는 검사도구가 개발되었다. 국내에서 활용하고 있는 표준화 검사도구는 최근의 수학교육 동향과 다양한 수학내용이 포함되지 못했다는 제한점이 있다. 표준화 단계는 아니지만 최근의 유아수학교육 동향과 다양한 수학영역이 포함되어 개발된 평가도구를 소개하면 〈표 12-10〉과 같다.

〈표 12-10〉 유아 수학능력 평가도구

평가도구	개발자(연도)	평가영역	평가 방법
유아 그림수학능력 검사	황해익 · 최혜진(2007)	대수, 수와 연산, 기하, 측정	그림자료(선택형), 언어적 답변
수학활동 중심의 유아수학능력 진단검사	김현정(2006)	분류하기와 순서짓기, 수개념, 측정, 시간, 공간과 기하, 통계	언어적 답변, 구체물(활동 수행)
NCTM의 수학교육내용 기준에 근거한 유아수학능력 평가도구	김지영(2005)	수와 연산, 대수, 기하, 측정, 자료분석과 확률	그림자료(선택형), 구체물(활동 수행)
프로젝트 스펙트럼 중심 유아용 논리 · 수학적 지능 평가도구	박혜신(2005)	수와 연산, 분류와 패턴, 도형, 측정, 확률과 통계, 규칙성과 함수, 전략적 사고 및 문제해결	게임, 관찰, 기록, 면접, 태도, 교구활동 기록, 문제해결방법 기록
수학게임을 통한 유아의 수학적 지식, 수학적 과정 기술, 수학적 태도에 대한 평가도구	김소향(2004)	수학적 지식, 수학적 과정 기술, 수학적 태도	게임자료(관찰, 비형식적 면담)

(2) 교사 제작 검사

교사 제작 검사는 영유아의 특정한 수학 능력을 평가하기 위한 적절한 검사도구가 없을 경우 교사가 제작하여 실시하는 검사이다. 이미 개발된 평가도구만으로 영유아의 전반적인 수학능력을 측정하는 데 한계가 있다. 따라서 교사가 교육 목적과 내용에 적절한 검사도구를 제작하여 평가하는 방법이다. 교사가 제작한 검사도구는 평가의 객관성은 다소 부족하지만 평가목적에 따라 필요한 내용을 측정할 수 있는 장점이 있다.

4) 포트폴리오 평가

전통적인 평가의 대안

포트폴리오 평가는 전통적으로 사용한 형식적인 평가에 대한 대안으로 등장하였다. 영유아의 성취를 중시하는 결과지향 평가보다는 영유아의 발달 과정을 중시하여 강조된 평가이다.

시간의 흐름에 따라 조직적 · 유목적으로 수집

포트폴리오는 시간의 흐름에 따라 영유아의 발달이나 학습의 진보과정과 관련된 내용을 기록하여 이를 조직적 · 유목적으로 수집한 것이다(McAfee & Leong, 2007). 따라서 포트폴리오 평가는 영유아의 발달적 진보를 보여주는 자료를 시간의 경과에 따라 체계적으로 수집하고, 자료에 대한 설명 및 평가 기록이 작성된 것이다. 따라서 포트폴리오 평가의 자료 수집에는 영유아, 교사, 부모 등 다양한 자료원의 협력이 필요하다. 그러나 최근까지도 포트폴리오 평가를 영유아의 작품 모음집 정도로 생각하여 유아의 작업 표본만 수집하거나 교사의 평가 기록이 없는 경우도 있었다. 또한 다양한 영역에서 자료를 수집하기보다는 주로 미술이나 언어영역에 국한된 자료만 모아졌으며, 수학영역에서도 숫자 쓰기나 패턴 만들기 등 제한적인 자료만 수집되었다. 그러나 영유아 수학교육의 목적은 수학적 소양 증진에 있으므로 수학적 이해와 문제해결 능력, 의사소통 능력 등 다양한 내용이 평가 자료에 포함되어야 한다.

포트폴리오의 수집 자료

포트폴리오 평가에는 영유아에 대한 관찰 기록, 면접, 표준화 검사 결과, 유아 작품 모음, 가정과 연계한 활동 결과물 등 다양한 자료를 포함한다. 평가를 위한 체계적인 계획을 세우고 다양한 자료원을 수집하여 영유아에 대한 객관적이고 다면적인 평가가 이루어지도록 한다.

다음 〈표 12-11〉은 수학 포트폴리오 평가에 포함할 수 있는 자료 유형을 제시한 것이다.

〈표 12-11〉 수학 포트폴리오 평가 자료

- 일상생활 속에서 영유아의 수학적 사고 및 수학능력에 대한 교사의 관찰기록
- 영유아가 수학적 문제를 해결하는 과정에서 주고받은 면접기록(녹음 및 녹화 자료)
- 영유아의 수학능력에 대한 표준화 검사 혹은 교사의 제작 검사 결과
- 쌓기놀이 영역에서 만들어진 구조물의 사진 혹은 구조물을 보고 영유아가 그린 그림
- 수학활동에 대한 영유아의 자기평가, 또래평가, 교사평가
- 게임에서 문제를 해결하는 과정 및 전략
- 수학활동 과제에서 나타난 유아의 활동 기록지(예 물건 측정하기, 패턴 만들기)
- 가정과 연계한 수학활동 자료 및 사진
- 학부모와의 면담 자료
- 간식시간에 간식을 나누는 방법 및 전략

다음은 유아교육현장에서 활용되는 포트폴리오 평가 자료의 사례를 제시한 것이다.

유아명	김○○	생년월일	2015. 4. 20.	관찰일시	2019. 9. 6.
관찰자	김○○ 교사	성별	남	관찰장소	수 · 조작영역

교사 평가 : 1부터 100까지 한자어로 수세기를 하면서 숫자를 쓸 수 있다. 숫자를 쓸 때, 첫 번째 줄에는 1부터 10까지, 두 번째 줄에는 11부터 19까지 숫자를 관습적인 순서대로 써 놓았다. 세 번째 줄부터는 십의 단위에서 시작하여 홑자리가 9인 숫자까지 기록하였다. 숫자를 기록하면서 숫자의 크기가 균등하지 않고, 5, 6, 7, 10에서 거꾸로 쓰기의 오류가 나타나기도 하였다. 그러나 종이의 크기(면적)에 구애받지 않고, 10씩 혹은 9씩 줄을 바꿔 쓰는 것을 보아 자릿값에 대한 개념이 발달되어 있다.

|그림 12-1| 포트폴리오 자료 1 : 숫자쓰기 작업 표본

<table>
<tr><th>유아명</th><td>서○○</td><th>생년월일</th><td>2014. 3. 20.</td><th>관찰일시</th><td>2019. 5. 14.</td></tr>
<tr><th>관찰자</th><td>김○○ 교사</td><th>성별</th><td>남</td><th>관찰장소</th><td>미술영역</td></tr>
<tr><td colspan="3"></td><td colspan="3">상황 설명 : 주사위 2개를 활용한 판게임을 하다가 주사위 한 개가 없어지자 색종이로 주사위를 만들었다. 색종이 한 장에 정사각형 3개가 나란히 붙어 있는 도형(□□□)을 2개 그린다. 2개의 도형을 서로 엇갈려서 테이프로 붙인 뒤, 정사각형의 각 면에 숫자 1, 2, 3, 4, 5, 6을 한 개씩 써넣었다.</td></tr>
<tr><td colspan="6">교사 평가 : 평면도형을 조합하여 입체도형을 구성할 수 있는 사고능력이 발달되어 있다.</td></tr>
</table>

|그림 12-2| 포트폴리오 자료 2 : 유아 작품 수집

<table>
<tr><th>유아명</th><td>김○○</td><th>생년월일</th><td>2012. 3. 10.</td><th>관찰일시</th><td>2018. 12. 27.</td></tr>
<tr><th>관찰자</th><td>김○○ 엄마</td><th>성별</th><td>여</td><th>관찰장소</th><td>가정</td></tr>
<tr><td colspan="3">과자(버터링 쿠키)를 나눠먹는 상황에서 동생, ○○, 엄마가 과자를 몇 개씩 먹었는지 알아맞히는 수학문제 해결과정...

○○ : 엄마가 과자 제일 많이 먹었지요?
엄마 : 아니야. 똑같이 먹었는걸.
동생 : 나 3개밖에 안 먹었어. 누나는?
○○ : 나도 3개 먹었어. 그럼 엄마는?
엄마 : (잠시 망설이더니) 엄마도 3개쯤 먹은 것 같은데...
○○ : 아닌 것 같아. 내가 한번 알아볼게. 봐봐. 여기 과자가 12개 있었는데... 나도 3개. 동생도 3개. 나머지는 다 엄마가 먹었잖아. 엄마가 6개나 먹었네...</td><td colspan="3"></td></tr>
<tr><td colspan="6">교사 평가 : ○○는 과자의 전체 개수를 알고 있어서 부분의 수를 통해 엄마가 먹은 과자의 개수를 알아내었다. 또한 누가 몇 개씩 먹었는지를 그림과 표를 통해 표현하였으며, 자신이 문제를 어떻게 해결했는지의 과정을 보여주었다. 수의 부분과 전체에 대한 개념과 뺄셈의 기초개념이 형성되었다.</td></tr>
</table>

|그림 12-3| 포트폴리오 자료 3 : 가정 연계 활동 자료

4. 영유아 수학능력과 관련된 가정환경 요인 평가

영유아의 수학능력은 가정의 비형식적인 활동 및 놀이를 통해 발달한다. 영유아의 수학능력은 선천적인 영향도 있으나 후천적인 학습이나 경험을 통해 발달한다. 따라서 영유아가 어떠한 수학환경 속에서 수학을 경험했는지에 따라 수학능력은 영향을 받게 된다. 영유아의 수학능력에 영향을 미치는 요인으로는 가정의 물리적인 환경과 부모의 수학에 대한 관심과 수학에 대한 태도가 있다. 가정에서 수학을 접할 수 있는 풍부하고 다양한 환경일수록 영유아의 수학능력은 긍정적인 영향을 받게 된다.

가정의 수학활동 검사는 가정에서 이루어지는 수학활동의 실태를 알아볼 수 있는 도구이다. 이 검사는 부모와 영유아가 일상생활 속에서 수학 관련 활동을 얼마나 자주 경험했는지를 평가하는 설문지이다. 수학영역의 범주에 따라 숫자와 작업활동, 기하구조, 측정, 패턴활동을 평가하게 되어 있다.

부모의 수학 태도 검사는 부모의 수학에 대한 정의적인 측면을 평가하는 설문지로서, 수학의 가치, 수학에 대한 불안, 수학에 대한 동기, 수학에 대한 자아개념, 수학의 흥미를 측정한다. 수학에 대한 긍정적인 태도를 가진 부모일수록 수학활동을 친숙하고 빈번하게 접근할 가능성이 높다. 가정의 수학활동 검사도구와 부모의 수학적 태도 검사도구는 〈부록 1〉과 〈부록 2〉에 제시되어 있다.

5. 영유아 수학교육 평가의 결과 활용

영유아의 수학능력을 측정한 평가 자료는 체계적이고 객관적으로 분석해야 의미가 있다. 또한 영유아의 수학능력을 평가할 때 제한된 평가방법만을 활용하기보다는 다양한 평가 자료를 수집하여 주기적으로 평가해야 한다. 평가는 교수-학습에서 마지막 단계에 이루어지는 과정이지만, 평가로서 끝나기보다는 평가 결과가 다음의 교육에 반영될 때에만 가치가 있다.

다양한 평가방법을 통해 수집된 결과는 다양한 방식으로 활용될 수 있다. 첫째, 영유아의 수학능력 및 발달적 진보를 파악할 수 있다. 일회성의 평가로 끝나지 않고 주기적으로 평가한 자료를 통해 영유아의 성장과 발달의 경과를 살펴볼 수 있다. 둘째, 부모와의 상담 시 자료로 활용할 수 있다. 유아교육기관에서 영유아가 어떻게 생활하는지 영유아의 전반적인 발달상황을 이해하는 데 객관적인 증거로 활용될 수 있다. 셋째, 교사로서의 전문성을 개발하는 데 활용될 수 있다. 영유아의 수학발달에 대한 평가 결과를 바탕으로 자신의 교수법을 개선하고, 교수 계획을 수립하기 위한 자료로 활용할 수 있다.

그러나 평가 결과를 활용할 때 반드시 주의해야 할 점이 있다. 첫째, 평가 결과를 과장하여 해석하지 않는다. 둘째, 유아 간에 비교하지 않는다. 셋째, 개별 유아에 대한 정보를 다른 부모나 교사에게 노출하지 않도록 한다.

부록 1

가정의 수학활동 검사

다음은 가정에서 유아가 엄마나 아빠와 함께하는 수학활동에 대한 문항입니다. 지난주 자녀와 함께 보낸 시간(예 식사시간, 놀이시간 등)을 생각하며 해당하는 횟수에 체크(V)해 주십시오.

	문항내용		전혀 하지 않음	일주일에 1번	일주일에 3~5번	하루에 1번	하루에 1번 이상
숫자와 작업	1	사물의 수가 많은 무리부터 하나씩 세기					
	2	손가락을 이용하며 세기					
	3	한 개씩이 아닌 두 개씩, 다섯 개씩, 열 개씩 묶어 세기					
	4	숫자 받아쓰기					
	5	숫자 카드를 사물의 개수 또는 크기 순서에 맞게 일치시키기					
	6	큰 소리로 세기					
	7	거꾸로 세기					
	8	숫자 읽기					
	9	개수가 작은 무리에서는 작은 수를, 개수가 큰 무리에서는 큰 수를 맞추기					
	10	물품 무리에서 사물의 수를 세기					
	11	한 자리 숫자와 두 자리 숫자를 구별하기					
	12	구체물 수량을 비교하여 많고 적음 또는 동일함을 식별하기					
	13	수의 많고 적음을 식별하기					
	14	구체물의 수량이 같은 것끼리 일치시키기					
	15	첫 번째, 두 번째, 마지막과 같은 서수를 사용하기					
	16	사물을 가장 작은 것부터 가장 큰 것까지 나열하기					
	17	구체물을 사용하여 더하거나 빼기					
	18	어떻게 조각이 모여 전체가 되는지를 인식하기					
	19	수량이 다른 두 묶음에서 수량이 큰 묶음을 나누어 같은 수량의 두 묶음 만들기					

		문항내용	전혀 하지 않음	일주일에 1번	일주일에 3~5번	하루에 1번	하루에 1번 이상
기하구조	20	같은 모양의 도형을 이용하여 큰 도형 만들기					
	21	도형을 크기별로 일치시키기					
	22	간단한 도형의 이름 부르기(원, 사각형, 삼각형, 직사각형)					
	23	블록 가지고 놀기					
	24	도형을 수직 또는 수평으로 대칭시키거나 뒤집을 때 기본 모양 맞추기					
	25	일상적인 환경과 활동에서 도형 알아맞히기					
	26	도형을 보고 종이에 그려보기					
	27	위, 아래, 옆, 사이 등 사물의 위치를 나타내는 단어 사용하기					
	28	도형을 사용하여 그림 그리기					
측정	29	양을 더하거나 빼는 것이 많고 적음을 의미한다는 것을 이해하기					
	30	크기가 다른 물품을 비교하여 크거나 작다는 것을 알기					
	31	더 큰, 더 긴, 더 높은, 더 무거운과 같은 비교 단어 사용하기					
	32	눈금자 또는 다른 물체를 사용하여 길이를 측정하고 토론하기					
	33	계량컵과 계량스푼을 사용하여 양을 측정하고 토론하기					
패턴	34	일상적인 환경과 활동에서 사물의 패턴이나 반복되는 순서를 알아보기					
	35	단순한 패턴을 따라하기					
	36	단순한 패턴을 만들기					

출처 : 고은실(2019). 유아의 수학능력에 영향을 미치는 어머니의 수학적 태도, 가정수학활동, 의도적 통제의 구조관계 분석. 원광대학교 대학원 박사학위논문, pp. 107-109.

부록 2

부모의 수학적 태도 검사

다음은 부모의 수학 태도에 대한 질문입니다. 각 문항을 읽고 자신의 생각과 가장 적절하다고 생각하는 번호에 체크(V)하여 주시기 바랍니다.

번호	문항내용	전혀 그렇지 않다	그렇지 않다	보통이다	약간 그렇다	매우 그렇다
		①	②	③	④	⑤
1	수학은 일상생활의 문제를 해결하는 데 유용하다.					
2	수학은 내가 즐길 수 있는 과목이다.					
3	나는 쉽게 해결되는 쉬운 문제보다 어려운 수학 문제가 좋다.					
4	나는 수학을 잘한다.					
5	나는 수학을 자녀에게 가르치는 것이 쉽다.					
6	나는 수학과 연관된 책 읽기를 좋아한다.					
7	모든 작업에서 수학을 꼭 필요로 하지 않는다.*					
8	나에게 수학은 쉬운 과목이다.					
9	나는 수학이라는 단어를 들을 때 거부감을 느낀다.*					
10	모든 사람들은 수학을 공부해야 한다.					
11	나는 가정에서 자녀에게 수학을 가르치는 시간이 많다.					
12	나는 때때로 자녀의 수학교재를 미리 읽어본다.					
13	나는 자녀의 수학활동이나 수학교재의 목표를 항상 이해하려고 노력한다.					
14	나는 수학을 좋아한다.					
15	나는 아무리 노력해도 수학을 이해하기 힘들다.*					
16	나는 수학에 관한 대화를 할 때 긴장감을 느낀다.*					
17	나는 어려운 수학 문제를 보면 '나는 이것을 자녀에게 가르칠 수 없어'라고 자신감을 잃어버린다.*					

번호	문항내용	전혀 그렇지 않다 ①	그렇지 않다 ②	보통 이다 ③	약간 그렇다 ④	매우 그렇다 ⑤
18	자녀가 좋은 직업을 가지는 데 있어서 수학을 잘하는 것은 중요하다.					
19	나는 자녀에게 수학을 지도할 때 불안하다.*					
20	나는 자녀에게 직접 수학을 가르치기보다 방문교사나 유치원교사가 대신 가르쳐 주는 것이 더 좋다고 생각한다.*					
21	나는 다른 부모들과 수학에 대해 이야기나누는 것을 즐긴다.					
22	나는 숫자를 사용하는 게임을 좋아한다.					
23	나는 자녀에게 필요한 수학적 경험을 일상생활에서 더 많이 제공하려고 노력한다.					
24	대부분의 수학적 생각과 개념들은 일상생활에 큰 도움을 주지 않는다.*					
25	자녀와 함께 수학활동을 진행한다는 것은 나를 두렵게 한다.*					
26	나는 자녀에게 수학을 가르칠 때 내가 가르칠 내용을 올바르게 이해하는 것이 중요하다고 생각한다.					
27	나는 수학에 대한 좋은 느낌을 가지고 있다.					
28	수학은 어려운 것이 아니라 즐거운 게임과 같다.					
29	나는 자녀에게 수학을 가르치는 것에 열성을 가지고 있다.					
30	수학은 우리가 살고 있는 세계를 이해하는 데 유익하다.					

*는 역채점 문항임

출처 : 고은실(2019). 유아의 수학능력에 영향을 미치는 어머니의 수학적 태도, 가정수학활동, 의도적 통제의 구조관계 분석. 원광대학교 대학원 박사학위논문, pp. 105-106.

참고문헌

고은실(2019). 유아의 수학능력에 영향을 미치는 어머니의 수학적 태도, 가정수학활동, 의도적 통제의 구조관계 분석. 원광대학교 대학원 박사학위논문.

교육과학기술부 · 보건복지부(2013). **3-5세 연령별 누리과정 해설서**. 서울 : 한국시각장애인연합회.

교육부(2000). **유치원 교육 활동 지도 자료 4(계절)**. 서울 : 대한교과서주식회사.

______(2015). **초등학교 수학 교사용 지노서**. 서울 : 천재교육.

교육인적자원부(2005). **유아를 위한 명화감상활동자료**. 교육인적자원부.

____________(2005). **유아를 위한 수학교육활동자료**. 교육인적자원부.

국립국어연구원(2008). **표준국어대사전**. 서울 : 두산동아.

권유선 · 최혜진(2010). 그림책을 활용한 수학적 의사소통하기 및 표상활동이 유아의 수학적 능력과 창의성에 미치는 영향. **열린유아교육연구, 15**(1), 63-84.

김미숙 · 이정욱(2011). 실험적 확률활동을 통한 유아의 확률적 사고변화 탐구. **유아교육연구, 32**(4), 279-309.

김민경 · 홍혜경 · 이지현 · 이정욱(2006). **유아수학교육의 탐구**. 서울 : 교우사.

김보경(2013). 3, 4, 5세의 공간기하 인지과제 수행-태블릿 PC와 종이매체의 비교-. 서울대학교 대학원 석사학위논문.

김소향(2004). 수학게임을 통한 유아의 수학적 지식, 수학적 과정기술, 수학적 태도에 대한 평가도구 개발 연구. 덕성여자대학교 대학원 박사학위논문.

김영실 · 김지영(2002). 유아의 수세기 능력에 관한 연구. **한국교육, 29**(1), 247-265.

김영실 · 최진숙 · 고은실(2018). 유아의 변환기하능력과 공간능력 간의 관계. **유아교육연구, 38**(5), 31-48.

김인식 · 최호성 · 최병옥(2000). **수업설계의 원리와 모형 적용**. 서울 : 교육과학사.

김지영(2005). NCTM의 수학교육 내용기준에 근거한 유아수학능력 평가도구 개발. 원광대학교 대학원 박사학위논문.

김현정(2006). 수학 활동중심의 유아수학능력 진단검사 도구 개발. 한국교원대학교 대학원 박사학위논문.

문연심(2009). 통합적 접근에 기초한 영유아수학교육. 경기 : 공동체.

민용성(2005). 통합 교육과정의 구성 방식에 관한 일고(一考). 학습자중심교과교육연구, 10, 61-80.

박태학 · 김화라(2004). 유아의 통계적 사고 능력 신장을 위한 교수 · 학습방법에 관한 연구. 미래유아교육학회지, 11(3), 277-304.

박혜신(2005). 프로젝트 스펙트럼 중심 유아용 논리 · 수학적 지능 평가도구 개발 및 타당화 연구. 전북대학교 대학원 박사학위논문.

배소연 · 강민정(2016). 영유아 수학교육. 경기 : 양서원.

배종수(2002). 생명을 살리는 수학. 서울 : 김영사.

백소영(2005). 일상생활 자료를 활용한 수학적 탐구활동이 유아의 수학개념 및 태도에 미치는 영향. 중앙대학교 교육대학원 석사학위논문.

서소정 · 문혁준 · 김정희 · 부성숙 · 신희이 · 강인숙(2017). 아동수학지도. 서울 : 창지사.

송명자(1990). 한국 수의 이중 명명체계가 아동의 수사고에 미치는 영향. 교육학연구, 28, 81-90.

아이코리아연수원(2006). 수학으로 떠나는 첫 번째 여행. 2006 교원워크숍과정 자료집, pp. 129-159.

안진경(2003). 통합적 탱그램 활동이 유아의 기하 및 공간감각에 미치는 영향. 원광대학교 대학원 석사학위논문.

______(2005). 유아 기하교육 프로그램의 개발 및 적용. 원광대학교 대학원 박사학위논문.

______(2007). 사회적 구성주의에 기초한 유아 기하교육 프로그램의 적용 과정에 나타난 유아의 변화. 유아교육연구, 27(5), 185-209.

______(2013). 유아의 즉지하기와 수학적 개념과의 관계. 유아교육연구, 33(1), 135-151.

안진경 · 김영실(2004). 주제에 따른 탱그램 활동의 통합적 접근이 유아의 기하 개념에 미치는 효과. 교육과학연구, 35(2), 189-206.

양송이(2019). 자유놀이시간의 수학적 경험에 나타난 만 4, 5세 유아의 수학적 지식과 수학적 과정기술. 광주대학교 대학원 석사학위논문.

윤경선(2008). 유아교육 교수학습원리의 현장적용. 2008 교원워크숍 자료집. 순천제일대학교 부설 EDL센터.

윤세은(2011). 유아의 수학적 성향 검사도구 개발 연구. 전남대학교 대학원 박사학위논문.

윤은정(2017). 예비유아교사의 수학교수효능감에 영향을 미치는 변인들의 구조적 관계 분석. 경기대학교 대학원 박사학위논문.

이경민(2019). 과학활동에서 나타난 유치원 교사의 발문과 피드백유형 분석. **한국유아교육연구, 21**(2), 1-28.

이경민 · 이혜경 · 이은영(2015). **영유아수학교육**. 서울 : 학지사.

이경우 · 홍혜경 · 신은수 · 진명희(1997). **유아수학교육의 이론과 실제**. 서울 : 창지사.

이경화 · 오연주 · 배지현 · 유재경 · 심향분(2016). **영유아 수학교육**. 서울 : 양서원.

이미화 · 이정림 · 여종일 · 김경미 · 김명순 · 이경옥 · 이완정 · 이정욱 · 최일선 · 최혜영(2014). **5세 누리과정 유아관찰척도**. 육아정책연구소.

이은해 · 이미라 · 박소연(2006). **아동연구방법의 이해**. 서울 : 학지사.

이정욱 · 유연화(2007). **유아수학교육**. 서울 : 정민사.

____________(2015). **유아수학교육**. 서울 : 정민사.

이정욱 · 임수신(2003). 유아의 입체도형 표상에 관한 연구. **유아교육연구, 22**(1), 125-141.

이지현(1999). 유아 수교육 내용 및 방법에 대한 문화 심리학적 고찰. **유아교육연구, 19**(1), 111-311.

______(2002). **어린이 수학교육**. 서울 : 정민사.

이홍우(1988). **브루너(Bruner) 지식의 구조**. 경기 : 교육과학사.

임미성(2017). 자료의 이해 수학활동이 유아의 자료 분석 능력 및 확률적 사고에 미치는 영향. 덕성여자대학교 교육대학원 석사학위논문.

정연희(2003). **구성주의 이론에 기초한 요리활동을 통한 유아과학교육**. 경기 : 정민사.

정옥분(2018). **아동발달의 이해**. 서울 : 학지사.

정정희 · 백경미 · 최효정 · 정민영 · 홍희주 · 정효진(2016). **유아수학교육**. 경기 : 양성원.

조형숙 · 남기원 · 유효인(2016). **누리과정에 기초한 스토리텔링 유아수학교육**. 경기 : 공동체.

차현화 · 홍혜경(2005). 유아의 대수적 사고능력의 발달에 대한 분석. **유아교육연구, 25**(5), 31-54.

채현주(2006). 수학과 통합된 미술활동이 유아의 패턴 이해 능력에 미치는 영향. 덕성여자대학교 대학원 석사학위논문.

최진숙(2019). 감정이입적 동화를 활용한 수학화 활동이 유아의 이야기 내용이해도 및 감성지능, 수학능력에 미치는 효과. 원광대학교 대학원 박사학위논문.

최창우(2015). **예비교사와 현식교사를 위한 초등수학교육론**. 서울 : 경문사.

______(2019). **2015 개정 교육과정에 따른 초등수학 내용지도법**. 서울 : 경문사.

최혜진 · 이혜은 · 유수경(2007). 유치원과 초등학교 1학년 아동의 패턴인식능력에 대한 연구. **열린유아교육연구, 12**(1), 223-240.

한유미(2013). **유아수학교육**. 서울 : 창지사.

한은혜 · 김영실 · 곽경화(2017). 사전설계 및 사진찍기를 활용한 쌓기놀이 활동이 유아의 공간능력 및 공간표상 능력에 미치는 영향. **어린이미디어연구, 16**(4), 81-106.

한종화(2003). 탐구중심 유아수학교육 프로그램의 구성 및 적용 효과. 중앙대학교 대학원 박사학위논문.

홍혜경(1993). 한국 유아의 수단어 획득을 위한 교수방법에 관한 연구. **유아교육연구, 13**, 115-132.

_____(2001a). 유아의 기하학적 공간이해에 관한 표상능력. **교육학연구, 39**(2), 81-98.

_____(2001b). 유아의 기하학적 구성물의 그리기 작업에 대한 연구. **아동학회지, 22**(2), 315-327.

_____(2004). 유아-초등 저학년의 연계적 수학교육과정을 위한 기초연구. **유아교육연구, 24**(2), 289-310.

_____(2007). 유아의 기하도형 합성과 분할의 발달적 수준. **유아교육연구, 27**(6), 165-185.

_____(2008). 유아의 확률적 이해의 출현에 관한 연구. **유아교육학논집, 12**(1), 339-357.

_____(2015). **영유아를 위한 수학교육**. 경기 : 공동체.

홍혜경 · 이정욱 · 정정희(2004). 유아 수학능력검사 도구 개발. **유아교육연구, 26**(5), 377-400.

황의명 · 조형숙 · 서동미(2009). **유아수학교육**. 서울 : 정민사.

__________________(2017). **유아수학교육**. 경기 : 정민사.

황해익 · 최혜진(2007). **유아 그림 수학능력 검사**. 경기 : 양서원.

황혜정 · 나귀수 · 최승현 · 박경미 · 임재훈 · 서동엽(2012). **수학교육학신론**. 서울 : 문음사.

Ahn, Jin Kyeong, & Kim, Young Sil(2007). The relationship between children's subitizing and their counting. *International Journal of Early Childhood Education, 13*(2), 27-43.

Althouse, R.(1994). *Investigation Mathematics with Young Children.* New York : Teachers College Press.

Baroody, A. J.(2004). The developmental bases for early childhood number and operations standards. *Engaging Young Children in Mathematics : Standards for Early Childhood Mathematics Education,* 173-219.

Beisenherz, P. C., Danton, M., & Richardson, L.(2001). The learning cycle and instructional conversations. *Science Scope, 24*(4), 34 – 38.

Benigno, J. P., & Ellis, S.(2004). Two is greater than three : Effects of older siblings on parental support of preschoolers' counting in middle – income families. *Early Childhood Research Quarterly, 19*(1), 4 – 20.

Berk, L. E., & Winsler, A.(1995). *Scaffolding Children's Learning : Vygotsky and Early Childhood Eduction*. Washington, DC : NAEYC.

Bloom, B. S.(Ed.)(1988). 교육목표분류학 [*Taxonomy of Educational Objectives: Handbook I*, Cognitive Domain.] (임의도 · 고종렬 · 신세호 공역), 서울 : 교육과학사(원전은 1956년에 출간).

Bodrova, E., & Leong, D.(1996). *Tools of Mind : The Vygotskian Approach to Early Childhood Education*. Englewood Cliffs, NJ : Prentice – Hall.

Bohning, G., & Althouse, J. K.(1997). Using tangrams to teach geometry to young children. *Early Childhood Education Journal, 24*(4), 239 – 242.

Bredekamp, S., & Rosegrant, T.(1995). Reaching potential through Transforming curriculum. In S. Bredekamp & T,. Rosegrant(Eds.), *Reaching Potentials : Transforming Early Childhood Curriculum and Assessment*, Vol. 2(pp. 15 – 22). Washington, DC : NAEYC.

Burton, G. M.(1982). Patterning : powerful play in school science and mathematics. *School Science and Mathematics*, *82*(1), 39 – 43.

Carpenter, T. P., & Levi, L.(1999). Children's understanding of equality : A foundation for algebra. *Teaching Children Mathematics, 6*, 232 – 236.

Casey, B., Kersh, J. E., & Young, J. M.(2004). Storytelling sages and effective medium for teaching early childhood mathematics. *Early Childhood Research Quarterly, 19*(1), 167 – 172.

Charlesworth, R.(2000). *Experience in Math for Young Children*(4th ed.). Albany, NY : Delmar.

______________(2012). *Experience in Math for Young Children*(6th ed.). Albany, NY : Delmar.

Charlesworth, R., & Lind, K. K.(2003). *Math and Science for Young Children*(4th ed.). Albany, New York : Delmar Publishers.

__________________________(2013). *Math and Science for Young Children* Belmont, CA : Wadsworth.

Clements, D. H.(1998). Geometric and spatial thinking in young children. 〔ED436232〕

______________(1999). Your child's geometric world. *Scholastic Parent and Child, 7*(2), 48-54.

______________(2001). Mathematics in the preschool. *Teaching Children Mathematics, 7*(5), 270-275.

______________(2004). Geometric and spatial thinking in early childhood education. In D. H. Clements, J. Sarama, & A. DiBiase(Eds.), *Engaging Young Children in Mathematics : Standards for Early Childhood Mathematics Education*(pp. 267-297). Mhawah, NJ : Lawrence Erlbaum Associates, Pub.

Clements, D. H., & Sarama, J.(2000). The earliest geometry. *Teaching Children Mathematics, 7*(2), 82-86.

__________________________(2009). Effects of a preschool mathematics curriculum : Summative research on the building blocks project. *Journal for Research in Mathematics Education, 38*(2), 136-163.

Clements, D. H., Swaminathan, S., Hannibal, M. A. Z., & Sarama, J.(1999). Young children's concepts of shape. *Journal for Research in Mathematics Education, 30*(2), 192-212.

Copeland, R. W.(1984). *How Children Learn Mathematics : Implication for Piaget's Research*(4th ed.). NY : Macmillan.

Copley, J. V.(2000). *The Young Child and Mathematics*. Washington, DC : NAEYC.

__________(2010). *The Young Child and Mathematics*(2nd ed.). Washington, DC : NAEYC.

Cross, C. T., Woods, T. A., & Schweingruber, H. E.(2009). *Mathematics Learning in Early Childhood : Paths toward Excellence and Equity*. National Academies Press.

De Walle, V., & Elementary, J. A.(2007). Middle School Mathematics : Teaching Developmentally.

Del Grande J. J.(1987). Spatial perception and primary geometry. In M. M. Lindquist

& A. P. Shulte(Eds.), *Learning and Teaching Geometry, K-12, 1987 Year book*(pp. 126–135). Reston, VA : National Council of Teachers of Mathematics.

______(1990). Spatial sense. *Arithematics Teacher, 73*(6), 14–20.

Dutton, W. H., & Dutton, A.(1991). *Mathematics Child Use and Understand. Preschool through Third Grade.* Mountain View, CA : Mayfield.

Economopoulos, K.(1998). What comes next? The mathematics of pattern in kindergarten. *Teaching Children Mathematics, 5*(3), 230–233.

Emerson, M. J., & Miyake, A.(2003). The role of inner speech in task switching : A dual–task investigation. *Journal of Memory and Language, 48*(1), 148–168.

Epstein, A. S.(2014). *The Intentional Teacher : Choosing the Best Strategies for Young Children's Learning*(Rev. ed.). Washington, DC : National Association for the Education of Young Children.

Forston, L. R., & Reiff, J. C.(1995). *Early Childhood Curriculum : Open Structure for Integrative Learning.* Needham Heights, MA : Allyn & Bacon.

Fuson, K. C.(2009). Avoiding misinterpretations of Piaget and Vygotsky : Mathematical teaching without learning, learning without teaching, or helpful learning–path teaching?. *Cognitive Development, 24*(4), 343–361.

Gallagher, J. J., & Aschner, M. J.(1963). A preliminary report on analysis of classroom interaction. *Merrill-Palmer Quarterly, 9*(3), 184–194.

Gallenstein, N. L.(2003). *Creative Construction of Mathematics and Science Concepts in Early Childhood.* Oliney, MD : ACEI.

Geist, E.(2009). *Children are Born Mathematicians : Supporting Mathematical Development, Birth to Age Eight.* Upper Saddle River, NJ : Pearson.

Gelman, R.(1980). What young children know about number. *Educational Psychologist, 15*(1), 54–68.

Gelman, R., & Gallistel, C. R.(1978). *The Child's Understanding of Number.* Cambridge, MA : Harvard University Press.

Gelman, R., & Meck, E.(1983). Preschooler's counting : Principles before skill. *Cognition, 13*, 343–359.

Genkins, E. F.(1975). The concept of bilateral symmetry in young children. In M. F.

Rosskopf(Ed.), *Children's Mathematical Concept : Six Piagetian Studies in Mathematics Education*(pp. 5－43). NY : Teacher College Press.

Ginsburg, H. P., Greens, C., & Balfanz, R.(2003). *Big Math for Little Kids*. Parsippany, NJ : Pearson Education, Inc.

Greens, C., Ginsburg, H., & Balfanz, R.(2004). Big Math For Little Kids : Early Childhood Mathematics Program. *Early Childhood Research Quarterly, 19*, 159－166.

Hannibal, M. A.(1999). Young children's developing of geometric shapes. *Teaching Children Mathematics, 5*(6), 353－357.

Haylock, D., & Cockburn, A. D.(2017). *Understanding Mathematics for Young Children : A Guide for Teachers of Children 3-7*. Los Angeles : SAGE.

Jennifer & Taylor－Cox(2004). Algebra in the early years? Yes!!. *Young Children, 58*(1), 14－21.

John, Art, Tipps, Steve, & Kenndy, Leonard M.(2018). *Guiding Children's Learning of Mathematics*(13th ed.). MA : Cengage Learning.

Jones, G, A, Langrall, C. W., Thornton, C. A., & Mogill, A. T.(1997). A framework for assessing and nurturing young children's thinking in probability. *Educational Studies in Mathematics, 32*, 101－125.

Jones, J.(2004). Framing the assessment. Discussion. *Young Children, 59*(1), 14－18.

Kilmer, S. J., & Hofman, H.(1995). Transforming science curriculum. In S. Bredekamp & T,. Rosegrant(Eds.), *Reaching Potentials : Transforming Early Childhood Curriculum and Assessment*, Vol. 2(pp. 15－22). Washington, DC : NAEYC.

Labinowicz, E.(1985). *Learning from Children*. Menlo－Park, CA : Addison－Wesley.

Lesh, R., Post, T., & Behr, M.(1987). Representations and translations among representations in mathematics learning and problem solving. In C. Janvier(Ed.), *Problems of Representation in the Teaching and Learning of Mathematics*(pp. 33－40). Hillsdale, NJ : Lawrence Erlbaum Associates.

Lindquist, M. M., & Clements, D. H.(2001). Geometry must be vital. *Teaching Children Mathematics, 7*(7), 409－415.

Linn, M. C., & Peterson, A. C.(1985). Emergence and characterization of sex differences in spatial ability : A meta–analysis. *Child Development, 56*(6), 1479–1498.

MacGee, M. G.(1979). Human spatial abilities : Psychometric studies and environmental, generic, hormonal, and neurological influences. *Psychological Bulletin, 86*(5), 889–918.

McAfee, O., & Leong, D. J.(2008). 발달과 학습에 대한 유아평가 [Assessing and guiding young children's development and learning].(김경철 · 이진희 · 최미숙 · 황윤세 공역). 서울 : 학지사. (원전은 2007년에 출판)

McAfee, O., Leong, D. J., & Bodrova, E.(2004). *Primer on Early Childhood Assessment : What Every Teacher Should Know*. Washington, DC : NAEYC.

Minnis, D. L., & Shrable, K.(1970). *Teachers Manual I : Improving Questioning Strategies*. CA : San Anselmo.

NAEYC & NCTM(1989). *Curriculum and Evaluation Standards for School Mathematics*. Reston, VA : NCTM.

______________(2000). *Principles and Standards for School Mathematics*. Reston, VA : NCTM.

______________(2002). Early childhood mathematics : Promoting good beginnings. http://www.naeyc.org에서 2004. 8. 12. 인출.

NCTM(1989). *Curriculum and Evaluation Standards for School Mathematics*. Reston, VA : Author.

______(1991). *Professional Standards for Teaching Mathematics*. Reston, VA : NCTM.

OECD/ PISA(2004). PISA 2003 결과 분석 연구. 수학적 소양, 읽기 소양, 과학적 소양 수준 및 배경변인 분석–. 한국교육과정평가원.

Ornstein, A. C., & Lasley, T. J.(2004). *Strategies for effective teaching*(4th ed.). NY : McGraw–Hill.

Piaget, J., & Inhelder, B.(1975). *The Origin of the Idea of Chance in Children*. London : Routledge & Kegan Paul.

Post, T.(1981). *The Role of Manipulative in the Learning of Mathematical Concepts. In Selected Issues in Mathematics Education*(pp. 109–131). Berkeley, CA : National Society for the Study of Education and National Council of Teachers of Mathematics. McCutchan Publishing Corporation.

Rosser, R. A., Ensing, S. S., Glider, P. J., & Lane, S.(1984). An information-processing analysis of children's accuracy in prediction the appearance of rotated stimuli. *Child Development, 55*, 2204-2211.

Seefeldt, C., & Galper, A.(2004). *Active Experiences for Active Children*. Pearson : Merrill Prentice Hall.

Shaw, J. M., & Blake, S. S.(1998). Assessment and evaluation. In J. M. Shaw & S. S. Blake(Eds.), *Mathematics for Young Children*. Upper Saddle River, NJ : Merrill Prentice-Hall.

Siegler, R. S.(1998). *Children's Thinking*(3rd ed.). Upper Saddle River, NJ : Prentice-Hall.

Smith, S. S.(1997). *Early Childhood Mathematics*. Needham Heights, MA : Allyn and Bacon.

__________(2001). *Early Childhood Mathematics*(2nd ed.). MA : Allyn & Bacon.

__________(2013). *Early Childhood Mathematics*(5th ed.). Upper Saddle River, NJ : Pearson.

Song, M. J., & Ginsburg, H. P.(1987). The development of informal and formal mathematical thinking in Korean and US children. *Child Development, 58*, 1286-1296.

Trafton, P. R., & Shulte, A. P.(1989). *New Direction for Elementary School Mathematics*. NCTM.

Van de Walle, J. A.(2007). *Elementary and Middle School Mathematics : Teaching Developmentally*. Addison-Wesley Longman, Inc., 1 Jacob Way, Reading, MA 01867; toll-free.

http://blog.daum.net/gu4660/489

http://blog.daum.net/vikinow/23867581

http://clipbank.ebs.co.kr/clip/view?clipId=VOD_20171014_00163

http://inpsyt.co.kr/psy/item/view/KABC2_CO_TG

http://inpsyt.co.kr/psy/item/view/WPPSI_CO_TG

https://blog.naver.com/samchuncheon/221016838219

https://karasix.tistory.com/95

https://selfmade.tistory.com/139

찾아보기

ㄱ

ㄴ

ㄷ

ㅁ

ㅂ

ㅅ

ㅇ

ㅈ

ㅊ

ㅍ

ㅎ

저/자/약/력

■ 김영실

이화여자대학교 대학원 유아교육학 전공(문학박사)
현) 원광대학교 사범대학 유아교육학과 교수

■ 김지영

원광대학교 대학원 유아교육학 전공(문학박사)
현) 호남대학교 유아교육학과 교수

■ 안진경

원광대학교 대학원 유아교육학 전공(문학박사)
현) 군산대학교 교직과 교수
군산대학교 교직과장

■ 임양금

원광대학교 대학원 유아교육학 전공(문학박사)
현) 순천제일대학교 유아교육과 교수

■ 최진숙

원광대학교 대학원 유아교육학 전공(교육학박사)
현) 호원대학교 유아교육과 교수

영유아 수학교육 제2판

| 공저자 | 김영실 김지영 안진경 임양금 최진숙

| 1판 1쇄 | 발행 2020년 2월 20일
| 1판 2쇄 | 발행 2021년 2월 5일
| 2판 1쇄 | 발행 2024년 7월 30일
| 2판 2쇄 | 발행 2025년 8월 30일

| 발행인 | 김동훈
| 발행처 | **공동체**

| 주소 | 경기도 고양시 일산동구 호수로 358-39 동문타워 I 905호(백석동)
| 전화 | 031)814-3000(대표)
| 팩스 | 031)814-3100
| 홈페이지 | www.compub.co.kr
| 전자우편 | compub@naver.com
| 출판등록 | 2005년 10월 6일
| 등록번호 | 제396-2005-36호

| ISBN | 979-11-6725-769-7
정가 23,000원